Brigitte vom Wege, Mechthild Wessel

Kinderliteratur

für sozialpädagogische Berufe

1. Auflage

Bestellnummer 89920

Bildungsverlag EINS

Haben Sie Anregungen oder Kritikpunkte zu diesem Produkt?
Dann senden Sie eine E-Mail an 89920_001@bv-1.de
Autorinnen und Verlag freuen sich auf Ihre Rückmeldung.

www.bildungsverlag1.de

Bildungsverlag EINS GmbH
Sieglarer Straße 2, 53842 Troisdorf

ISBN 978-3-427-**89920**-4

Vorwort

 Lesen ist ein Schlüssel zur Sprache,
zum Denken, zum Lernen.

Bereits in den ersten Lebensjahren beginnt in der Familie literarische Sozialisierung, die ihre konsequente Fortsetzung in Kindertageseinrichtungen findet. Durch vielfältige Angebote, Aktionen und Projekte, aber auch bei den alltäglichen Verrichtungen, wird Kinderliteratur lebendig vermittelt. Unter Berücksichtigung individueller Neigungen und Begabungen haben Kinder hier die Möglichkeit, sich durch einen spielerisch-kreativen Umgang mit Bilderbüchern und anderen Medien handelnd auseinanderzusetzen. Die Worte Albert Einsteins: „Fantasie ist wichtiger als Wissen" kennzeichnen sehr gut das Ziel und die Aufgabe literarischer Früherziehung.

Literarische Sozialisierung bedeutet nicht, vorrangig Wissen und Informationen zu vermitteln, schon gar nicht frühes Lesenlernen zu fördern, sondern Spaß und Freude beim spielerischen Umgang mit Literatur zu wecken. Je größer das Interesse und die Motivation sind, umso schneller und leichter finden Kinder später einen erfolgreichen Zugang zum Lesen von Büchern und Geschichten.
In der heutigen Zeit erschließt sich Kindern die Literaturwelt nicht nur über erzählte Geschichten oder durch Gespräche mit anderen Menschen, sondern auch zu einem großen Teil über elektronische Medien.
In der Medienvielfalt spielen Bilderbücher zwar nur eine geringe Rolle, aber sie vermitteln sich ausschließlich durch Bilder. Wie bei anderen visuellen Medien beeinflussen der hohe Bildanteil und die Bildsprache besonders das Sehverhalten, das Rezeptionsvermögen und das Sprachverhalten des Kindes.
Literarische Früherziehung darf daher nicht einseitig gesehen werden, sondern muss als Teil multimedialer Förderung in die pädagogische Arbeit eingebracht werden. Innovative literaturpädagogische Angebote tragen dazu bei, Kinder auf besondere Erzähl- und Darstellungsmöglichkeiten aufmerksam zu machen, um ihnen zu einer umfassenden Lese- und Medienkompetenz zu verhelfen.

Die wesentlichen Arten der Kinderliteratur werden chronologisch im ersten Teil dieses Buches mit überwiegend aktuellen Titelbeispielen vorgestellt und erörtert.
Das zweite Kapitel befasst sich mit kindlichen Entwicklungsphasen und dem passenden zeitgemäßen Kinderliteraturangebot, das darüber hinaus in der jeweiligen Sparte durch Klassiker ergänzt wird. Die „Leselatte" verbindet die Sprach-/Leseentwicklung mit der Sprach-/Leseförderung.
In der sozialpädagogischen Ausbildung zur Erzieherin oder Kinderpflegerin gibt es keinen fächerzentrierten Unterricht mehr, sondern das Prinzip der Lernfeldorientierung und das Lernen in handlungsbezogenen Lernsituationen steht im Zentrum der Ausbildung.

Gleichwohl wird dem Bildungsbereich „Sprache und Medien" in der Ausbildung ein zentraler Wert zugemessen, sodass der Gegenstand „Kinderliteratur" nach wie vor in der Ausbildung weiter behandelt wird. Die angehenden sozialpädagogischen Fachkräfte müssen über Grundkenntnisse bezüglich der Kinder-/Jugendliteratur verfügen, um angemessen fördern zu können. Denn wie die PISA-Untersuchungen ergaben, sind kindliche Leseerfahrungen für die Entwicklung von Lese- und Sprachkompetenz von großer Wichtigkeit. Selbst der Bilderbuch- und Kinderbuchmarkt reagiert darauf, z. B. erscheinen zunehmend Wissens- und Experimentierbücher für die Kindergartenkinder und es finden verstärkt geförderte Vorlesewettbewerbe bei jüngeren Schulkindern statt. Darüber hinaus steigert sich ständig eine mediale Bearbeitung klassischer Kinderbücher. So sind Kinderliteratur und technische Medien ja kaum noch voneinander zu trennen.

Mit dem vorliegenden Praxisbuch möchten wir Interessierten und Studierenden in einer sozialpädagogischen Ausbildung eine vielseitige Orientierungshilfe bieten für das breit gefächerte, reichhaltige Angebot der Literatur für Kinder bis etwa 10–12 Jahren. Zur Abrundung bieten wir viele konkrete Impulse und praktische Vertiefungshinweise für Unterricht, Selbstarbeit und Umsetzung in Kindertageseinrichtungen.

Über konstruktive wie kritische Anregungen und einen Erfahrungsaustausch würden wir uns freuen.

Anmerkungen:
1. Falls angegebene Bilderbuchtitel im Buchhandel mittlerweile vergriffen sein sollten, sind sie dennoch in vielen Büchereien und Bibliotheken vorhanden. Mitunter gibt es auch Bilderbücher mit ähnlichen Inhalten.
2. Da in der Ausbildung und in sozialpädagogischen Berufsfeldern überwiegend Frauen anzutreffen sind, verwenden wir in diesem Buch als formale Vereinfachung fast ausschließlich die weibliche Anredeform.

Inhalt

2 Zur Entwicklung der Sprach- und Lesekompetenz – Didaktisch-methodische Hinweise

1 Literarische Früherziehung – Theoretisches Grundwissen

1.1 Literacy

1.1.1 Was Literacy ist

Literacy (engl. Lese- und Schreibkompetenz) ist der Sammelbegriff für die Lese-, Erzähl- und Schriftkultur. Im Elementarbereich und Primarbereich kennzeichnet Literacy den ganzheitlichen Ansatz sprachlicher Bildung. Literacy umfasst die Entwicklung der Kompetenzen:

▶ Texte (auch abstrakte) verstehen können,
▶ Erzähl- und Lesefreude entwickeln,
▶ mit Büchern vertraut werden,
▶ Schriftsprache und „literarische" Sprache begreifen,
▶ schreiben und sich schriftlich ausdrücken können,
▶ mit Bildschirmtexten umgehen und im Internet recherchieren können.

Grundlagen zu Literacy-Kompetenzen werden bereits in frühester Kindheit erworben und diese Vorerfahrungen dienen dazu, sich später eigenständig Wissen aneignen zu können. Zu den ersten kindlichen Literacy-Erfahrungen gehören Schlaf- und Wiegenlieder, Trost- und Fingerspielverse und etwas später Gute-Nacht-Geschichten und Elementarbilderbücher. Dieser frühzeitige Kontakt mit kulturellem Literaturgut wirkt umso nachhaltiger, wenn die Vermittlung durch die Bezugspersonen emotional-engagiert geschieht.

1.1.2 Wie Literacy entsteht

Die angeborene Kontaktfreudigkeit ermöglicht schon dem Säugling zu kommunizieren. Aufmerksam beobachtet er Gesichter, unterscheidet und reagiert auf menschliche Stimmen. Er erfährt sprachliche und körperliche Zuwendung durch die Bezugsperson, die z. B. mit ihren Händen sein Gesicht streichelt und dazu einen Vers spricht, auf die er mit Körperreaktionen antwortet. Schon bevor das Kleinkind sein erstes Wort sprechen kann, unterscheidet es die unterschiedlichen Sprachlaute und Betonungen, versteht es Mimik und Gestik und versucht, sie durch seine Lautgebungen nachzuahmen. Und mit diesen ersten spielerischen Gesprächssituationen sind die Ausgangspunkte für Literacy gelegt. Im weiteren Entwicklungsverlauf unterstützt Literacy den weiteren Spracherwerb der Kleinkinder, die Schreib-Lese-Kompetenz der Schulkinder sowie die Sprach-Lese-Schreib-Kompetenz der Migrantenkinder.

Untersuchungen zeigen, dass Kinder in der Schule später bessere Sprach-, Lese- und Schreibkompetenzen zeigen, wenn

▶ mit ihnen Reime, Zungenbrecher, Gedichte und Lieder gesprochen wurden – (sie fördern das phonologische Bewusstsein, das eine wichtige Voraussetzung ist, um fehlerfrei schreiben zu lernen);

▶ mit ihnen in kommunikativen Situationen häufig Bilderbücher betrachtet wurden, wobei die Dinge benannt, zu den Inhalten Fragen gestellt, die Illustrationen kommentiert und weitergeführt wurden;

▶ ihnen häufig Geschichten, Märchen vorgelesen oder erzählt wurden, bei denen sie nicht nur passiv zuhören, sondern als Akteur das Gehörte auch nacherzählen, weiterspinnen oder als Spiel inszenieren konnten;

▶ sie häufig mit Partnern bei Sprachspielen ihre Sprechfreude ausleben konnten – (was zur aktiven Erweiterung des Wortschatzes und der kommunikativ-spielerischen Sprachbeherrschung beiträgt);

▶ sie frühzeitig mit der Schrift und dem Schreiben vertraut gemacht wurden, indem vor ihren Augen etwas aufgeschrieben oder getippt, im Internet recherchiert, eine E-Mail oder SMS gesendet, Autokennzeichen entschlüsselt wurden;

▶ ihnen viele spielerische Schreibanlässe ermöglicht wurden, z. B. durch geeignetes Material für Fantasie- oder Kritzelschriften, den eigenen Namen zu schreiben, malen von Buchstaben und Zahlen.

1.1.3   Was Literacy bewirken kann

Literacy-Erfahrungen machen überwiegend zunächst privilegierte Kinder in bildungsnahen Familien. Da nicht jede Familie in der Lage ist, ihrem Kind diese Erfahrungen zu ermöglichen, liegt hier durchaus eine besondere Aufgabe und Anstrengung für die pädagogischen Fachkräfte in Kindertageseinrichtungen. In einer qualitativen Einrichtung finden zudem auch zwei- und mehrsprachig aufwachsende Kinder vielseitige Gelegenheiten zur sprachlichen Kommunikation, Wiederholung und Nachahmung.

Ausgehend von den sozio-kulturellen Familiensituationen kommen Kinder mit unterschiedlichsten Literacy-Erfahrungen in die sozialpädagogischen Einrichtungen und Grundschulen. Kinder mit reichhaltigen Erfahrungen haben Entwicklungsvorteile beim Erwerb von Sprach-, Lese- und Schreibkompetenzen. Und gerade diese Kompetenzen bilden die Grundlagen für den Erfolg in Schule und Ausbildung.

Deshalb ist es notwendig, in den Kindertageseinrichtungen und Grundschulen Rahmenbedingungen zu schaffen und Konzepte zu entwerfen, um mit dem Engagement der pädagogischen Fachkräfte den Kindern erweiterte Literacy-Erfahrungen zu ermöglichen.

Gelingt es, Kinder in ihrer Lesemotivation und ihrem Lesevergnügen zu unterstützen, so stärken sie ihre Kommunikations- und Mitteilungsfähigkeit, regen sie ihre Wissbegierigkeit und ihr Denkvermögen an. Bücher erzeugen Emotionalität und erleichtern Empathie, somit können sie zu Wegbegleitern der Kinder werden und eine Hilfe auf der Suche nach der eigenen Identität darstellen.

Obwohl Kinder das Schreiben und Lesen in der Schule lernen, sollte denen, die ihr Interesse am Schreiben bekunden, auch schon im Elementarbereich Gelegenheit zur spielerischen Beschäftigung mit Schriften gegeben werden. Erste Schreibversuche, wie beispielsweise Buchstaben zu malen oder eine Schreibmaschine oder Computertastatur zu betätigen, wirken dabei höchst motivierend. Mit diesen ersten Kontakten zur Schreib- und Schriftkultur eröffnen sich ebenfalls für Kinder aus bildungsfernen Familien oder Migrantenfamilien konkrete Lernchancen, die ihnen den Übergang zu Schule erleichtern.

1.1.4 Wie Literacy gefördert werden kann

 Voraussetzung für Literacy-Förderung sind zunächst die pädagogischen Fachkräfte in ihrer Vorbildfunktion und eine anregende Lernumgebung. Das sind gestaltete Räume, die dazu einladen zu malen, zu schreiben, zu lesen, zu sprechen und zuzuhören, Bilderbücher anzuschauen, Hörspielen zu lauschen. Abgetrennte Spielecken, Lesezonen und Rauminseln, die mit Teppichen, Kissen, Sitzgelegenheiten und Tischflächen ausgestattet sind, fordern zu spontanen und angebotenen Literacy-Aktivitäten auf.

Dazu gehören

▶ Rollenspielrequisiten, die zu Schreibszenen anregen, wie Rezepte in der Arztpraxis, Speisenkarten im Restaurant, Einkaufszettel für den Kaufladen.

▶ übersichtlich angeordnete Bücherregale oder Bücherkisten mit geeigneten Bilderbüchern, Kinderlyrik, Märchen und Geschichten, Sachbücher und Lexika, Zeitschriften, die entsprechend der jeweiligen Interessen und Lesekompetenz den Kindern zu weiteren Literaturerfahrungen verhelfen.

▶ Hörecken, in denen ungestört Kassetten/CDs, auch in den Sprachen, die in der Gruppe vertreten sind, angehört werden können (mit oder ohne Kopfhörer) oder Tonträger, mit denen Aufnahmen gemacht werden können.

▶ Bildkarten, die Dinge und Begriffe aus der direkten Umgebung zeigen und attraktiv-künstlerisch aufgearbeitet als Raumdekoration und zur Nachahmung dienen.

▶ Kalender, Plakate, Postkarten mit Schriften aus anderen Ländern, die aus Urlauben stammen oder von Migranteneltern zur Verfügung gestellt werden und die zu Gesprächen und Diskussionen anregen.

▶ verbildlichte Buchstaben, wie sie auf Anlauttabellen zu finden sind, die gemeinsam hergestellt und zu denen Regeln für ein Ratespiel ausgedacht werden.

▶ Schreibecken, in denen Kinder durch Malen, Kritzeln, Schreiben die Schreib- und Schriftkultur erkunden, unter Einbeziehung verschiedenster Schreibgeräte (Stifte, Pinsel, Federn, Holzspieße) und Papiersorten (inkl. Schreibmaschine und PC).

▶ Kästen oder Ordner, in denen die Kinder ihre Werke und ihre Bildungsgeschichten sammeln.

▶ verbildlichte und geschriebene Gruppenregeln, die in Augenhöhe der Kinder angebracht sind.

▶ Informationsecken für Kontakte zur örtlichen Bücherei und Begegnungen mit potenziellen Vorlesepaten.

Hinweis zur Erschließung

Die **Anlauttabelle** legt für jeden Buchstaben ein entsprechendes Anlautbild fest. (A = Auto, B = Ball, ... Z = Zebra). Der jeweilige Buchstabe wird mit dem entsprechenden Bild eingeführt und das Sinnbild wird im weiteren Verlauf durch andere Bilder ergänzt. Der Umgang mit der Anlauttabelle ermöglicht Leseanfängern einen individuellen Zugang zu den Buchstaben.

Impulse zur Vertiefung

1. Erstellen Sie eine Checkliste für Ihre Kindertageseinrichtung, mit deren Hilfe Sie Bedingungen für eine räumlich-anregende Lernumgebung in Ihrer Kindertageseinrichtung ermitteln.

2. Ermitteln und analysieren Sie Literacy-Erfahrungen der Kinder Ihrer Gruppe.

3. Legen Sie mit einigen ausgewählten Kindern ein persönliches Bildungsbuch (Portfolio[1]) an.

4. Finden und entwickeln Sie konkrete Tätigkeiten und Aktivitäten, mit denen Kinder ihre Literacy-Kompetenzen fördern können.

5. Schreiben Sie Stichwortkarten für die Bilderbücher in der Bilderbuchkiste, die den Eltern bei der Ausleihe oder zuhause bei der Bilderbuchbetrachtung mit dem Kinde hilfreich sein können. (Beispiel siehe Kapitel 2.6, „Wo die wilden Kerle wohnen", S. 113)

6. Erstellen Sie gemeinsam mit den interessierten Kindern Ihrer Gruppe eine Anlauttabelle.

7. Überlegen Sie im Team, auf welche Weise Sie engagierte Eltern, Großeltern, Nachbarn als Vorlesepaten in Ihre Literacy-Aktivitäten einbeziehen können.

8. Stellen Sie Kontakte zur örtlichen Kinderbücherei her.

9. Entwickeln Sie konkrete Angebote, um Kindern Kenntnisse zur Handhabung einer Schreibmaschine oder Computertastatur, zu einem Textverarbeitungsprogramm zu vermitteln, z. B. „Der Computer-Führerschein".

1.2   Kinderlyrik

1.2.1   Was Kinderlyrik ist

Lyrik ist eine literarische Gattung, in der Gedanken und Gefühle in gereimter oder gebundener Sprache ausgedrückt werden. Anders als in der Epik oder Dramatik spielt der zeitliche Handlungsablauf eine untergeordnete Rolle. Der Begriff „Kinderlyrik" bezeichnet die Lyrik, die von Erwachsenen für Kinder geschrieben ist. Ebenso können Kinder zu Poeten werden. Sie erfinden eigene lyrische Texte oder verändern die der Erwachsenen.

Zu kinderlyrischen Texten zählen:

▶ Trostreime
▶ Schlaf- und Wiegenlieder
▶ Fingerreime
▶ Kinderlieder
▶ Tanzlieder
▶ Kniereiterverse
▶ Abzählverse
▶ Nonsensreime

---

[1]   Wörtlich bezeichnet Portfolio (lat.) eine Sammelmappe, in der Dokumente, Bilder, schriftliche Unterlagen, u. Ä. aufbewahrt werden. Bei der Portfolio-Methode wird diese Mappe nicht nur für die Materialsammlung genutzt, sondern auch für Reflexionen über das Gesammelte und die daraus erfolgten Lernerfahrungen.

- ▶ Schnellsprechverse oder Zungenbrecher
- ▶ Rätselreime
- ▶ Lügengedichte
- ▶ Erzählgedichte
- ▶ Kinderballaden

1.2.2 Wie Kinderlyrik entstanden ist

Kinderlyrische Texte hat es schon in frühen Zeiten gegeben, doch sind Aufzeichnungen und Belege vor dem 19. Jahrhundert selten und sporadisch und wenn es sie gibt, handelt es sich überwiegend um Fragmente. Die frühesten Überlieferungen stammen aus dem Mittelalter, dazu gehören die noch immer bekannten Verse „Lirum, larum, Löffelstiel" (1572) und „Schlaf, Kindlein, schlaf" (1662). Einigen Kinderreimen liegen uralte Wurzeln zugrunde. Sie verweisen auf Anschauungen aus heidnischer Zeit oder gelten Märchengestalten wie Riesen, Hexen und Männlein (z. B. „Es tanzt ein Bi-Ba-Butzemann"). Zu Beginn des 19. Jahrhunderts brachten Achim von Arnim und Clemens Brentano die Sammlung „Des Knaben Wunderhorn" heraus, deren dritter Band (1808) als Anhang Kinderlieder und -verse enthält. Damit mehrte sich das Interesse an volkstümlicher Kinderlyrik und in vielen deutschsprachigen Ländern begann man mit dem Sammeln.

1.2.3 Welche Merkmale Kinderlyrik hat

Die in der Kinderlyrik verwendeten Elemente unterscheiden sich nicht grundsätzlich von denen der Erwachsenenlyrik. Der lyrische Text ist in Versen (Gedichtzeilen) geschrieben und in Strophen (Abschnitte) gegliedert. Die Sprache hat einen bestimmten Rhythmus, der durch den Wechsel von betonten und unbetonten Silben entsteht. Die Form des meist kurzen, einfach strukturierten Textes ist durch Vers, Strophe und Reim gekennzeichnet. In vielen lyrischen Texten für Kinder verstärken Reime, Wortwiederholungen oder Lautgebilde den sprachlichen Rhythmus, sodass die enge Verbindung von Wort und Musik deutlich wird. Viele Verse könnten tatsächlich intoniert werden. Die in der Kinderlyrik entstehenden Sprechmelodien, Klänge und Rhythmen üben auf Kinder meist einen größeren Reiz aus als der Inhalt.

Im folgenden Kindergedicht „Katzenlied" von Gina Ruck-Pauquèt werden die hier beschriebenen charakteristischen Merkmale der Kinderlyrik sehr deutlich:

Katzenlied[1]

1. Oh, welch große Katzenwonne,
   heute scheint die gelbe Sonne,
   scheint mia, mii, mio,
   einfach so.

2. Scheint auf Häuser, Bäume, Straße
   und auf meine Katzennase,
   scheint mia, mii, mio,
   einfach so.

3. Oh, welch großer Katzenjammer,
   Regen tropft aus Wolkenkammern,
   tropft mia, mii, mio,
   einfach so.

4. Tropft auf Häuser, Bäume, Straße
   und auf meine Katzennase,
   tropft mia, mii, mio,
   einfach so.

---

[1] Ruck-Pauquèt, Gina, in: Gelberg, Hans-Joachim (Hrsg.), Die Stadt der Kinder, Recklinghausen, Georg Bitter Verlag, 1982, S. 71

1.2.4   Wovon Kinderlyrik handelt

Die Inhalte und Themen der Kinderlyrik sind vorwiegend den Lebens- und Erfahrensbereichen von Kindern entnommen: Familie, Alltag, Spiel, Schule, Natur, Umwelt, z. B.:

Ein Elefant[1]

Ein Elefant stampft durch das Land.
Wohin er stampft, das ist bekannt.
Nach Iserlohn zu dem Herrn Schmidt
mit ruhigem Elefantenschritt.
Bein eins, Bein zwei, Bein drei, Bein vier,
so stampft das Elefantentier.

Kinderlyrik spiegelt das Miteinander wider, wie Auseinandersetzungen, Freundschaften, Liebe und Partnerschaft, z. B.:

Kleiner Streit[2]

„Ich bin 2fellos größer als du",
sprach zum Einer der Zweier.
„3ster Kerl, prahle nicht so!",
knurrte der größere 3er.

„Und ich!", rief der Einer, „bin zwar der Kl1te,
aber dafür bestimmt auch der F1te."
„Nein, mir gibt man sogar noch den Sch0er",
piepste der 0er.

Ebenso werden in der Kinderlyrik Wünsche, Träume, Sehnsüchte und Trauer zum Ausdruck gebracht, z. B.:

So ein Tag[3]

Heut träume ich mir –
ich träum, was ich mag.
Heut träume ich mir einen schönen Tag.
Schau auf, sieh,
welch ein Gewimmel!

Briefe flattern vom Himmel:
Briefe für mich, dich, alle Leut.
In jedem steht was,
was den, der's liest, freut.
So ein Tag, so ein Tag, so ein Tag ist heut.

Häufig existieren in der Kinderlyrik noch Motive alter Volksbräuche und religiöser Riten oder Segens- und Beschwörungsformeln, z. B.:

Ringel Rangel Rose (überliefert)

Butter in die Dose, Schmalz in den Kasten,
morgen woll'n wir fasten,
übermorgen Lämmlein schlachten.
Das soll machen „Mäh".

---

[1] Maar, Paul, in: Knister/Maar, Paul: Knister's Lach- und Machgedichte, Stuttgart, K. Thienemanns Verlag, 1991, S. 6
[2] Manz, Hans, in: Gelberg, Hans-Joachim (Hrsg.), Geh und spiel mit dem Riesen, Weinheim, Beltz & Gelberg 1990, S. 14
[3] Guggenmos, Josef, in: Guggenmos, Josef/Heidelbach, Nikolaus, Oh Verzeihung sagte die Ameise, Weinheim, Beltz & Gelberg 1990, S. 6

Kinderlyrik registriert gesellschaftliche Ereignisse. Dies zeigen die folgenden zwei Gedichte:

Petersilie Suppenkraut[1]
wächst im Schrebergarten.
Parkplatz wird darauf gebaut,
Spielplatz kann noch warten.

Loch in der Landschaft oder trauriger Augenblick
durch die Zeitlupe betrachtet[2]
Ein Mann ging durch die Bäume,
sein Hund lief hinterher.
Die Bäume –
abgehauen.
Jetzt geht da gar nichts mehr.

In der Kinderlyrik wird nichts beschönigt oder ausgespart. Kinder parodieren tradierte Verse oder Lieder und wandeln sie teilweise um zu Spottversen mit anstößigen Texten, lebendiges Umpolen von etablierten Erwachsenentexten, hier zwei bekannte Weihnachtslieder:

Alle Jahre wieder
auf dem Schulhofplatz
kloppen sich die Lehrer
um 'ne Pulle Schnaps.
Müller will sie haben,
Meier lässt nicht los.
Schulze liegt im Graben,
Schmidt der geiert bloß.

Oh Tannenbaum, oh Tannenbaum,
die Oma sitzt im Kofferraum.
Der Opa macht den Deckel zu.
Dann hat er endlich seine Ruh.
Oh Tannenbaum, oh Tannenbaum,
die Oma sitzt im Kofferraum.

Mitunter werden Reime oder Lieder von Kindern aufgrund von Unverständnis, Vergesslichkeit oder durch Hörfehler regelrecht „zersungen", sodass der ursprüngliche Sinnzusammenhang verlorengeht und ein allein von Rhythmus und Reim zusammengehaltenes Klanggebilde entsteht, z. B.:

Happy birthday to you
Marmelade im Schuh
Aprikose in der Hose
zum Abschied dazu . . .

Besonders die von Kindern produzierte Lyrik mit vulgären, unmanierlichen oder sexuellen Themen zeigt mit ihren Texten, dass Kinder kein Blatt vor den Mund nehmen. Sprachspiel als Protest, manchmal versetzt mit Kraftausdrücken, Schimpfworten oder Fäkaliensprache. Dies steht im starken Gegensatz zu der häufig verbreiteten Vorstellung von lieblicher Kinderpoesie.

---

1 Kilian, Susanne, in: Stiller, Günther/Kilian, Susanne, Nein-Buch für Kinder, Weinheim, Beltz & Gelberg 1973, S. 42
2 Vahle, Frederik, in: Vahle, Frederik/Junge, Norman, Der Himmel fiel aus allen Wolken, Weinheim, Beltz & Gelberg 1994, S. 36

Janosch greift diesen vulgären Humor auf und produziert eigene Reime, z. B.:

> *Ene, mene Mopel,*
> *wer frisst Popel?*
> *Für einen Euro achtzig,*
> *süß und saftig,*
> *für einen Euro zehn*
> *und du kannst gehn.*
>
> *Omachen und Opachen*[1]
> *saßen in der Laube.*
> *Nahm die Oma Leberwurst*
> *schmiss ihm eins aufs Auge.*

Jüngere Kinder schnappen diese Reime schnell auf und produzieren sich damit gern vor Erwachsenen. Im gemeinsamen Spiel von Kindern und Erwachsenen kann dieser lustvolle Umgang mit Sprache fantasieanregend sein und wie ein Ventil befreiend wirken.

Da der Erwachsene diese Verse von älteren Kindern nicht so häufig hört, wird vordergründig angenommen, dass sie daran keinen Spaß mehr haben. Schulkinder tauschen vulgäre Sprüche lieber untereinander aus. Sie brauchen dabei nicht den erwachsenen Zuhörer, der sie möglicherweise kritisiert oder diszipliniert.

1.2.5   Welche Bedeutung Kinderlyrik hat

Kinderlyrik enthält vielfältige spielerische Elemente, die einen ständigen Anreiz zur Kommunikation bieten. Aufgrund dessen lassen sich die Arten der Kinderlyrik ihren Funktionen nach zuordnen:

Schon in den ersten Lebensmonaten zeigt das Kind große Freude, wenn es von der Bezugsperson durch **Trostverse** und **Wiegenlieder** beruhigt und in den Schlaf gesungen wird. Durch **Finger- und Körperspiele**, in denen das Kind bestimmte Lautgebilde mit Bewegungen und Berührungen assoziiert, wird es zur eigenen Aktivität angeregt. Rhythmus und Sprachmelodie sind bereits für das Kleinkind erfassbar und in den **Kniereiterspielen** mit dem Erwachsenen leicht in Bewegung umzusetzen. Die enge Verbindung von Reim, Bewegung und musikalischer Form erleben Kinder am deutlichsten in **Abzählreimen**, **Kinderliedern** und **Tanzspielen**. Der gleichaltrige Spielpartner wird zunehmend für die weitere Sozialisation bedeutsam. In den frühen Kinderjahren, in denen Reime, Verse und Lieder gehört, nach-, mitgesprochen und gespielt werden, wird das Ohr für den Sprachklang sensibilisiert. Das Kind spielt mit der Sprache und hat Spaß an Lautmalereien, Wortveränderungen und Sprachspielen mit einzelnen Silben, die seine Sprechfreude und literarische Kreativität fördern. Hat das Kind sprechmotorische Feinheiten sowie erste Kenntnisse des Alphabets erworben, zeigt es Interesse an **Schnellsprechversen** oder **Zungenbrechern**, **Lügengedichten** und **Rätselreimen**. Es misst sich gerne mit Gleichaltrigen im Wettbewerb.

Mit **Erzählgedichten** und **Kinderballaden** wollen Dichter Kinder auf einer späteren literarischen Entwicklungsstufe (Grundschulalter) ansprechen. Sie wollen mit ihren Texten selbstständiges Denken anregen, Unerklärbares erklärbar machen und zur Auseinandersetzung mit Themen des gesellschaftlichen Lebens auffordern. Die kommunikative Spielfunktion tritt weitgehend in den Hintergrund.

---

[1] Janosch, in: Janosch: Hottentotten – grüne Motten, Reinbek, rororo 1973, S. 12

1.2.6   Wie Kinderlyrik übermittelt werden kann

Kinderlyrik sollte ganzheitlich, indirekt und situationsbezogen in die pädagogische Arbeit mit Kindern einfließen, d. h., Gedichte, Lieder und Reime müssen nicht analysiert oder interpretiert werden. Vielmehr werden sie ihrer Funktion entsprechend in der jeweiligen Situation wiederholt gesprochen oder gesungen, bis sie von den Kindern aufgegriffen werden. Deutliche Artikulation sowie passende Mimik/Gestik unterstützen darüber hinaus die Nachahmungsfreude der Kinder.

Die Auswahl eines Gedichtes oder Liedes wird meist durch äußere Anlässe beeinflusst oder vom Bedürfnis oder Interesse des Kindes/der Kinder bestimmt. Außerdem eignet sich Kinderlyrik, um ein Spielerlebnis zu vertiefen oder auch als Einstieg oder Abschluss von angeleiteten Spielangeboten.

Darüber hinaus bieten Gedichte, Lieder und Reime Anregungen für vielfältige kreative Ausdrucksformen, z. B. im bildnerischen, musikalisch-rhythmischen oder dramatischen Bereich. So können ältere Kinder selber Kettengedichte, Unsinnverse oder Abzählreime erfinden oder anspruchsvolle Gedichte in einem gemeinsamen Projekt z. B. als Theaterstück in Szene setzen, als Rap intonieren oder als Fotobuch verbildlichen. Bei Schulkindern dienen Malerei, Skulpturen, Fotos, Kunstausstellungen als Impulse, Gefühle, Gedanken und Stimmungen lyrisch auszudrücken.

Kinderlyrik in Bilderbüchern ergänzt durch die Visualisierung das ganzheitliche Erfassen und bietet auf diese Weise besonders jüngeren Kindern eine umfassende literarisch-künstlerische Erlebnisform.

Impulse zur Vertiefung

1. *Stellen Sie die charakteristischen Merkmale von Kinderreimen zusammen und schreiben Sie in Partnerarbeit einen Vers, der einige dieser Merkmale aufweist.*

2. *Spielen Sie mit Ihren Mitschülern das folgende Spiel: Die Spieler sitzen im Kreis. Der Spielleiter verteilt an jeden drei Zettel. Auf den ersten Zettel wird ein Lebewesen geschrieben, auf den zweiten ein Begriff und auf den dritten ein Gegenstand. Die Zettel werden eingesammelt und geordnet. Jeder Spieler nimmt sich drei Zettel und baut daraus einen Vierzeiler, z. B.:*

   *Der **Osterhase** wollte **Urlaub** machen,*
   da musste seine Frau ganz furchtbar lachen.
   Und sagte: „Mein Schatz, ich rate Dir,
   *vergiss nur nicht das **Klopapier**!"*

3. *Wählen Sie ein Gedicht, einen Reim oder Vers für eine Kindergruppe aus. Stellen Sie Möglichkeiten einer kreativen Bearbeitung, z. B. einer akustisch-musikalischen, visuell-bildhaften oder gestisch-darstellenden Gestaltung, dar.*

4. *Gehen Sie mit Ihrer Gruppe in ein nahegelegenes Museum und schreiben Sie ein Gedicht zu einem Bild oder Objekt Ihrer Wahl.*

5. *Wählen Sie in Ihrer Gruppe ein Gedicht aus und gestalten Sie es entsprechend seiner Aussage in fantasievoller Weise. Experimentieren Sie dabei mit der Sprache und der Gestaltungsform, z. B.:*[1]

---

[1] Ferra-Mikura, Vera, in: Gelberg, Hans-Joachim (Hrsg.), Die Stadt der Kinder, Recklinghausen, Georg Bitter Verlag, 2. Auflage 1982, S. 18

*Wenn die
ersten Tropfen fallen, lustig auf das
Pflaster knallen, blühen sie wie Blumen auf.
Bunt gestreifte, bunt gescheckte nehmen fröhlich
ihren Lauf. Seit die ersten Tropfen fielen, schweben sie
auf dünnen Stielen, leuchtend, schimmernd, rund und glatt.
Bunt gefleckte, bunt getupfte, bunt gescheckte Schirme blühen*

I
N
D
E
R
S   T
T   D
A

6. *Im Rahmen des Deutschen Jugendliteraturpreises wurde Josef Guggenmos vor einigen Jahren der Sonderpreis für sein lyrisches Gesamtwerk verliehen. Seine Gedichte für Kinder sind in mehreren Sammlungen erschienen und stellen den wichtigsten Teil der heutigen Poesie für Kinder dar. Schreiben Sie ein Porträt dieses bedeutenden Lyrikers und stellen Sie es Ihrer Lerngruppe in Form eines Referates vor.*

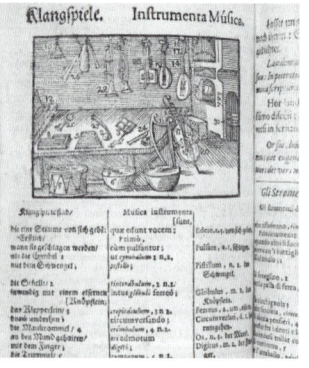

1.3   Bilderbücher

Johann Amos Comenius veröffentlichte 1658 das **Orbis Sensualium Pictus,** das erste Bilderbuch für Kinder. Es enthielt ein mit Holzschnitten illustriertes Alphabet. Später kamen Bücher mit Abbildungen von Gegenständen, Tieren und deren Namen dazu. Diese Buchform war bis Mitte des 19. Jahrhunderts populär.

1.3.1   Was Bilderbücher sind

Bilderbücher sind den visuellen Medien zuzuordnen. Sie vermitteln Inhalte und Geschichten nicht durch das geschriebene Wort, sondern ausschließlich durch das Bild. Die Abbildungen zeigen wirkliche Dinge, erzählen Geschehnisse aus nahen oder fernen Lebensbereichen oder fantastische Geschichten von Menschen, Tieren und anderen Wesen. In Kombination mit einem Text wird die Bildaussage unterstützt, ergänzt oder durch ein einfallsreiches Layout (Anordnung von Text und Bild) verdeutlicht. Die Illustrationen, also die Verbildlichung eines Textes oder einer Idee, ist durch unterschiedliche, sowohl traditionelle als auch neue, unkonventionelle Gestaltungstechniken und Stilrichtungen gekennzeichnet. Häufig werden unterschiedliche bildnerische Darstellungsformen miteinander verknüpft. Universale Ausdruckskraft erhalten Bilderbücher durch verschiedenartige Gestaltungstechniken, Illustrationsstile und künstlerische Ausformungen, sie spiegeln das Schaffen zeitgenössischer Künstler wider.

Bilderbücher sind zwar in erster Linie für Kinder gedacht und werden auch überwiegend von ihnen benutzt, aber auch Erwachsene können sie betrachten und genießen. Für das jüngere Kind sind Bilderbücher genauso wichtig wie sein Spielzeug.

Die Bildwahrnehmung und Bildbewertung von Kindern und Erwachsenen unterscheidet sich grundsätzlich. Kinder erkennen zunächst nur die konkrete naturgetreue Abbildung der Wirklichkeit. Sie eignen sich die Bilder und ihre Deutung erst nach und nach an, indem Bildeindrücke im Gedächtnis haften bleiben. Bereiche der Wahrnehmung können durch Bilderbuchbetrachtungen wirkungsvoll unterstützt werden. Wenn Kinder lesen können, benutzen sie die Bilderbücher in der Regel zur angenehmen, spannenden Freizeitgestaltung und handhaben sie darüber hinaus zur Wissenserweiterung. Bilderbücher teilen auch mit, wie Kinder die Welt sehen und verstehen, wie sich ihnen Ereignisse darstellen, welche Probleme und Eindrücke sie beschäftigen, welcher Zeitgeist gerade vorherrscht. Einige Bilderbücher, die Themen in besonderer, künstlerischer Weise darstellen, werden von Erwachsenen auch wie Kunstwerke gesammelt und behandelt.

1.3.2   Wie Bilderbücher entstehen

An der Herstellung von Bilderbüchern sind immer mehrere Personen beteiligt. Ihre Ziele und Absichten bestimmen den sachlichen und ideellen Wert eines Bilderbuches.

Der Autor/die Autorin entwickelt und erarbeitet eine Idee für ein Bilderbuch, anschließend wird der Bilderbuchtext

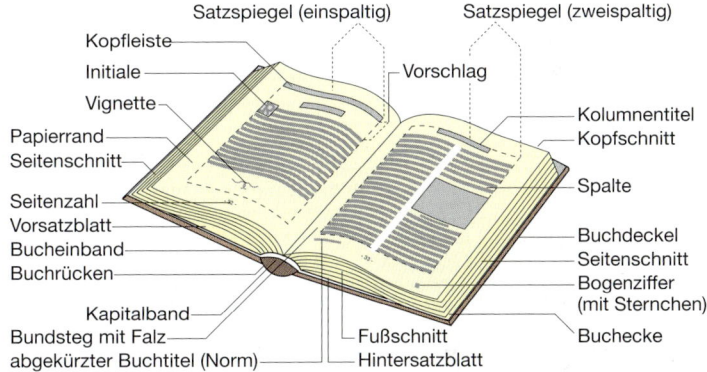

geschrieben. Der Illustrator/die Illustratorin visualisiert die Idee und gestaltet den Text mithilfe passender Gestaltungstechniken oder Stilrichtung mit Farben, Formen und Materialien. Die umgekehrte Reihenfolge ist ebenso möglich und üblich. In einem Verlag wird das Buchmanuskript lektoriert (geprüft) und für den späteren Druck in ein geeignetes Layout (Form) gebracht. In einer Buchdruckerei wird das Bilderbuch gedruckt und in der Buchbinderei werden dann schließlich die einzelnen Druckseiten zu einem Buch gebunden. Der Verlag betreibt dann Werbung für dieses Bilderbuch. Im Buchhandel schließlich kann das fertige Bilderbuch gekauft werden.

Der Preis für ein Bilderbuch wird zum einen durch die Höhe der Auflage bestimmt, aber auch durch die hochwertige Aufmachung und gehobene Gestaltung. Bilderbücher entstehen häufig aus einem pädagogischen, künstlerischen oder gesellschaftskritischen Anliegen der Autoren und werden wegen des höheren Herstellungspreises, der sich auch im Verkaufspreis niederschlägt, in vergleichsweise geringer Auflage erstellt. Einige anspruchsvolle Bilderbuchtitel mit positiven Verkaufszahlen werden auch als Paperback-Auflage oder im Kleinformat angeboten. In Massen produzierte Bücher (= Massenbilderbücher) orientieren sich oftmals ausschließlich an kaufmännischen Gesichtspunkten, sie sind billig und häufig in Supermärkten und Kaufhäusern zu erwerben.

Der interessierte Käufer kann sich über den sogenannten Klappentext einen ersten Eindruck vom Buch machen.

Der Klappentext

▶ vermittelt eine erste Information auf der Innenklappe des Schutzumschlages oder auf der Rückseite eines Buches,

▶ gibt einen kurzen Überblick über den Inhalt eines Buches, ohne aber die Spannung zu nehmen,

▶ ermöglicht ein schnelles, orientierendes Lesen,

▶ soll zum Lesen und damit zum Kauf anregen.

1.3.3   Wie Bilderbücher eingeteilt werden

Das Angebot der Bilderbücher auf dem Bilderbuchmarkt ist fast unüberschaubar. Um das vielschichtige Angebot überhaupt erfassen zu können, werden geeignete Merkmale benötigt, die eine übersichtliche Einteilung ermöglichen. Dazu werden in der Fachliteratur verschiedene Systematiken aufgezeigt. In der praktischen Anwendung haben sich die folgenden Unterscheidungen als brauchbar erwiesen, wobei es durchaus Mischformen gibt.

● **Typengruppen**

Typengruppen erfassen Bilderbücher nach ihrem besonderen äußeren Erscheinungsbild, wobei ihre jeweilige Bestimmung dem Alter bzw. Entwicklungsprozess ihrer Adressaten entspricht.

Elementar-Bilderbücher 	Elementarbilderbücher sind die ersten Bilderbücher des Kleinkindes. Sie sind meist textfrei sowie mit einfachen, farbenfrohen und wirklichkeitsnahen Abbildungen ausgestattet. Häufig sind es Fotos von vertrauten Dingen aus dem alltäglichen Erfahrungsbereich des Kleinkindes, wobei auf jeder Seite nur ein Gegenstand vor meist einfarbigem Hintergrund abgebildet ist. Elementarbilderbücher bestehen aus abwaschbarem Material (Pappe, Kunststoff, Holz, Stoff) und verfügen über eine stabile Bindung; handliches Format. Neubacher-Fesser, Monika: **Mein erstes Bilderbuch**, Ravensburger Buchverlag, Ravensburg 2007, ab 1 Jahr Auf jeder Seite sind Dinge aus dem Umfeld des Kleinkindes abgebildet.
Wimmel-Bilderbücher 	Wimmelbilderbücher oder auch Szenenbilderbücher sind textfrei und verfügen über detail- und inhaltsreiche Abbildungen. Die wirklichkeitsnahen Illustrationen zeigen oft doppelseitige, in sich geschlossene Szenen. Verschiedene Situationen sind als Szenarium zusammengefasst, wobei die Abbildungen meist der erlebbaren Umwelt des Kindes entsprechen. Die Formate reichen von Minibüchern bis zu Riesenbilderbüchern. Berner, Rotraut S.: **Frühlingswimmelbuch**, Gerstenberg, Hildesheim 2008, ab 2 Jahre Dieses Buch zeigt eine ganze Stadt und ihre Umgebung, mit Häusern, Straßen und unzähligen Dingen. Und dabei erzählt es in Bildern viele kleine Geschichten, die Menschen und Tiere an einem Sommertag erleben.
Bilderbücher mit besonderer Gestaltung 	Die Seiten haben eine besondere Oberflächenstruktur durch zusätzliche Materialien wie Pappe, Stoffe, Plastik u. a. m. (Tast-/Fühlbücher). Die Abbildungen enthalten bewegliche Teile, sodass die Bilder durch Ziehen, Drehen, Klappen verändert werden können (Pop-up-Bücher). Die Seiten enthalten ausgestanzte Löcher, durch die ein Detail des Bildes der nächsten Seite bereits zu sehen ist (Gucklochbücher). Pin, Isabell: **Ein Regentag im Zoo**, Bajazzo, Zürich 2006, ab 3 Jahre Anna und ihr Papa gehen miteinander in den Zoo, um die Tiere anzugucken. Es regnet und alle Tiere sind in ihren Häusern geblieben. Jedes Tier wohnt in einem maßgeschneiderten Haus. Welches Tier wo wohnt, kann man erraten oder man schaut hinter eine Türklappe.

● Erzählstile

Bilderbücher zeigen und erzählen Bildergeschichten auf fantastische oder wirklichkeitsnahe, realistische Weise. Beide Ausdrucksformen und Darstellungsweisen erfüllen die unterschiedlichen Erwartungen des Betrachters.

Wirklichkeitsnaher Erzählstil	Wirklichkeitsnahe oder realistische Bilderbuchgeschichten zeigen reale Situationen aus der tatsächlichen Umwelt. Die Themenbereiche werden sachlich und logisch behandelt. Sie sind mit Fotos oder Illustrationen so ausgestattet, dass sie von Kindern der entsprechenden Entwicklungsstufe erfasst werden können. Die Abbildungen, die ergänzenden Sachtexte oder Geschichten erzählen dabei von aktuellen Geschehnissen des täglichen Lebens, von vergangenen Begebenheiten, von Dingen, die jetzt oder zukünftig noch geschehen könnten. Sie klären auf, geben genaue Informationen über tatsächliche Sachverhalte, weisen auf Probleme und mögliche Lösungswege hin. Handlungsträger der Bilderbuchgeschichten sind meistens reale Personen oder Tiere, die wirklichkeitsnah dargestellt werden. Baltscheit, Martin/Kamm, Katja: **Hauptsache, es wird kein Hund**, Bajazzo, Zürich 2007, ab 4 Jahre
	Als Mama einen dicken Bauch hat, fragen alle, was es denn werden soll? „Hauptsache, gesund!", sagt Mama, und Papa sagt einmal: „Hauptsache, es wird kein Hund!" „Warum denn kein Hund?", fragt sich die kleine Icherzählerin, die bisher das einzige Kind in der Familie ist. Sie malt sich aus, was es denn sonst so werden könnte und welche Vor- und Nachteile das hätte. Nachdem die Mama ins Krankenhaus kommt und mit einem kleinen Mädchen zurückkehrt, findet sie das neue Kind auch nicht so ganz falsch. Ein bisschen zerknautscht zwar, aber … Hauptsache, gesund!
Realistischer Erzählstil	Sachbilderbücher dienen der Wissensvermittlung, wecken bzw. befriedigen kindliche Neugierde. Die realistischen Abbildungen werden meist durch einen Text unterstützt, der erweiternde informative Angaben und Erklärungen liefert. Die Themen der Sachbilderbücher sind vielfältig, sie umfassen die technische Umwelt, Naturbereiche, Farben, Formen, Zahlen, Buchstaben, Geschichte, Ernährung und Gesundheit.
	Roederer, Charlotte: **Die fünf Sinne**, 2. überarbeitete Auflage, Bibliographisches Institut, Mannheim 2008, ab 4 Jahre In diesem Buch geht es um Sehen, Hören, Riechen, Fühlen, Schmecken. Kinder können mit allen Sinnen die Welt neu entdecken. Durch spannende Effekte wird erstes Sachwissen vermittelt. Transparente Folien zeigen beim Umblättern das Innenleben von Dingen, machen Verdecktes sichtbar oder veranschaulichen Veränderungen.
Fantastischer Erzählstil	Fantastische Bilderbuchgeschichten erzählen auf wundersame und märchenhafte Weise von den Träumen, Wünschen, Ängsten, Problemen und Sorgen der Menschheit. Die textliche und bildhafte Ausgestaltung gibt alltägliche Situationen, aber auch gesellschaftskritische Problemstellungen wieder. Zu den behandelten Problemen werden manchmal unübliche und ausgefallene Lösungswege präsentiert. Handlungsträger und Identifikationsfiguren sind häufig Tiere aller Gattungen, aber auch lebendig gewordene Dinge oder fantastische Wesen. Gelegentlich sind die Handlungsträger auch Kinder. Die Hauptfiguren erleben quasi stellvertretend die Dinge, die sich die Adressaten nur in ihrer Fantasie vorstellen können. Manchmal scheint es, als sei in den fantastischen Bildergeschichten die Welt auf den Kopf gedreht. Farben und Formen, Kommunikationssysteme, Größenverhältnisse und Naturgegebenheiten stimmen nicht mehr, Unvorstellbares passiert und alles scheint möglich zu sein. Einfallsreiche und innovative Abbildungen und originelle Illustrationen spiegeln zudem den Zeitgeist der künstlerischer Bildgestaltung wider.
	Büchner, Sabine: **Für immer sieben**, Carlsen Verlag, Hamburg 2007, ab 4 Jahre Am Montag spürt Mauser einen Schatz auf. Am Dienstag findet Drache einen Zauberkasten. Am Mittwoch kracht ein Tisch in Miezes Garten. Am Donnerstag stolpert Dackel über ein Bett. Am Freitag freut sich Frosch über eine uralte Karre. Am Samstag sinkt Schnecke auf eine Bank am Straßenrand. Am Sonntag erblickt Schwein den perfekten Pool. Sieben stille Genießer kommen ins Plaudern und stellen fest, dass sie einiges gemeinsam haben.

Märchenhafter Erzählstil	In den Märchenbilderbüchern, meist Volksmärchen nach den Brüdern Grimm, aber auch neue, moderne Märchen, interpretieren die Illustrationen den meist umfassenden Text. Qualitative Märchenbilderbücher geben Details nur sparsam wieder, deuten Gefühle und Stimmungen nur an, malen sie nicht realistisch aus. Das Geheimnisvolle bleibt stets erhalten und auch die Bilder zeigen immer ein „gutes Ende". Märchenbilderbücher sollten Kindern aber erst ab 5/6 Jahren angeboten werden.
	Grimm, Jacob, Grimm, Wilhelm, Sönnichsen, Imke (Autorin/Illustratorin): **Frau Holle**, Thienemann Verlag, Stuttgart 2001, ab 5 Jahre Eine Witwe hat zwei Töchter. Ihre leibliche Tochter ist faul, doch die Mutter zieht sie der fleißigen Stieftochter vor. Diese muss die ganze Arbeit machen. Als dem Mädchen beim Spinnen die Spule in einen Brunnen fällt, springt es hinterher, sie taucht in eine andere Welt ein – die Welt von Frau Holle. Bei ihr lebt und arbeitet es von nun an. Als Belohnung für seine Arbeit fällt am Ende ein Goldregen auf das Mädchen nieder. Als die Mutter das erfährt, schickt sie ihre faule Tochter auch zu Frau Holle. Doch die Faule hat keine Lust und wird deshalb am Ende als Strafe für ihr Faulenzen nur mit einem Kessel Pech übergossen. Die Abbildungen zeigen die Vielschichtigkeit und Auslegungsweisen dieses Märchens. Die Betrachter finden durch die anregende, moderne Illustration immer wieder neue Interpretationsanregungen.

1.3.4   Welche Themen in Bilderbüchern behandelt werden

Die Themen der Bilderbücher umfassen alle Bereiche gesellschaftlichen Zusammenlebens. Sie werden auf wirklichkeitsnahe, realistische oder fantastische Weise abgebildet und vermittelt. Bevorzugt werden die Lebens- und Erfahrungsbereiche thematisiert, mit denen sich Kinder alltäglich beschäftigen und auseinandersetzen. Dazu gehören Identitätsfindung, Freundschaften, das Zusammenleben in der Familie, Gefühle, Gleichberechtigung, Religion und Feste, aber auch außergewöhnliche Lebenssituationen, in die jemand geraten kann. Visualisiert werden sie in Ausschnitten und als wirklichkeitsnahe oder fantastische Bildergeschichten.

Die Vorbilder und Modellsituationen der Bilderbuchgeschichten zeigen meist Aspekte kindlicher Erfahrungs- und Erlebnisbereiche sowie Persönlichkeitsentwicklung beispielgebend auf und vermitteln, dass bei Lösungswegen oft große Anstrengungen zu bewältigen sind. Kinder sind auf der Suche nach Wahrheiten und finden diese, auch wenn sie hinter Verdrehungen, Tarnungen, Symbolen der Geschichten und Illustrationen versteckt sind. Beim Betrachten lösen die Bilderbücher Gefühle und Denkprozesse aus.

Freundschaft	In allen Literaturgattungen wird über das Wesen von Freundschaftsbeziehungen geschrieben. In Bilderbüchern wird das Thema in kindgerechter Form visualisiert. In den realistischen Bilderbuchgeschichten sind meistens Kinder die Hauptakteure und in den fantastischen Bildergeschichten dienen vermenschlichte Tiere und andere Wesen als Identifikationsfiguren. Die beabsichtigte Aussage erreicht dabei das betrachtende Kind direkt. Bei der Rezeption wie vertiefenden Bearbeitung vergleicht und verknüpft das Kind seine Bildeindrücke mit eigenen Freundschaftserlebnissen.
	Olten, Manuela: **Wahre Freunde**, Bajazzo, Zürich 2005, ab 4 Jahre Die wirklichkeitsnahe Geschichte zeigt in einer Momentaufnahme einen öffentlichen Streit zwischen zwei Jungen. Die anderen Kinder schauen dem lauten und handgreiflichen Verlauf mehr oder weniger interessiert zu. Irgendwann geschieht eine Wandlung, die Jungen verabreden sich zum Fußballspiel.

Familie	Das Erscheinungsbild von Familien spiegelt sich in Bilderbüchern wider. Mit breitgefächerten, fantasievollen Darstellungen greifen sie Themen auf und gestalten sie sensibel, wobei dynamische Überzeichnungen dem Betrachter zu neuen Sehweisen verhelfen. Für jüngere wie für ältere Kinder gibt es geeignete Bilderbücher, die sich mit dem Familienzuwachs oder besonderen Konfliktsituationen wie Wohnortwechsel, Trennung der Eltern auseinandersetzen. Ausgewählte Bilderbücher und Geschichten können Ausgangspunkt für ein erstes Gespräch und die Auseinandersetzung hilfreich sein. Außerdem können auch die pädagogischen Fachkräfte in Kindertageseinrichtungen mithilfe eines Bilderbuches Zugang zu Kindern finden, die in außergewöhnliche Belastungssituationen geraten sind.
	Raab, Brigitte (Text), Olten, Manuela (Illustration): **Jetzt hol ich mir eine neue Mama,** Oetinger Verlag, Hamburg 2007, ab 4 Jahre Das Mädchen ist ganz schön sauer, weil ihre Mama mit ihr nicht Kaufladen spielen möchte. Sie ruft: „Jetzt hole ich mir eine neue Mama!" Und weil ihr Papa und die Geschwister auch keine Zeit für sie haben, besorgt sie sich am besten gleich eine ganze neue Familie. Sie könnte zum Beispiel die nette Frau aus dem Laden nehmen oder den freundlichen Bibliothekar. Aber je länger sie sich damit beschäftigt, desto mehr vermisst sie ihre eigene Familie. Denn am schönsten ist es doch mit Mama und Papa.
Gefühle	Wie ist es, wenn man sich freut, wenn man so eine richtige dicke Wut im Bauch hat, wenn man sich einsam, traurig fühlt, wenn man Angst hat oder verliebt ist? Auf diese und ähnliche Fragestellungen versuchen Bilderbücher Antworten zu geben. Bilderbücher und ihre vielseitigen Geschichten tragen besonders dazu bei, Gefühle wie Freude, Liebe, Schmerz, Trauer, Wut, Angst zu verdeutlichen, ihnen einen Namen zu geben. Qualitativ gute Bildergeschichten zeigen Ursachen und Konsequenzen von Gefühlsäußerungen auf, verweisen auf die alltäglichen Verwirrungen und deren Bewältigung hin. In den Phasen der Trauerarbeit schaffen geeignete Bilderbücher eine Basis für Gespräche. Sie bieten symbolhafte, verständliche Vergleiche als Orientierung an, die auch religiösen Ursprungs sind. Transzendentale Erklärungen vermitteln dem Kind Hoffnung. Die zahlreichen Bilderbücher zum Thema Angst können Wegbereiter sein, um über Ängste zu sprechen. Viele Bilderbuchmacher thematisieren den Umgang mit angstauslösenden Situationen, z. B. Angst vor dem Alleinsein, vor Tieren, vor Liebesverlust, vor Räubern, Monstern, Hexen & Co. Wenn die Angst Kindern in Form einer Geschichte begegnet, so kann ein bisschen Angst auch schön spannend sein.
	Schubiger, Jürg (Autor), Muggenthaler, Eva (Illustration): **Der weiße und der schwarze Bär,** Peter Hammer Verlag, Wuppertal 2007, ab 5 Jahre Die Nacht ist schwarz und man kann sich im dunklen Zimmer verlaufen wie in einem Wald. Man könnte sich fürchten, doch es gibt ja den weißen Bären! Das kleine Mädchen erklärt es am Morgen der Mutter. Die weiß noch nicht, dass der große weiße Bär jede Nacht am Bett des Mädchens sitzt. Er ist ein schweigsamer Bär, der sich auskennt mit der Dunkelheit. Doch dann bleibt er eines Nachts aus. Auch in der nächsten Nacht kommt er nicht und es ist stockfinster. Das Mädchen dachte: „Wenn jetzt ein Bär neben meinem Bett sitzt, muss es ein schwarzer sein." Das Mädchen horchte. Tatsächlich konnte es das Schnaufen einer feuchten Nase hören.

Jungen und Mädchen	Realistische wie fantastische Bilderbücher tragen als heimliche Miterzieher zur Stärkung der Persönlichkeit von Jungen und Mädchen bei, ohne geschlechts-spezifische Verhaltensweisen zu festigen. Erwachsene sollten sich ihres enormen Einflusses bei der Meinungsbildung sowie der Interpretation der Bilderge-schichten bewusst sein. Exemplarische Spiegelgeschichten ohne Rollenklischees unterstützen die Entwicklung der Jungen und Mädchen in ihrer Geschlechts-identität.

Könneke, Ole: **Anton und die Mädchen,** Hanser, München 2004, ab 4 Jahre
Anton hat einen Eimer, eine Schaufel und ein riesengroßes Auto. Aber die Mädchen gucken nicht. Es scheint nichts zu geben, womit man die Mädchen beeindrucken kann. Oder doch?

Aufklärung

Aufklärungsliteratur für Kinder weist unterschiedliche Schwerpunkte und An-sprüche auf. Die Sachinformationen sind entweder faktisch-sachbezogen, auf biologische Kenntnisse beschränkt abgefasst oder in eine erzählende Hand-lungsgeschichte eingebunden. In der Regel sind die Abbildungen gezeichnet und mit erklärendem Text versehen. Aufklärungsbilderbücher erleichtern Er-wachsenen, die richtige Sprache und ein vertrautes Vokabular zu finden, um die Fragen der Kinder zu beantworten, um über Gefühle und Geschlechtlichkeit zu reden. Geeignet sind besonders die Bilderbücher, die einen ganzheitlichen, umfassenden Ansatz verfolgen. Diese Bilderbücher vermitteln nicht nur Sach-wissen, sondern helfen, Sexualität als einen Bereich der Persönlichkeit des Men-schen zu verstehen, der sehr viel mit Liebe, Zuneigung, Freude, Sinnlichkeit, Zärtlichkeit und auch Achtung zu tun hat.
Durch das Aufdecken des sexuellen Missbrauchs von Kindern sowie die öffent-liche Ablehnung und Ächtung gibt es nun vermehrt auch Bilderbücher, die sich speziell um dieses schwierige Thema bemühen. Ziel ist es, nicht betroffen sowie betroffenen Kindern eine vielleicht entlastende Sprechmöglichkeit zu bieten.

Janouch Katerina (Text), Lindman Mervi (Illustration), **Bevor ich auf die Welt kam – Wie Babys entstehen,** Oetinger Verlag, Hamburg 2005, ab 4 Jahre
Woher kommen die Babys? Das wollen alle Kinder wissen! Wo waren die Kinder, bevor sie auf die Welt kamen? Wie entstehen Kinder überhaupt? Und was pas-siert, wenn ein Baby im Bauch der Mama wohnt? Diese und noch viel mehr Fragen beantwortet das Bilderbuch in einer zusammenhängenden Geschichte. Es lässt dabei viel Raum für all die Ideen und Vorstellungen, die Kinder beschäf-tigen, wenn sie über ihre Familie, ihre eigene Entstehung und ihre kleinen Geschwister nachdenken.

Ich-Identität

Zuneigung, Freundschaft, Liebe sind kindliche Grundbedürfnisse und somit Grundthemen zahlreicher Bilderbücher. Aspekte kindlicher Persönlichkeitsent-wicklung werden in Bilderbüchern modellhaft aufgezeigt. Kinder suchen und finden in den Geschichten Wahrheiten, auch wenn diese hinter Verdrehungen, Tarnungen, Symbolen der Geschichten und Illustrationen versteckt sind. Kinder nehmen ihre Literatur assoziativ (sich vorstellend) bzw. identifikativ (sich gleich-setzend) auf. Beim Betrachten lösen die Bilder Gefühle und Denkprozesse aus, geben Handlungsimpulse. Je unsicherer ein Kind ist, umso mehr sucht es nach Vorbildern. Hier setzen positive Bilderbuchhelden sinnvolle Impulse und zeigen, dass Anstrengungen aufzubieten sind, um zu einer Lösung zu kommen. Der errungene Sieg ruft bei Kindern dann ein echtes Glücksgefühl hervor und die Auseinandersetzung mit den Geschichten der Protagonisten geschieht häufig durch anschließende spielerische Beschäftigungen.

Schlüter, Manfred: **Herr Schwarz und Frau Weiss,** Boje Verlag, Köln 2007, ab 4 Jahre
Herr Schwarz wohnt auf der dunklen Seite des Sterns, Frau Weiß bewohnt die helle Seite. Sie liebt das Licht, er das Dunkel, aber weil sie sich mögen, besuchen sie einander. Sie sind verliebt! Als keiner den anderen überreden kann, auf seine Seite zu ziehen, gehen sie verärgert und enttäuscht auseinander. Aus Wut schluckt Herr Schwarz alles Licht, das er auf seiner dunklen Seite des Sterns finden kann, und Frau Weiß schluckt umgekehrt auf ihrer Seite alles Dunkel. Als sie sich später wiedersehen, erschrecken sie darüber und müssen über sich selbst lachen. Die ausdrucksstark illustrierte Geschichte ist ganz in Schwarz-Weiß ge-halten und die Bildseiten sind oft spiegelgleich angeordnet, wobei die Gegen-sätze auch immer wieder aufgebrochen werden.

Kunst-Bilderbücher	Viele Kunstsachbilderbücher für jüngere Kinder beschäftigen sich mit Farben und Formen. Sie versuchen, auf sachlich-erlebnishafte wie spielerische Weise Kinder mit Formen- und Farbkenntnissen auszustatten, die zur experimentellen Nachahmung animieren. Andere Bilderbücher vermitteln Informationen über das Leben und die Arbeiten ausgesuchter Künstler. Auch bereichern die ausgesucht künstlerischen Gestaltungstechniken in Bilderbüchern kindliche Sinneseindrücke, wobei von fähigen Illustratoren/Illustratorinnen alle Lebensbereiche kindgerecht visualisiert werden können.
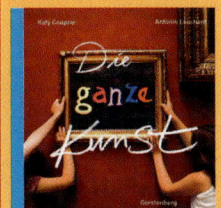	Couprie, Katy, Louchard, Antonin: **Die ganze Kunst** Gerstenberg, Hildesheim 2006, ab 4 Jahre Mit einer Sondergenehmigung haben die französischen Künstler Katy Couprie und Antonin Louchard viele Nächte lang im Louvre, der größten Gemäldesammlung der Welt, fotografiert, arrangiert, nachgemalt und schlicht gespielt. Der ertrinkenden Märtyrerin haben sie eine Anleitung zum Rettungsschwimmen beiseitegestellt, das Floß der Medusa mit Playmobil-Männchen nachgebaut und neben einem ägyptischen Mumienporträt eine Barbie-Puppe als Mumie eingewickelt. Eine außerordentlich kindgerechte Einführung in große Kunst.
Religiöse Bilderbücher	Unter den vielen Bibelgeschichten eignen sich nur wenige für Kinder. Es gibt aber eine Reihe geeigneter Bilderbücher, die Geschichten aus der Bibel erzählen. Bei der Auswahl und Vermittlung von Geschichten sollte deshalb darauf geachtet werden, dass die biblische Überlieferung und die heutige Lebenssituation des Kindes in einen sinnvollen Bezug gesetzt werden. Um Kinder mit biblischen Texten vertraut zu machen, sollte der erwachsene Vermittler die Bild- und Textaussagen mit ihrer christlichen Botschaft vertreten können.
 	Frisch, Hermann-Josef (Autor), Gantschev, Ivan (Illustrator): **Der Chamäleonvogel** – Eine Ostergeschichte für Kinder und ihre Eltern, Gütersloher Verlagshaus, Gütersloh, 2. Auflage 2005, ab 4 Jahre Die Ostergeschichte einmal anders erzählt: Leben, Sterben und Auferstehung Jesu werden von einem Chamäleonvogel geschildert, in dessen Federkleid sich Gefühle wie Trauer und Freude farblich widerspiegeln. Während er von Jesus und dessen Liebe zu den Menschen erzählt, leuchtet er bunt. Dann wird er grau, schließlich schwarz und verschwindet fast ganz, als Jesus gefoltert und ans Kreuz geschlagen wird. Doch am Ende feiern die Menschen die Auferstehung Jesu – und die Federn des Chamäleonvogels strahlen so stark wie nie zuvor.
Gesundheit im Bilderbuch	Bilderbücher zur Gesundheitserziehung werden schon für die Jüngsten als Elementarspielbuch angeboten. Wirklichkeitsnahe und fantastische Erzählungen, informierende Sachgeschichten, Ratgeber und Nachschlagewerke mit gezeichneten Abbildungen, Fotos, Pop-Up-Effekten und ergänzenden Texten erweitern altersentsprechende Angebote. Einige Bilderbücher wollen auf kranke Tage zu Hause oder im Krankenhaus vorbereiten oder auf besondere Erkrankungen hinweisen. Ausgegangen wird vom gesunden Kind, das seinen Körper mit seinen Funktionen erlebt und sich spielerisch mit Helfen und Pflegen, dem Arztbesuch und dem Krankenhausaufenthalt auseinandersetzt. Bereits die jüngsten Kinder werden über notwendige Maßnahmen der Körperpflege als alltägliche Normalität informiert. Aufgeklärte Kinder mit positiven Erfahrungen sind dann motiviert, sich gesundheitsbewusst zu verhalten.
	Heinlein, Sylvia, Brockamp, Melanie: **Weißt du, was dein Körper kann?,** Arena, Würzburg 2007, ab 5 Jahre Die Frage, was im menschlichen Körper vor sich geht, wird mit alltagsnahen Vorlesegeschichten vermittelt. Darin eingebettet ist faktisches Wissen z. B. über Sinnesorgane, Gehirn, Blutkreislauf, Magen und Darm. Es ist so aufbereitet, dass auch jüngere Kinder die Zusammenhänge über die Vorgänge in unserem Körper begreifen können. Tipps, die kleine Forscher selbst ausprobieren können, fördern die eigene Körperwahrnehmung mit Bilderrätseln und Kinderquiz. Ein Extra-Spiel mit Spielplänen und Bildkärtchen vertieft das Wissen.

Ernährung im Bilderbuch

Bilderbücher tragen dazu bei, die Neugierde und das Interesse der Kinder an Nahrungsmitteln, an der Küche und dem Zubereiten von Mahlzeiten zu wecken. Bilderbücher können sozusagen „Kinder auf den Geschmack bringen" und Essgewohnheiten thematisieren, ohne den pädagogischen Zeigefinger zu erheben. In Bilderbüchern sind Botschaften und Informationen über Ernährung oft in versteckter Form zu finden. Auch diese Geschichten tragen zur gesundheitsfördernden Ernährungserziehung bei. Bilderbuchgeschichten können auch eine Anregung sein, Freunde einzuladen und ein kleines Fest zu feiern.

Auf die Frage von Kindern, woher die einzelnen Nahrungsmittel des täglichen Lebens stammen, bieten Sachbilderbücher anschauliche Informationen. Es wird am Beispiel von Anbau und Ernte auch die industrielle Verarbeitung dargestellt.

Steffensmeier, Alexander: **Wo kommt unser Frühstück her?,** Oetinger Verlag, Hamburg 2008, ab 3 Jahre
Woher kommt das Frühstücksei? Wer liefert die Milch und was braucht man zum Brotbacken? Jedes Kind kennt die Lebensmittel, die auf dem Frühstückstisch stehen, aber wer weiß schon, wie sie gemacht werden oder woher sie stammen? Das erste Sachbuch zur Ernährung nimmt die Kinder mit auf den Bauernhof zum Melken, zeigt den Weg vom Korn zum Brot, stellt verschiedene Getreidearten vor und erklärt, wie Marmelade gekocht wird.

Kinderkochbücher

Aus der großen Anzahl von Kinderkochbüchern sind einige besonders für die Kinder geeignet, die noch nicht lesen können. Damit die Speisen von den Kindern selbstständig oder unter Anleitung zubereitet werden können, ist eine gute Ausstattung der Kochbücher (z. B. Ringheftung) sehr hilfreich. Die Rezepte sollten möglichst ohne Umblättern durchführbar sein, da klebrige oder fettige Hände das Buch schnell unbrauchbar machen. Das Layout, die Titelseite, die Illustrationen und Fotos sollten die entsprechende Altersstufe ansprechen und den Text sinnvoll ergänzen. Wichtige Tipps, Hinweise und Erklärungen von Fachausdrücken müssen gleich zu Anfang des Kochbuches gegeben werden, um Fehler zu vermeiden und Gefahrenquellen zu beseitigen. Die Rezeptvorschläge, die den gesundheitlichen Aspekt berücksichtigen, müssen inhaltlich richtig und übersichtlich angeordnet sein. Wichtig ist z. B. die Angabe der Personenzahl, der benötigten Zutaten und Geräte. Ungeübte Köche finden sich dadurch leichter zurecht. Außerdem werden durch eine besondere Kennzeichnung die unterschiedlichen Schwierigkeitsgrade zusätzlich markiert. Ein gutes Kinderkochbuch macht durch einfache bildhafte Erklärungen Kinder ohne Zwang mit einer gesunden Ernährung vertraut.

Habisreutinger Julei/Walz, Linda: **Die Maxi-Mini-Maus-Partyrezepte,** Zabert-Sandmann, München 2006, ab 5 Jahre
Ob Geburtstag, Schulanfang oder einfach nur so, für jeden Anlass und für jede Jahreszeit finden Kinder und Eltern in diesem Buch mit der Maus wunderbare Partyideen. Das Kinder-Eltern-Partybuch mit der TV-Kultfigur „Sendung mit der Maus" ist kompetent, kompakt und handlich. Acht Mottofeste mit Partyrezepten geben Schritt für Schritt ausführliche zahlreiche Hinweise zur Planung und Vorbereitung, zum Basteln, Backen, Kochen. Tipps, Tricks und wichtige Handgriffe beim Kochen, Backen oder Basteln werden in Bildern gezeigt.

Natur-Bilderbücher	Naturbilderbücher helfen, Kindern eine positive Einstellung zur Natur zu vermitteln, denn was Kinder schätzen lernen, werden sie später auch schützen wollen. Naturbegegnung hat stets auch einen emotionalen Gehalt. Auch in eher realistischen Bilderbuchgeschichten spielt daher die Vermenschlichung der Handlungsträger eine wesentliche Rolle. Tiere und Pflanzen mit menschlicher Sprache ausgestattet wecken beim kindlichen Betrachter bzw. Leser Mitgefühl und Verständnis, verstärken somit die emotionale Auseinandersetzung und Identifikation. Doch deren biologische Lebensweise muss für Kinder klar erkennbar sein, da es sonst zu Missverständnissen kommen kann.

Beginnen Kinder nach Zusammenhängen, Gründen oder Ursachen zu fragen, bieten Sachbilderbücher altersgerechte Möglichkeiten der Information. Themen wie Umweltbedrohung und Umweltschutz werden in zahlreichen Sachbilderbüchern behandelt. Sie liefern Informationen zu den Ursachen von Umweltschäden. Auf Umweltprobleme aufmerksam machen erscheint sinnvoll, aber Konfrontation mit Umweltkatastrophen führt Kinder nur zu Mutlosigkeit und Resignation.

Fontanel, Beatrice: **Frühling, Sommer, Herbst und Winter** – Die schönsten Bilder aus der Natur, Ravensburger Buchverlag, 3. Auflage, Ravensburg 2006, ab 4 Jahre
Dieser eindrucksvolle Bildband zeigt die Schönheit der Natur. Renommierte Fotografen zeigen mehr als 160 faszinierende Nahaufnahmen. Die vier Kapitel machen sichtbar, wie sich die Natur verändert und wie sich Tiere und Pflanzen unserer Region den Jahreszeiten anpassen. Sie verschaffen ungewöhnliche Einblicke in die geheimnisvollen Vorgänge der Natur – von der Entwicklung der Raupe zum Schmetterling bis hin zum Leben in einem Bienenstock.

Experimente im Bilderbuch	Sachbilderbücher unterstützen die Klärung von Sachverhalten und Sachzusammenhängen unter Berücksichtigung des kindlichen Bedürfnisses nach anschaulicher Vermittlung. Die Themenwahl ist altersspezifisch. Zielgruppen sind ältere Kindergartenkinder und Grundschulkinder. Bilderbücher mit Experimenten sind Sachbilderbücher, die den Zugang zu naturwissenschaftlich-technischen Umweltbereichen verschaffen möchten. Sachkenntnisse werden exakt, aber auch unterhaltend vermittelt. Aus diesem Grunde spricht das erlebnisorientierte Sachbilderbuch besonders die jüngeren Kinder an, da es eine emotionale Identifikation ermöglicht. Die Sachinformationen werden durch Bilder, Bildfolgen, Zeichnungen, Fotos, gemalte Szenarien bzw. durch Experimente oder Anleitungen veranschaulicht. Der Grad der Wissenschaftlichkeit ist in der bildlichen Darstellung und in den erklärenden Texten auf ein kindgerechtes Maß reduziert.

Michel, Christoph: **Erste Experimente für kleine Forscher**, Brockhaus, Mannheim 2008, ab 4 Jahre
Hier können Kinder selber Experimente ausprobieren und auf Forschungsreise gehen. 35 einfache Versuche gehen bekannten Naturphänomenen auf den Grund und führen zu verblüffenden Ergebnissen. Jeder einzelne Versuchsschritt sowie alle benötigten Haushaltsutensilien sind illustriert, sodass die Kleinen problemlos selbstständig forschen können. Kurze Texte erklären, was während des Versuchs passiert und warum dies so ist. Zum Schluss zeigen Beispiele mit Foto, wo uns die Phänomene im Alltag wieder begegnen.

Geschichts-Bilderbücher	Das Themenangebot bei den geschichtlichen Sacherzählungen für Kinder und Jugendliche reicht von der Steinzeit über die Antike bis zur jüngsten Vergangenheit. Auffallend ist, dass sich in der bebilderten Sacherzählung für jüngere Kinder die Zeit des Mittelalters und des Zweiten Weltkrieges besonders herauskristallieren. Bei den Erzählungen wecken spannende erlebnisorientierte Handlungen mit abenteuerlichen Motiven die Neugierde und das Interesse bei Kindern am schnellsten. Dabei treten einzelne Figuren aus der anonymen Masse heraus und werden durch die Darstellung ihrer Probleme und Taten zu Repräsentanten der jeweiligen Epoche. Diese Identifikationsfiguren eröffnen am leichtesten den Zugang zur Geschichte. Dabei kommt es nicht so sehr darauf an, dass etwas genauso abgelaufen ist, wie es die Erzählung schildert, sondern dass der historische Hintergrund sachlich einwandfrei angelegt ist.
	Holtei, Christa (Text), Jakobs, Günther (Illustration): **Bei den Steinzeitmenschen** – Kinder wissen mehr!, Sauerländer Verlag, Düsseldorf 2007, ab 4 Jahre Schon vor vielen Tausend Jahren gab es Menschen. Doch ihr Leben sah ganz anders aus als unseres: Die Steinzeitmenschen trugen Kleidung aus Fellen, wohnten in Fellhütten oder Höhlen und wenn sie Hunger hatten, mussten sie Früchte und Pflanzen sammeln oder ein Mammut jagen. Dieses Buch erzählt, wie die Menschen der Steinzeit ihr Geschick und ihre Fähigkeiten zum Überleben unter schwierigen Bedingungen nutzten. Detaillierte Ausklappbilder bieten Einblicke in die Vorgeschichte der Menschen.

1.3.5   Welche Bedeutung Bilderbücher haben

Die illustrierten Geschichten wie z. B. **Der Struwwelpeter** von Heinrich Hoffmann, **Die Häschenschule** von Fritz Koch-Gotha, **Der kleine Häwelmann** von Else Wenz-Viëtor, **Hänschen im Blaubeerwald** von Elsa Beskow sind teilweise schon über Hundert Jahre alt und noch heute kennen sie viele Kinder. Erwachsene erinnern sich teilweise mit Schrecken noch deutlich an die Botschaften dieser Geschichten, die mit offensichtlichen und fragwürdigen Erziehungsabsichten ausgestattet sind.

Bilderbücher können durch ihre Illustrationen, Texte und auch Darbietungen lange in dem kindlichen Betrachter nachwirken, wie die o. g. Beispiele zeigen. Im Gegensatz zum bewegten Bild im Fernsehen kann das Kind ein Bilderbuch immer wieder in die Hand nehmen und sich darin vertiefen. Selbstbestimmt, zu fast jeder Zeit und Gelegenheit kann es sich in einen Spannungszustand versetzen, kurz oder ausdauernd, intensiv oder oberflächlich, alleine oder in der Gemeinschaft mit Gleichaltrigen.

Die aktive Auseinandersetzung mit einem Bilderbuch wirkt auf die gesamte Persönlichkeit des Kindes ein und kann bereits vorhandene Vorurteile beeinflussen, Klischees verhindern sowie zur Beziehungsfähigkeit beitragen, Kommunikationsmöglichkeiten fördern, Wahrnehmung sensibilisieren, ästhetisches Empfinden entwickeln, Hilfe zur Orientierung in der Umwelt bieten, Lese- und Sehgewohnheiten prägen.

Aber der entscheidende Aspekt ist, dass der Umgang mit Bilderbüchern einfach Spaß und Vergnügen bereitet und Gefühle freisetzt. Insbesondere ermöglichen fantastische Bilderbücher das Eintauchen in Fantasie- und Märchenwelten, sie verbinden Traum- und Realitätsebenen, wobei sich neue, ungewohnte Sehweisen erschließen können.

Form- und Farbgebungen künstlerischer Bildgestaltungen rufen beim Betrachter bestimmte Eindrücke und Gefühle hervor. Beabsichtigte Bildaussagen werden wirkungsvoll unterstrichen und ihre manchmal symbolhaft codierte Bedeutung erschließt sich dem Betrachter erst allmählich.

Kinder, die mit Bildern sehen gelernt haben, finden schneller einen Zugang zu den Kulturtechniken wie Rechnen, Schreiben und Lesen, da sie die abstrakte Symbolsprache der Zahlen und Buchstaben erkennen können. Zu Beginn des 21. Jahrhunderts gibt es auch in westlichen Kulturen noch viele Erwachsene, die nicht lesen und schreiben können, aber Bildersprache wie Symbole und ritualisierte Bildzeichen verstehen.

1.3.6   Wie Kinder Bilder wahrnehmen

 Die Bildwahrnehmung von Kindern und Erwachsenen unterscheidet sich grundsätzlich. Der Erwachsene kann auf ein Repertoire an Bildzeichen und ihre Bedeutungen zurückgreifen. Er versteht auch abstrakte Bilder und symbolhafte Bildsprache. Kinder erkennen zunächst nur die konkrete naturgetreue Abbildung der Wirklichkeit und eignen sich die Bilder und ihre Deutung erst nach und nach an, indem Bildeindrücke im Gedächtnis haften bleiben. Ständig und immer mehr bedeutungsvolle Bilderzeichen speichert das Kind im Gedächtnis, vergleicht sie miteinander, versteht sie und wendet sie an.

Dieser Bereich der Wahrnehmungsentwicklung wird durch Bilderbetrachtungen wie in Bilderbüchern nachhaltig unterstützt. Ausgesuchte und künstlerische Gestaltungstechniken bereichern kindliche Sinneseindrücke. Durch Reduktion und Konzentration der Bildinhalte auf das Wesentliche wird dabei der speziellen Art kindlicher Bilderfassung entsprochen. Dazu befähigte Illustratoren/Illustratorinnen können alle Lebensbereiche kindgerecht visualisieren.

In der Bewertung von Bildern besteht ebenfalls ein Unterschied zwischen Erwachsenen und Kindern durch die individuell-emotionale Erfassung bildhafter Darstellungen. So kommt es, dass Kindern Bilder gefallen, während sich Erwachsene gegenteilig äußern. Die individuelle Wahrnehmung und Interpretation von Bildergeschichten resultiert außerdem aus den entwicklungsgemäßen und sozialen Erfahrungsmöglichkeiten sowie der persönlichen Lebenssituation des jeweiligen Kindes.

In künstlerisch-hochwertigen Bilderbüchern sind Bildgestaltungen manchmal komplex angelegt und in ihrer Aussage vordergründig nicht immer eindeutig verständlich. Doch mit der kindgemäßen Logik werden sie von Bilderbuchkindern meistens richtig erfasst, oder der begleitende Text vermittelt Klarheit. Ihre Eindrücke transformieren (= umwandeln) Kinder dann auf ihre eigenen Ausdrucksformen durch gestisch-mimische oder verbale Nachahmungen. Diese Kommunikationsmöglichkeiten reizen die Sprech- und Fabulierlust des Kindes ebenso, wie sie seine kreativen Spiel- und Gestaltungsbedürfnisse wecken. Obwohl das Kind doppeldeutige Bildaussagen zunächst noch nicht erkennt, sind unterschiedliche Interpretationsmöglichkeiten eines Bildes oft vom Bilderbuchkünstler beabsichtigt.

1.3.7   Wie Bilderbücher beurteilt werden können

Erwachsene, auch andere Bezugspersonen können manchmal nicht nachvollziehen, warum das Kind eine Vorliebe oder Abneigung für ein bestimmtes Bilderbuch zeigt. Obwohl sie das Bilderbuch gelesen und überprüft haben, seine Qualität gut ist und den beobachtbaren Interessen des Kindes entspricht, mag es dieses nicht, lehnt es ab. Diese Aspekte sind daher bei der Beurteilung, Auswahl und/oder Anschaffung von Bilderbüchern für Kinder zu bedenken.

Eine bestimmte Bildergeschichte gefällt dem Kind vielleicht deshalb, weil es sich durch die Botschaft verstanden fühlt oder weil es am Ende des Handlungsablaufs ein tröstendes Ende gibt. Manchmal mögen Kinder die Bilderbücher, die Humor und Witz aufweisen, die mit durchsichtig-doppeldeutigen Bildaussagen, mit karikaturistischen Zügen in den Bildern die Themen aufgreifen oder manchmal ist es nur ein Wort, ein Bildausschnitt, ein Illustrationsstil, der sie in schallendes Gelächter ausbrechen lässt und dadurch das Buch zum Lieblingsbilderbuch macht. Vielfach verbindet das Kind eine angenehme Vermittlungssituation mit dem Bilderbuch oder das behandelte Thema der Bildergeschichte rührt es emotional an und stellt eine Betroffenheit her. Deshalb sollte Kindern auch der selbstständige Zugang zu unterschiedlichen Bilderbüchern möglich sein.

Für die Beurteilung von Bilderbüchern gibt es keine allgemein verbindlichen oder gar objektive Kriterien. Grundsätzlich ist zu bedenken, dass immer auch subjektive Einstellungen, Haltungen und Gefühle in die Beurteilung eines Bilderbuches einfließen. Der persönliche Geschmack und das individuelle Qualitätsverständnis sind sehr facettenreich und außerdem bei Kindern und Erwachsenen unterschiedlich. Dennoch können Massenbilderbücher und qualitativ gute Bilderbücher unterschieden werden.

Qualitativ gute Bilderbücher

- zeigen Abbildungen in hochwertiger Druckqualität,
- bieten gestalterisch und inhaltlich eine anspruchsvolle Unterhaltung,
- klären Kinder durch kindgerechte Themen auf,
- eröffnen Möglichkeiten zur kindgemäßen Auseinandersetzung mit der Umwelt,
- verfügen über ein stimmiges Layout bezüglich des Inhalts, der Farb- und Formgestaltung,
- lassen einen Spielraum für eigene, selbstständige Interpretationen der Botschaft,
- fordern zu Meinungsbildung, Bewertungen, Stellungnahmen, Vergleichen heraus,
- sind in den Bildaussagen eindeutig, sie stimmen mit textlichen Aussagen überein,
- tragen durch die Art der Abbildungen nachhaltig zur Geschmacksbildung bei,
- nehmen kindliche Betrachter in ihrer Persönlichkeitsentwicklung ernst,
- zeigen vollziehbare Konflikte oder Problemsituationen auf und bieten oft ungewöhnliche und kreative Lösungsmöglichkeiten an.

Bilderbücher können hinsichtlich ihrer Ausstattung, Aussage und Wirkungsweise erfasst und beurteilt werden. In der Fachliteratur werden verschiedene Methoden aufgezeigt. Die unterschiedlichen Raster berücksichtigen dabei in unterschiedlicher Gewichtung immer literarische Aspekte wie Text und Bildaussage, methodische Vermittlungsaspekte sowie mögliche Wirkungsweisen auf die Zielgruppe.

Zur schnellen Erfassung und zum systematischen Auffinden eignen sich besonders Kurzformen wie z. B. Bilderbuchbesprechung auf Karteikarten. Die Sammlung von Rezensionen stellt eine weitere Möglichkeit für die Auswahl und Einschätzung von Bilderbüchern dar. Eine Bilderbuchrezension (-besprechung) ist in verschiedenartige Aspekte gegliedert:

Gliederungspunkte zur Bucherfassung

- Bibliografische Angaben: Autor/-in, Illustrator/-in, Titel/Untertitel, Verlag, Erscheinungsort, -jahr
- Äußere Erscheinungsform: Format, Umfang, Bildstil/-technik, Drucktype, Layout
- Inhaltsangabe: Hauptfiguren, Schauplatz, Handlungsverlauf/Bildfolgen
- Lesealter: Bezug zur Erlebniswelt der Adressaten
- Bewertung: Einschätzung der literarischen bildnerischen Qualität und pädagogischen Bedeutung
- Vermittlungssituation: Anlass, Ort der Vermittlung, Vermittlungsform, Auswertungsmöglichkeiten

1.3.8 Wie Bilderbücher vermittelt werden können

Beim spontanen, situativen Betrachten eines Bilderbuches kommt es stark auf die pädagogischen Fähigkeiten und Erfahrungen des Erwachsenen an, denn rasch wird er einschätzen und entscheiden müssen, ob das Buch geeignet ist, wie genau und intensiv er mit dem Kind das Bilderbuch anschaut. Da nicht der Erwachsene, sondern das Kind das Buch ausgewählt hat, wird er sensibel und abwartend auf die Beteiligung des Kindes reagieren. Manchmal ist auch ein stummes Betrachten völlig ausreichend.

Um Bilderbücher zielgerichtet auswählen zu können, erscheint es sinnvoll, wenn der Bilderbuchbestand schriftlich durch eine kurze Inhaltsangabe festgehalten wird (z. B. auf Karteikarten).

Inhaltsangabe

1. Vorbereitung
   Das Buch aufmerksam anschauen/lesen. Wichtige Bildaussagen, Textstellen, Schlüsselbegriffe aufschreiben. Das Wesentliche (Bild, Kapitel) zusammenfassen. Sich Gedanken über die Botschaft, Hauptaussage machen. Mögliche Adressaten und Anlässe überlegen.

2. Das Schreiben
   – Autor, Titel, Erscheinungsort, -jahr, Thema, Textart, Adressat/Alter angeben.
   – Kurz die Hauptaussage des Buches formulieren, Angaben über Ort, Zeit und ggf. Hauptpersonen machen.
   – Zusammenfassung der wichtigsten Aussagen mit eigenen Worten ohne persönlichen Kommentar unter Verwendung der Stichworte/Kernsätze.
   – In sachlichem Stil schreiben, kurze, verständliche Sätze verfassen.
   – Bei der schriftlichen Wiedergabe im Präsens schreiben; direkte in indirekte Rede umwandeln.
   – Die mögliche Absicht des Autors aufzeigen; eine abschließende Aussage treffen und die Hauptaussage des Buches wiedergeben.
   – Eventuell eine persönliche Stellungnahme formulieren.

Voraussetzung für die gelungene Vermittlung eines Bilderbuches ist eine zustimmende und positive Einstellung des Erwachsenen zu dem gewählten Bilderbuch. Neben dieser subjektiven Haltung wird die Auswahl des Bilderbuches bestimmt durch die Intention, den aktuellen Anlass, sowie die Interessen, Wünsche und Bedürfnisse des Kindes/der Kindergruppe. Die Beziehung zwischen dem Erwachsenen und den Kindern, ihre gemeinsamen Erfahrungen prägen die Stimmung während der Bilderbuchbetrachtung. Sie kann nur in angenehmer Atmosphäre gelingen und wenn andere Maßgaben wie Anzahl der Kinder, Ort, Zeitpunkt, Dauer, Sitzform, Lichtverhältnisse sorgfältig überlegt werden und stimmig sind. Damit die Kinder die Bildinhalte und den Handlungsablauf genau erfassen, über eigene Erkenntnisse und Erfahrungen sprechen und ihre Stimmungen, Fragen, Einfälle formulieren können, sind erschließende und erarbeitende Vermittlungsformen notwendig.

Erschließende Vermittlungsformen:

▶ Sprachfreies Vorblättern, stichwortgebendes Vorblättern, erzählendes/vorlesebegleitendes Vorblättern

▶ Text/Bild selbstständig alleine entdecken, mit einem Partner oder in einer Kleingruppe

▶ Kinder motivieren vorauszudenken, sie erahnen und vermuten zu lassen durch Besprechung des Titelbildes, zentraler Szenen

Verarbeitende Vermittlungsformen:

▸ Struktur, Inhalt, Aussage des Textes in enger Anlehnung an das Bilderbuch nacherzählen, nachlesen, hinterfragen, nachspielen, besprechen

▸ Stil, Farbe, Formen der Bilder hervorheben, den Buchinhalt anhand einzelner Schlüsselbilder wiedergeben, Bilddetails besprechen, Bildfolgen erinnernd wiederholen, Bildwirkungen verbalisieren

▸ Über das Bilderbuch hinauswirkende Verarbeitungsmöglichkeiten sind: Szenisches-, Stegreif-, Schatten-, Puppenspiel, Pantomime, Klangspiel, Malen, zeichnen von Einzelfiguren, Schauplätzen, Bildausschnitten, Gestalten, Drucken, Textstellen ausformen, selber ein Bilderbuch herstellen, u. a. m.

Impulse zur Vertiefung

1. *Diskutieren Sie in Ihrer Lerngruppe an einem konkreten Beispiel, wodurch sich ein qualitativ gutes Bilderbuch auszeichnet. Schreiben Sie eine Inhaltsangabe.*

2. *Überlegen Sie eine Systematik, die Ihnen das schnelle Auffinden eines Bilderbuches erleichtert.*

3. *Entwickeln Sie gemeinsam mit den Kindern Regeln zur Aufbewahrung und pfleglichen Behandlung der Bilderbücher sowie Ideen zur Weiterverwendung beschädigter Bilderbücher.*

4. *Sichten Sie in der örtlichen Kinderbücherei das Bilderbuchangebot und unterscheiden Sie dabei nach Typengruppe, Erzählstil, Themengruppe.*

5. *Wählen Sie ein für **Sie** besonderes Bilderbuch aus und schreiben Sie dazu eine Analyse.*

6. *Erläutern Sie die Voraussetzungen, unter denen Sie Kindern ein ausgewähltes Buch vermitteln. Beschreiben Sie konkrete Vorgehensweisen.*

7. *Sichten und vergleichen Sie Prospektmaterial von Bilderbüchern. Welches Verlagsangebot interessiert Sie besonders? Finden Sie heraus, ob das Verlagsprogramm weitere Kinderbücher umfasst. Erstellen Sie ein Verlagsporträt.*

8. *Ermitteln Sie Bezugsquellen, die aktuelle Bilderbucherpublikationen präsentieren.*

1.4   Märchen

1.4.1   Was Märchen sind

Märchen (Verkleinerungsform des mittelhochdeutschen Wortes „maere" = Kunde, Bericht, Erzählung, Gerücht) sind fantastische kurze Prosaerzählungen. Inhaltlich sind Märchen dadurch gekennzeichnet, dass die Naturgesetze aufgehoben sind und Wunder als überraschende Lösungen auftreten können. Obwohl Märchen als Urform des Erzählens bezeichnet werden können und zu allen Zeiten und bei allen Völkern zu finden sind, konnte erst durch die Brüder **Jacob** und **Wilhelm Grimm** der Begriff „Märchen" als literarischer Gattungsbegriff definiert werden.

1.4.2   Wie Märchen entstehen

Märchen haben sich vermutlich aus den Mythen[1] entwickelt. Spuren des Märchens sind bereits im 3. Jahrtausend v. Chr. in Babylon zu erkennen. Das **Gilgamesch-Epos,** das zu den ältesten schriftlichen Aufzeichnungen gehört, enthält Erzählungen, deren Motive auch in Märchen zu finden sind und die zum Teil sogar einen märchenähnlichen Handlungsverlauf aufweisen. So muss Gilgamesch z. B. das Lebenskraut vom Meeresgrund holen, ähnlich wie der Prinz in dem grimmschen Märchen **Das Wasser des Lebens.**

In der griechischen und römischen Mythologie gibt es ebenfalls Elemente, die mit Märchen-motiven vergleichbar sind, z. B. **Amor und Psyche,** wo das Motiv des Tierbräutigams auftaucht (als Vergleich bei Grimm: **Der Froschkönig**).

Durch die Kreuzzüge im 8. und 9. Jahrhundert n. Chr. wurden die europäischen Märchen von jüdischen, arabischen, keltischen und indischen Einflüssen geprägt. Eine Übereinstimmung gleichartiger Märchenmotive der unterschiedlichen Völker und Kulturen kann mit dieser „Mär-chenwanderung" begründet werden.

Auch die im Mittelalter überlieferten Mythologien und Heldensagen beinhalten märchenhafte Elemente, die sich in Gestalten und Motiven widerspiegeln, z. B. **Siegfried der Drachentöter** (als Vergleich bei Grimm: **Der starke Hans**).

Erst im 16. Jahrhundert wurde mit dem Erscheinen von Giovan Francesco Straparolas Erzäh-lungen **Ergötzliche Nächte** eine schriftliche Märchenüberlieferung deutlich. Die Sammlung enthielt u. a. Geschichten, die nicht nur in deutsche, sondern auch in portugiesische, franzö-sische und weitere italienische Volksmärchensammlungen übernommen wurden.

Im 17. Jahrhundert lieferte der italienische Schriftsteller Giambattista Basile den wichtigsten Beitrag zu schriftlich aufgezeichneten Volksmärchen. In seiner Sammlung Pentamerone haben später die Brüder Grimm Parallelen zu ihren gesammelten Märchen erkannt. So sind hier Pe-trosinella als **Rapunzel** oder Nennillo und Nennella als **Hänsel und Gretel** wiederzuerken-nen.

Ende des 17. Jahrhunderts veröffentlichte Charles Perrault in Frankreich seine Sammlung Con-tes des Fées mit acht Feen-Erzählungen, die einen deutlichen Volksmärchencharakter aufwie-sen. Diese Sammlung Perraults nahm großen Einfluss auf die Volksmärchen der Brüder Grimm, die sie später mit einer Ausnahme: **Der gestiefelte Kater** (Le Chat botté) in den Kinder- und Hausmärchen aufnahmen, so z. B. **Aschenputtel** (Cendrillon ou la Petite Pantoufle de Verre), **Dornröschen** (La belle au bois dormante), **Rotkäppchen** (La petit Chaperon rouge).

Zu Beginn des 18. Jahrhunderts übersetzte und bearbeitete Jean Antoine Galland in Frankreich die 300 Erzählungen umfassende arabische Sammlung **Tausend und eine Nacht,** die zu die-ser Zeit sehr in Mode kam und andere Volkserzählungen stark beeinflusste. Feengeschichten und orientalische Märchen erfreuten sich fortan großer Beliebtheit. Sie spiegelten das zeitge-mäße Interesse des Bürgertums an orientalischer Kultur, aber auch das Bedürfnis nach wun-derbaren, exotischen Abenteuern.

In Deutschland hingegen demonstrierte Karl August Musäus mit der Herausgabe der Märchen-sammlung Volksmärchen der Deutschen seine Abneigung gegen den französischen „Feen-trend", dem weitere Sammler folgten.

---

[1] Mythen = erzählte Darstellungen urzeitlicher Vorgänge zwischen Göttern, übernatürlichen Mächten und gottähnlichen Helden

Als 1812 **Jacob** und **Wilhelm Grimm** ihre erste Sammlung **Kinder- und Hausmärchen** veröffentlichten, ahnte niemand, dass mit dieser Jahreszahl eine neue Phase in der Geschichte des Märchens und der Beginn der Märchenforschung verbunden werden sollte.

Die beiden Brüder waren Sprachwissenschaftler. Angeregt durch ihren Lehrer begannen sie Volksüberlieferungen zu sammeln, vor allem Lieder und Märchen. Diese Lieder stellten sie den Freunden **Clemens Brentano** und **Achim von Arnim** zur Verfügung, die 1806 die Volksliedsammlung **Des Knaben Wunderhorn** herausgaben. Wilhelm Grimm war der Hauptsammler und Redakteur der Märchen. Da sich in der damaligen Zeit das Sammeln der Märchen als recht mühsam erwies, waren die Brüder auf Helfer angewiesen. Jacob Grimm betonte immer wieder, die Märchen wörtlich und „buchstabentreu" aufzuzeichnen, während Wilhelm zwar auf die Beibehaltung der Motive, Inhalte und Sinnbilder achtete, aber die Texte gerne auf seine Weise bearbeitete. Mitunter vermischte er sogar zwei oder mehrere Märchenvarianten miteinander. Wilhelm bevorzugte eine einfache, anschauliche Prosa, die durch direkte Rede, Sprichwörter und Redensarten ihre Lebendigkeit erhielt. Fremdwörter wurden vermieden, Anstößiges gestrichen, dafür wurden aber Moralisierungen und pädagogische Weisheiten ergänzt, sodass der Weg des Märchens in die bürgerliche Kinderstube geebnet wurde. Das Volksmärchen entwickelte sich auf diese Weise immer mehr zum Kindermärchen. Wilhelm Grimm meinte dazu: „Das Märchenbuch ist mir gar nicht für Kinder geschrieben, aber es kommt ihnen recht erwünscht und das freut mich sehr."

Der Erfolg der Kinder- und Hausmärchen gab den Anstoß zu weiteren Sammlungen.

In Deutschland fand das Deutsche Märchenbuch (1845) des Thüringer Germanisten Ludwig Bechstein großen Anklang. Mit Illustrationen des Dresdner Malers Ludwig Richter stellte diese Sammlung zeitweilig sogar die Grimmsche Märchenausgabe in den Schatten. Bechstein schöpfte ebenso aus mündlicher Überlieferung, aber hauptsächlich aus den Kinder- und Hausmärchen der Brüder Grimm. Mit entsprechenden pädagogisch-moralischen Botschaften konzipierte er seine Märchen von Anfang an für Kinder. Obwohl seine Sprache ausschweifender (z. B. **Das Märchen vom Schlaraffenland**), mitunter ironisch, steif und weniger klar wirkt als bei Grimm, sind seine Märcheneditionen bis heute recht beliebt und verbreitet (z. B. **Goldmarie und Pechmarie; Das Märchen vom Mann im Mond**).

Mit der zunehmenden Veröffentlichung der Märchen in Buchform setzte ein Rückgang der Erzähltradition ein. Dies hatte das Ende der mündlichen Überlieferung zur Folge.

1.4.3   Wie Märchen unterteilt werden

● Das Volksmärchen

Da im 19. Jahrhundert der größte Teil der einfachen Bevölkerung nicht lesen konnte, wurden Märchen und Geschichten erzählt, um eintönige Arbeitsvorgänge angenehmer zu gestalten. Diese Erzählungen waren für die unteren Schichten meist die einzige Möglichkeit, mit Literatur in Berührung zu kommen. In dörflichen Gemeinschaften wurden hin und wieder Erzähler eingeladen, die es verstanden, die jeweiligen Zuhörer und Situationen immer wieder neu in ihre Märchen und Geschichten einzubinden, um Aufmerksamkeit und Gefallen zu erregen. Dabei mussten die Märchenerzähler die Geschichten durch eine einfache Struktur, einen bildhaft anschaulichen Stil und kleine rhetorische Hilfsmittel so verständlich machen, dass sogar kindliche Zuhörer zum größten Teil folgen konnten. Charakteristisch dafür sind folgende Stilmerkmale:

▶ **Formelhaftigkeit:** Hierzu gehören die „Eingangs- und Schlussformeln". Viele Märchen beginnen mit: „Es war einmal ..." und enden „und wenn sie nicht gestorben sind, dann leben sie noch heute." Durch diese typischen Formeln wurden die Zuhörer in eine Märchenwelt hineingeführt und am Ende wieder in die Wirklichkeit zurückgeholt.

Zu den weiteren Formeln, die Märchenerzähler benutzten, gehörten die traditionellen Verse, die über Jahrhunderte ihre Form behalten haben, z. B.: „Spieglein, Spieglein an der Wand, wer ist die Schönste im ganzen Land?" oder „Knusper, knusper, knäuschen, wer knuspert an meinem Häuschen?". Im selbst erdachten Singsang wurden diese Verse vorgetragen, von den Zuhörern mitgesprochen und als Höhepunkte einer Märchenstunde erlebt.

▶ **Dreier-Rhythmus:** Die meisten Märchenhandlungen weisen einen Dreier-Rhythmus auf, der dem Märchenerzähler half, den roten Faden nicht zu verlieren, z. B. drei Brüder ziehen nacheinander aus, um eine Aufgabe zu lösen, der Held muss drei Aufgaben bewältigen oder die Fee besitzt drei Zaubergaben, die zu einer Erlösung führen. Diese Wiederholungen, die den Handlungsverlauf strukturieren, sind auch für das Verständnis der Zuhörer wichtig. Ähnliches gilt auch für die Zahlen 7 und 13.

▶ **Eindimensionale Sichtweise:** Die Welt des Volksmärchens ist eine Wunderwelt, in der alle Wesen und Figuren wie selbstverständlich miteinander kommunizieren. Diese eindimensionale Wahrnehmung macht keinen Unterschied zwischen der realen und der fantastischen Welt.

▶ **Flächenhaftigkeit:** Figuren und Handlungen stehen isoliert nebeneinander oder nacheinander und entwickeln sich weitgehend aus sich selbst. Die Märchenfiguren sind ohne Körperlichkeit, ohne Innenleben und ohne Umwelt. Komplexe Verhältnisse werden aufgelöst und durchschaubarer gemacht. Es gibt keine Orts- und Zeitangaben. Anstelle ausführlicher Schilderungen und präziser Beschreibungen erhalten Figuren und Dinge oft bloße Benennungen, die zwar durch den Handlungsablauf an Bedeutung gewinnen, sich aber klar und einstrangig auf ein Ziel hin orientieren.

▶ **Isolation:** Isoliert von ihren ursprünglichen Lebenszusammenhängen sind die Helden/Heldinnen ohne feste Bindung, gehen aber zugleich Bindungen ein, die in der jeweiligen Situation erforderlich sind, um ein Ziel zu erreichen. Den Märchenhelden können dabei auch bestimmte Requisiten von Nutzen sein, wie z. B. ein goldenes Spinnrad, der Knüppel aus dem Sack oder der Apfel vom Lebensbaum. Die weiteren Figuren im Volksmärchen beziehen sich immer auf den Helden, entweder als Helfer oder als Gegenspieler. Dabei werden die Eigenschaften durch die „Polarisation" deutlich hervorgehoben.

▶ **Polarisation:** Charakteristisch für das Volksmärchen ist die Darstellung einer natürlichen Ordnung, die erst gestört und dann wiederhergestellt wird. Dies ist auch ein Grund für die Polarisation (Gegensätzlichkeiten): Armut – Reichtum, Gut – Böse, Glück – Pech, Freud – Leid. Armut und Fleiß werden belohnt, Untaten werden bestraft, die Gerechtigkeit siegt immer und überall.

▶ **Achtergewicht:** das Sinnbild für den Armen, Dummen, Faulen, Hungrigen aber auch den Jüngsten, der am Ende der Geschichte meist den Glückspilz versinnbildlicht, der alle Gefahren überwunden hat.

Zentrale Themen des Volksmärchens sind Trennung Verstoßung, Verwandlung und Vereinigung, Themen, die den Lebensweg des Menschen symbolisieren. Die Ausgangslage ist gekennzeichnet durch existenzielle Probleme (z. B. in „Hänsel und Gretel"), eine Aufgabe (z. B. in „Rotkäppchen"), ein Bedürfnis (z. B. in „Hans im Glück") oder Schwierigkeiten, die bewältigt werden müssen (z. B. in „Schneewittchen").

● Das Kunstmärchen

Unter Kunstmärchen sind Märchen zu verstehen, die im Gegensatz zum Volksmärchen nicht mündlich überliefert, sondern von einem namentlich bekannten Dichter geschrieben wurden. Der Autor eines Kunstmärchens hält sich dabei an das Schema des Volksmärchens. Er verwendet charakteristische Merkmale oder verknüpft tradierte Motive mit selbst erdachten, fantastischen Elementen. Die Struktur des Kunstmärchens ist vielschichtiger, der Handlungsverlauf komplexer als im Volksmärchen. Im Mittelpunkt stehen häufig existenzielle und gesellschaftspolitische Probleme.

Die meisten Kunstmärchen entstanden in der Zeit der Romantik und in der ersten Hälfte des 19. Jahrhunderts. Sie wurden wie das Volksmärchen durch den Zeitgeist und das Stilempfinden der jeweiligen Autoren/Erzähler/Sammler geprägt. Durch Veröffentlichungen von Volksmärchensammlungen drang das Märchen zunehmend stärker in das Bewusstsein zeitgenössischer Dichter, die angeregt wurden, das Märchen in Form der Allegorie (= Sinnbild, Gleichnis) nachzuempfinden.

Wilhelm Hauff gehört bis heute zu den beliebtesten deutschen Märchendichtern. In seinen Rahmenerzählungen **Die Karawane (1825)**, **Der Scheik von Alexandria und seine Sklaven (1826)** und **Das Wirtshaus im Spessart (1827)** bindet Hauff tradierte Motive und Gestalten in einen von ihm erdachten Handlungsablauf ein. Die Geschichten spielen zum größten Teil im Orient, wo z. B. der kleine Muck, Kalif Storch oder der Schneidergeselle Labakan sich in gefährlichen und aufregenden Situationen bewähren müssen. Die geschickt eingebaute pädagogische Moral der Hauffschen Märchen „Bleibe im Lande und nähre dich redlich" trug möglicherweise zu ihrer Beliebtheit bei. Aus diesen märchenhaften Abenteuergeschichten entwickelte sich später der beliebte Abenteuerroman.

Hans Christian Andersen erzählte und schrieb von Anfang an seine Märchen für Kinder. 1835 brachte er sie erstmals in einzelnen Heften heraus. Dei größte Teil seiner Geschichten sind eigentlich keine Märchen, sondern gleichnishafte Erzählungen, die sich mit dem Sinn des Lebens befassen. Nur in wenigen Geschichten bearbeitet Andersen Volksmärchenmotive. Diese Bearbeitungen können tatsächlich als Kunstmärchen bezeichnet werden, z. B. **Das Feuerzeug** (KHM[1] 116 **Das blaue Licht**), **Der Schweinehirt** (KHM 52 **König Drosselbart**), **Die wilden Schwäne** (KHM 49 **Die sechs Schwäne**).

Im Gegensatz zum Volksmärchen schildert Andersen viele seiner Märchenschauplätze sehr genau. Mithilfe von Beispielen und Parabeln, die häufig märchenhafte Elemente aufgreifen, weist er auf soziale Ungerechtigkeiten und Missstände in seiner Zeit hin. Auch die Märchengestalten selbst werden von Andersen ausführlich

---

[1] KHM = Kinder- und Hausmärchen

dargestellt, vorwiegend handelt es sich dabei um Zeitgenossen. So wurde Andersen durch die königliche Schlosswache angeregt, das Märchen Der standhafte Zinnsoldat zu schreiben. Andersens Märchen beschreiben differenzierte Gefühlslagen. Häufig stimmen sie traurig, melancholisch und nehmen ein tragisches Ende, z. B. Das kleine Mädchen mit den Schwefelhölzern. Im Gegensatz zu den meisten seiner Erzählungen findet die Geschichte Das hässliche junge Entlein einen glücklichen, märchenhaften Ausgang. Der äußere Handlungsablauf der Andersen-Märchen ist meist für Kinder verständlich, der tiefere Sinn bleibt ihnen jedoch noch verborgen und erschließt sich erst dem erwachsenen Leser.

Im 19. Jahrhundert wurden viele weitere Kunstmärchen von bedeutenden Dichtern geschaffen. Einige sollen hier nur noch kurz genannt werden, da sie wie die meisten Kunstmärchen durch Umfang, Inhalt, Struktur und Symbolhaltigkeit hauptsächlich den jugendlichen und erwachsenen Leser ansprechen:

Charles Dickens: A Christmal Carol in Prose (1843); Theodor Storm: Der kleine Häwelmann (1849); Eduard Mörike: Das Stuttgarter Hutzelmännlein (1853); Lewis Caroll (eigentlich C. L. Dodgson): Alice's Adventures in Wonderland (1865); Carlo Collodi (eigentlich Lorenzini): Le Avventure di Pinocchio (1884); Oscar Wilde: The Happy Printe (1888).

● Das Märchenbilderbuch

Im Märchenbilderbuch drücken Illustratoren ihre individuellen Vorstellungen der fantastischen Märchenwelt aus. Durch die Illustration eines Märchens wird deshalb eine ganz bestimmte Interpretation des Märchenstoffs vermittelt. Durch die Fülle von Symbolen und bildhaften Vergleichen bietet das Märchen wie keine andere literarische Gattung Kindern aber die Möglichkeit, eigene Bilder in ihrer Vorstellung zu entwickeln, die ihre Fantasie anregen. Aus diesem Grunde ist das Märchenbilderbuch als erste Begegnung mit dem Märchen für Kinder nicht geeignet, da es die kindliche Vorstellungskraft beeinflusst oder auf eine bestimmte Richtung festlegt.

Märchen geben Kindern Einblicke in verschiedene Sozialisationsprobleme, mit denen sie sich im täglichen Leben auseinandersetzen müssen. Projektionen und Identifikationen sind aber nur dann möglich, wenn die Abbildungen noch genügend Raum für eigene Sichtweisen lassen. Darstellungen im Märchenbilderbuch sollten sich auf das Wesentliche beschränken oder Farben, Formen und Hintergründe abstrahieren, sodass die Vorstellungskraft des Kindes nicht eingeschränkt, sondern möglichst erweitert werden kann. Der Märchentext kann sich gegebenenfalls dem heutigen Sprachgebrauch annähern, ohne seine Originalität zu verlieren. Bild und Text müssen allerdings in jeder Hinsicht immer aufeinander abgestimmt sein.

● Märchenverwandte Erzählungen

Ebenso wie Märchen erzählen Sagen, Legenden, Mythen, Fabeln und Schwänke von übernatürlichen oder wundersamen Geschehnissen. Allerdings haben Märchen eine eigene besondere Sprache und Bedeutung, die sich von den genannten literarischen Gattungen abheben.

| Sage – Heldensage, Volkssage, Lokalsage | kann auch als historisches Märchen bezeichnet werden. Sie ist ursprünglich ein mündlicher Bericht von Helden oder geheimnisvollen Dingen, Gestalten oder Vorgängen. Die meisten Sagen haben einen historischen Hintergrund. Die Handlung selbst ist jedoch frei erfunden und wird ins Wunderbare gesteigert. Was den Helden der Sage besonders auszeichnet, sind entweder übernatürliche Kräfte, Tapferkeit und Mut oder außergewöhnliche Weisheit. Manche Sagen werden durch eine poetische Gestaltung in gereimte Sprache umgeformt, sodass sie ihren typischen einfachen Prosastil verlieren. |

Legende – Personallegende, Kultlegende	unterscheidet sich vom Märchen durch ihren religiösen Inhalt, berichtet über das irdische Leben von Heiligen oder über Ursprünge und Herkünfte bestimmter religiöser Brauchtümer. Legenden sind nicht auf das Christentum beschränkt. Sie wollen das Göttliche näher rücken und behandeln wunderbare Ereignisse, in denen oft historische Begebenheiten, teilweise volkstümlich und fantastisch erzählt werden.
Mythos	erzählt von göttlichen Figuren, die in Gestalt von Tieren oder Menschen bzw. als gottähnliche Helden erscheinen, während im Märchen Menschen als Handlungsträger fungieren und Wunder erleben. Das Handlungsgeschehen vollzieht sich im außerirdischen Raum, weist aber natürliche bzw. menschliche Strukturen auf.
Fabel	wird im Gegensatz zum Märchen mit einer moralischen Lehre in Verbindung gebracht. In der Fabel treten Tiere, aber auch Pflanzen oder Gegenstände auf, die wie Menschen reden und handeln. Das Ziel der Fabel liegt darin, dem Menschen ein Spiegelbild seines ethischen und gesellschaftlichen Verhaltens vor Augen zu führen.
Schwank	steht dem Märchen sehr nahe, da er im Gegensatz zur realistischen Erzählung gerne von Unmöglichem berichtet. Er erzählt witzig und humorvoll von der Eitelkeit, Gier, Dummheit und Unzulänglichkeit des Menschen. Der Schwank will im Gegensatz zum Märchen die Zuhörer zum Lachen bringen. Alle Geschehnisse und Gestalten werden durch Parodie, Satire oder Überzeichnung dargestellt und zu Typen stilisiert, die bestimmte Menschengruppen oder Lebensarten vertreten.

● Märchenadaptionen – Märchenparodien

Auch in der heutigen Zeit gibt es Autoren, die eigene Geschichten und Märchen für Kinder schreiben, indem sie alte Volksmärchen adaptieren, d. h. Märchenfiguren komisch verfremden, die Märchenhandlung umschreiben, sachfremde Zusammenhänge herstellen oder Märchenmotive variieren. In Märchenparodien werden Handlungsträger, Nebenfiguren, Ereignisse, Gegebenheiten oder der Märchenschluss karikierend, übertrieben oder gar spöttisch dargestellt. Märchen mit parodistischen oder satirischen Stilmitteln auszustatten heißt einerseits die Märchenvorlage zu kritisieren und andererseits auf Schwärmerisches oder allgemein menschliche Schwächen der Helden und Nebendarsteller hinzuweisen. Durch humorvolle Überspitzung verdeutlichen die Autoren u. a. ihre Einstellung und Haltung zu Sozialbeziehungen und gesellschaftspolitischen Gegebenheiten.

Zum Beispiel der politische Wissenschaftler und Autor Iring Fetscher (*1922): Er verfasste Anfang der siebziger Jahre des 20. Jahrhunderts **Das Märchenverwirrbuch – Wer hat Dornröschen wachgeküsst?** In dem Werk stellt Fetscher bekannte Märchen der Brüder Grimm dar und erläutert kurz seine drei angewandten Verwirr-Methoden: die philologisch-textkritische, die psychoanalytische und die historisch-materialistische. Er liefert in seiner Version eine neue Kulisse der Märchenwelt und spekuliert darüber, wie es wirklich hätte sein können. Diese Märchenversionen sind populär, richten sich aber eher nicht an Kinder, sondern an ein älteres Lesepublikum.

Einer der vielseitigsten Kinderbuchmacher der Gegenwart „Janosch" (Horst Eckert, *1931) karikiert hingegen in völlig anderer Weise die Märchen der Brüder Grimm. In seiner 1992 veröffentlichten Märchensammlung **Janosch erzählt Grimms Märchen** fabuliert er in Bild und Text ungeniert, spart nicht mit unerwarteten Pointen und versieht die Märchen mitunter mit einer ganz neuen, aktuellen Moral. Einfallsreich und listig erzählt er vom Froschkönig und vom gestiefelten Kater, von Prinzessin Mäusehaut und von Hans mein Igel, der zum gefeierten Medienstar avanciert.

Um Märchenadaptionen oder Märchenparodien zu verstehen, sollten Kinder im Kindergartenalter erst das Originalmärchen gehört und sich damit auseinandergesetzt haben. Wenn eingehende Kenntnisse über das Original vorhanden sind, ist das Kind bereit umzudenken. Deshalb ist bei Angeboten von verfremdeten oder ironisierten Märchenerzählungen bei jüngeren Kindern Zurückhaltung angebracht. Sind die Kinder in der Lage, sich auf Variationen eines bekannten Märchenstoffes einzulassen, bereitet ihnen das Zuhören sowie das Erkennen neuer Zusammenhänge große Freude. Ältere, märchenerfahrene Kindergartenkinder und natürlich Schulkinder beteiligen sich gerne aktiv an Märchenverwirrungen und entwickeln ihre eigenen alternativen Märchentexte.

1.4.4   Welches Märchen für welches Alter

Beim Zuhören und Lesen von Märchen werden bei Kindern insbesondere soziale Gefühlsregungen hervorgerufen, da sie die Abenteuer ihrer Märchenhelden mit innerer Anteilnahme durchleben. Auf indirektem Weg, über Bilder und Symbole, konfrontieren Märchen Kinder mit menschlichen Ängsten und Nöten. Sie lassen den Kindern jedoch genügend Spielraum, eigene Lösungen zu finden. Mithilfe der Fantasie bauen sie die Märchen, die für ihre Entwicklungsphase wichtig sind, in ihr Alltagshandeln ein. Sie können die Angstgefühle von Hänsel und Gretel nachvollziehen, als diese von ihren Eltern im Wald ausgesetzt werden, aber durch eigene Kraft und Initiative ihr Leben retten.

Eine kritische Auseinandersetzung mit Märchen ist dennoch wichtig, denn nicht jedes Märchen ist für jedes Kind geeignet. Es ist erwiesen, dass sog. Erst-Bilder, d. h. jede Art der Literaturbegegnung in frühester Kindheit, die Entwicklung positiv oder negativ beeinflussen können. Entscheidend ist vor allem eine sorgfältige Auswahl der Märchen, wobei je nach Alter und Entwicklungsstand, Interesse, Geschlecht, seelischer Befindlichkeit und Lebenssituation ein bestimmtes Märchen für das Kind wichtig sein kann.

Bruno Bettelheim[1]: „Wir können nicht wissen, in welchem Alter ein bestimmtes Märchen für ein bestimmtes Kind am wichtigsten ist, deshalb können wir nicht von uns aus bestimmen, wann und aus welchen Gründen ihm eines der vielen Märchen erzählt werden soll. Dies kann nur das Kind selbst entscheiden und offenbaren mit der Stärke seiner emotionalen Reaktion auf das, was ein Märchen in seinem Bewussten und Unbewussten wachruft. Eltern werden normalerweise damit anfangen, dass sie ihrem Kind ein Märchen, das ihnen als Kindern gefallen hat oder jetzt gefällt, erzählen oder vorlesen. Wenn das Kind keinen Geschmack an dieser Geschichte findet, bedeutet dies, dass deren Motive oder Themen in diesem gegebenen Augenblick seines Lebens keine sinnvolle Reaktion weckt. Dann ist es am besten, ihm am nächsten Abend ein anderes Märchen zu erzählen. Bald wird das Kind zu erkennen geben, dass eine bestimmte Geschichte wichtig geworden ist, es reagiert unmittelbar darauf oder bittet immer um dieses Märchen. ... Schließlich hat das Kind dem Lieblingsmärchen alles, was es kann, entnommen, oder die Probleme, die es darauf reagieren ließ, sind durch andere ersetzt worden, die in einem anderen Märchen besseren Ausdruck finden. Dann verliert es zeitweilig das Interesse an diesem Märchen und zieht ein anderes vor."

Bei der Wahl eines Märchens sollten solche Märchen ausgeklammert werden, in denen Grausamkeiten genau beschrieben werden. Erst gegen Ende des Kindergartenalters können Märchen erzählt werden, die zwar Grausames beinhalten, gleichzeitig aber unrealistisch und fantastisch wirken.

---

[1] Bettelheim, Bruno: Kinder brauchen Märchen, Deutsche Verlagsanstalt, Stuttgart 1980, S. 25

Hinsichtlich formaler und inhaltlicher Unterschiede im Märchen sollten folgende Kriterien bei der Auswahl berücksichtigt werden:

Altersangabe	Form und Inhalt der Märchen
ab 3/4 Jahre	**Ein-Motiv-Märchen** Aus einem Märchenmotiv entwickelt sich eine schlichte Handlung, die oft linear verläuft. Das Geschehen wird ohne Umschweife klar erzählt, z. B. KHM 153 **Die Sterntaler**, KHM 153 **Der süße Brei**, KHM 200 **Der goldene Schlüssel.**
ab 4/5 Jahre	**Ketten-Märchen** Einzelne Szenen werden im Sinne einer Und-dann-Erzählung kettenförmig aneinandergereiht, sie stehen aber in direktem Zusammenhang mit dem Grundgeschehen. Die meisten dieser Märchen beinhalten Themen aus dem Erlebensbereich des Kindes, z. B. KHM 15 **Hänsel und Gretel**, KHM 83 **Hans im Glück**, KHM 26 **Rotkäppchen**. Oder sie erzählen Geschichten aus der Tierwelt, z. B. KHM 5 **Der Wolf und die sieben jungen Geißlein**, KHM 180 **Die Bremer Stadtmusikanten**, KHM 10 **Das Lumpengesindel.** Außerdem handeln Märchen oft von personifizierten leblosen Gegenständen, z. B. KHM 18 Strohhalm, Kohle und Bohne oder das norwegische Märchen **Der dicke, fette Pfannkuchen.**
ab 5/6 Jahre	**Schachtel-Märchen** Diese Märchen verfügen über mehrere Hauptmotive, die ineinander verschachtelt sind oder zeitlich parallel nebeneinander herlaufen und sich an unterschiedlichen Schauplätzen ereignen. Zu ihnen gehören hauptsächlich die sogenannten „Wunder-Märchen". Diese meist recht komplexen Märchen erzählen von seltsamen Wundergaben, z. B. KHM 36 **Tischchen deck dich, Goldesel und Knüppel aus dem Sack,** von außerirdischen Welten, z. B. KHM 24 **Frau Holle** und von wunderbaren Verwandlungen, z. B. KHM 1 **Der Froschkönig** oder **Der eiserne Heinrich.** Jüngere Kinder können den plötzlichen Gestaltwandel, wie er im Wundermärchen thematisiert wird, jedoch noch nicht erfassen und nachvollziehen.
ab 6/7 Jahre	**Helden-Märchen** Diese Märchen weisen einen heiteren oder ernsten Charakter auf, beinhalten eine Vielzahl von Geschehnissen und Ereignissen sowie abenteuerlichen Schauplätzen, z. B. KHM 20 **Das tapfere Schneiderlein**; KHM 136 **Der Eisenhaus**; oder KHM 116 **Das blaue Licht.** Fabel-Märchen: z. B. KHM 102 **Der Zaunkönig und der Bär** Legenden-Märchen: z. B. KHM 194 **Die Kornähre** Schwank-Märchen: z. B. KHM 34 **Die kluge Else** Erst Kinder in der realistischen Entwicklungsphase können die vielen Vorgänge dieser umfangreichen Märchen erfassen, behalten, überschauen und in einen Zusammenhang bringen.

1.4.5   Welche Bedeutung Volksmärchen haben

„Es war einmal ..." Mit diesem Satz führen die meisten Volksmärchen in eine geheimnisvolle Wunderwelt, von der sich aber heute mehr Kinder als Erwachsene faszinieren und verzaubern lassen. Das Volksmärchen ist fast ausschließlich zur Literatur des Kindes geworden, obwohl in den 60er-Jahren vorrangig Pädagogen der antiautoritären Richtung die Inhalte der Märchen als unrealistisch und grausam ansahen und ihnen eine schädigende Wirkung für Kinder zuschrieben. Mit der Forderung „Kinder brauchen Märchen" trat 1975 der amerikanische Kinderpsychologe Bruno Bettelheim diesen misstrauischen Vorbehalten entschieden entgegen. Märchen beschreiben zwar fantastische Welten, in denen Wünsche und Träume wahr werden, sie erzählen aber auch von grundlegenden realen Lebenssituationen, mit denen jeder Mensch zu jeder Zeit konfrontiert werden kann.

Gerade dieses Nebeneinander von Wunder und Wirklichkeit macht das Volksmärchen für Kinder so interessant. Es entspricht ihrer geistigen Entwicklungsstufe. Kinder leben bis zum sechsten Lebensjahr im „magischen Realismus", der Fantasie und Realität gleichermaßen zulässt. Im Spiel schlüpfen Kinder in andere Rollen, lassen Puppen und Stofftiere lebendig werden und geben alltäglichen Gegenständen symbolische Bedeutungen. Nicht begreifbare Ereignisse oder Geschehnisse werden aus der magischen Sicht des Kindes erklärt. So donnert es z. B. „weil der liebe Gott im Himmel laut schimpft" oder die Sonne geht unter, „weil sie müde geworden ist". Diese Vorstellungen dienen dem Kind als Selbstschutz und helfen ihm, sich in seiner eigenen Realität zurechtzufinden. Die symbolhaltige und formelhafte Sprache des Märchens kommt dieser kindlichen Wahrnehmung der Realität entgegen.

Für Kinder werden Volksmärchen jedoch erst eingängig durch ihre formale Struktur und besonderen Stilmittel, die ihnen helfen, bildhafte Vorstellungen zu entwickeln. Volksmärchen sind meist einsträngig und klar gegliedert. Sie beginnen mit einer kurzen Situationsbeschreibung einer Figur oder Person, die zum Handlungsträger wird. Figuren, Zeiten und Orte werden nicht individuell gekennzeichnet. Durch diese bloße Nennung gelingen Identifikation und Projektion des Kindes leichter. Es kann das Geschehen für sich selbst besser einordnen. Darüber hinaus herrscht ein ausgewogenes Gleichgewicht von bekannten und unbekannten Figuren: Kinder, Eltern, Geschwister, Tiere, aber auch fantastische Wesen treten wiederholt auf. Sie werden vom Kind schnell wiedererkannt und stellen im Handlungsverlauf eine Orientierungshilfe dar.

Die Märchenhelden müssen verschiedene Handlungsmöglichkeiten ausprobieren, abenteuerliche Situationen überwinden, Aufgaben wiederholen oder Prüfungen bestehen, um schließlich ans Ziel zu kommen. Das Kind verfolgt das Geschehen mit innerer Spannung, kann sich aber auch wieder entspannen und beruhigen: Es weiß, am Ende geht alles gut aus. Um dieses „Happy-End" zu erreichen, benutzt das Märchen das polarisierende „Oben-Unten-Schema", z. B. der einfache Müllersohn wird König, Aschenputtel heiratet den Prinzen, das arme Mädchen wird mit goldenen Sterntalern belohnt. Dieses zweigeteilte Weltbild steht analog zum kindlichen Weltbild. Darüber hinaus entspricht diese schematische Darstellung dem kindlichen Wunsch- und Gerechtigkeitsbedürfnis: Das Gute muss belohnt und das Böse muss bestraft werden. Die Wiederholungsstrukturen im Märchen kommen dem kindlichen Bedürfnis entgegen, sich an Bekanntem zu erfreuen. In spannender Erwartung wollen Kinder immer wieder die gleiche Textstelle hören und kein Wort soll dabei verändert werden. Diese Wiederholungen, die für das Kind zu Ritualen werden, sind vorhersehbar. Sie bedeuten für das Kind Sicherheit und die Möglichkeit der Identifikation.

Volksmärchen befassen sich mit menschlichen Grunderfahrungen, die zu jeder Zeit gemacht werden. Oft sind Gefühle durch Symbole verschlüsselt. Es gibt Liebessymbole, z. B. den „Apfel" oder „Gürtel", Machtsymbole wie „Krone" und „Zauberstab" und Angstsymbole, z. B. die „Hexe", die „Höhle" oder den „Wolf". Sinnbilder wie die „Brücke" als Symbol des Übergangs, die „Treppe" oder den „Berg" als Symbol des Strebens, das „Verzaubern von Gestalten" oder das „Erwachen aus dem Schlaf" als Symbol für Reifung oder Wandlung gehören zu den typischen Symbolen, die bei den meisten Völkern mit derselben Bedeutung, sozusagen als „kollektive Bildsprache" (nach Christa Meves) benutzt werden. Auch wenn Kindern diese märchenhafte Symbolik nicht so bewusst wird wie Erwachsenen, erfassen sie aber die Bildsprache und erkennen die Gefühle der Handlungsträger.

Fast jedes Volksmärchen enthält eine Entwicklungsgeschichte, die die Grundfragen des Lebens aufspürt und auf Lebenszusammenhänge hinweist. Kinder fühlen sich von diesem Bedeutungsgehalt der Märchen besonders angesprochen. Sie können sich noch mitten in das Märchengeschehen hineinversetzen, entschlüsseln intuitiv die symbolhafte Bildsprache und beziehen diese auf ihre Umwelt.

1.4.6　　Wie Märchen vermittelt werden können

Die Art der Begegnung mit Märchen ist für Kinder von großer Bedeutung. Neben der inhaltlichen, hat die atmosphärische Vermittlung einen ebenso hohen Stellenwert. Märchen sollten möglichst frei erzählt werden, da Erzählen eine intensivere Beziehung zwischen Kind und Erwachsenem herstellt als Vorlesen. Durch den ständigen Blickkontakt kann der Erzähler auf aktuelle Reaktionen flexibler reagieren und sich dem zuhörenden Kind stärker zuwenden. Wird eine mündliche Erzählung zusätzlich mit Mimik und Gestik unterstrichen, erhöhen sich Aufmerksamkeit, Konzentration und Spannung. Ein lebendig vorgetragenes Märchen kann so die eigene Begeisterung des Erzählers auf den Zuhörer übertragen. Das Kind wird zu persönlichen Bildern und Vorstellungen angeregt und aktiviert seine Schaffensfreude.

Die Bedeutung der Erzählsituation wird darüber hinaus auch noch von äußeren Bedingungen bestimmt. Der Körperkontakt zwischen Kind und Erwachsenem, die vertraute Sprechweise und die gewohnte gemütliche Umgebung stellen eine stimmungsvolle „Märchenatmosphäre" her, die durch mehrfache Wiederholung ritualisiert werden kann. Das Kind drückt seine Wiederholungslust durch den Wunsch aus, immer wieder das gleiche Märchen oder die gleiche Geschichte hören zu wollen. Es erwartet eine geborgene Atmosphäre, die ihm Sicherheit und Vertrauen vermittelt.

Für Kinder im Kindergarten und in der Grundschule ist die Begegnung mit Märchen ebenso wichtig. Auch die vertraute Erzieherin kann in einer ruhigen Ecke des Raumes eine geeignete Atmosphäre schaffen und durch ihre aktive Anteilnahme dazu beitragen, dass die „Märchenstunde" zu einem ritualisierten Bestandteil der pädagogischen Arbeit im Kindergarten wird. Möglich wäre auch die Einrichtung eines „Märchen-und-Geschichten-Raumes", beispielsweise in Form eines Nomadenzeltes, in der ein geheimnisvolles Licht vorherrscht. Durch Tücher, Kissen, Teppiche und herabhängende Objekte (z. B. Sterne, Sonnen) entsteht eine wundersame Märchenatmosphäre. Interessierte Kinder gruppieren sich um die Erzieherin, die ohne Umschweife zu erzählen beginnt. Ein Kind, das eins der Märchen nicht hören möchte, kann sich dabei problemlos zurückziehen. Durch diese offene Methode entscheiden die Kinder selbst, welches Märchen für sie momentan wichtig ist.

Nach dem passiven Hören von Märchen sollte den Kindern Zeit zur aktiven spielerischen Auseinandersetzung gegeben werden. Die Bildersprache des Märchens beflügelt die Fantasie der Kinder und lässt ihnen einen großen Spielraum, um Fragen, Gefühle und Eindrücke zu äußern. Märchen sind ganz besonders geeignet, um im anschließenden gemeinsamen Gespräch Aufschluss über Wünsche, Ängste und Probleme der Kinder zu erhalten.

Einzelne Märchenszenen können auch im Rollen- oder Puppenspiel aufgegriffen werden. Im freien improvisierten Spiel ist es den Kindern möglich, den Märchenfiguren einen ganz anderen Charakter zu verleihen und nach eigenen Wunschvorstellungen zu handeln. Lebhafte Kinder können hierbei angestaute Energien beispielsweise als „mutige Drachenkämpfer" zum Einsatz bringen, während schüchterne Kinder durch rhythmisches Sprechen einzelner Märchenverse möglicherweise ihre Sprechhemmung verlieren.

Die bildnerische Gestaltung bietet Kindern eine weitere Möglichkeit, sich mit Märchen auseinanderzusetzen. Auch hierbei sollten sich die Kinder auf die Darstellungen derjenigen Figuren bzw. Szenen beschränken, die sie am stärksten beeindruckt haben.

Impulse zur Vertiefung

1. *Als Einstieg in das Thema empfiehlt es sich, mit einem Clustering zu beginnen. Die Phase des Assoziierens sollte nicht länger als sieben Minuten dauern. Für das anschließende Schreiben eines Fließtextes sind etwa 10 Minuten vorzusehen. Danach sollten die Texte nacheinander vorgelesen werden, wobei keine Kommentare und Bewertungen zu den Texten gegeben werden. Das Clustering dient dazu, den eigenen Zugang zu einem Thema zu finden.*
   Cluster (Beispiel):

   Märchenwald

   Beim Einschlafen – Kassette – Rotkäppchen – **Märchen** Märchenbuch

2. *Viele Volksmärchen beginnen und enden mit einer bestimmten Formulierung. Tragen Sie unterschiedliche Eingangs- und Schlussformeln zusammen.*
   Inwiefern beeinflussen diese formelhaften Sprüche die inhaltliche Aussage des Märchens?

3. *Wie ist das grimmsche Märchen „Schneewittchen" aufgebaut? Zeigen Sie die einzelnen Handlungsschritte auf.*
   Welche Bedeutung bzw. Wirkung hat in diesem Märchen der „Dreier-Rhythmus"?

4. *Wählen Sie einige Hauptpersonen von Volksmärchen aus. Erstellen Sie für jede einen Steckbrief.*

   Steckbrief
   Name:
   Alter:
   Wohnort:
   Soziale Stellung:
   Aussehen:
   Eigenschaften:
   Fähigkeiten:

5. *Schreiben Sie eine kurze Rahmengeschichte und binden Sie die gewählten Hauptpersonen darin ein. Stellen Sie die märchenhafte Geschichte im Rollenspiel dar. Reflektieren Sie anschließend die Darstellungsweise: Welche Besonderheiten zeigen sich im Handlungsverlauf?*

6. *Das Schwankmärchen „Hans im Glück" der Brüder Grimm erzählt die Geschichte eines jungen Mannes, der nach sieben Jahren mit seinem Arbeitslohn nach Hause zurückkehrt und durch sonderbare Tauschaktionen seinen ganzen Verdienst verliert.*
   Verdeutlichen Sie die charakteristischen Merkmale eines Schwankmärchens.
   Wählen Sie ein weiteres Schwankmärchen aus und schreiben Sie die Dialoge in einen Spieltext um.

7. *Die Volksmärchen „Frau Holle" der Brüder Grimm und „Die Goldmarie und die Pechmarie" von Ludwig Bechstein sind themengleiche Märchen. Analysieren Sie die beiden Märchen unter Berücksichtigung folgender Fragestellungen:*
   ▶ *Wie werden die Handlungsträger dargestellt?*
   ▶ *Welche Aufgaben haben sie zu bewältigen?*
   ▶ *Welche Rollen übernehmen die Tiere?*
   ▶ *Wie enden die Märchen?*
   ▶ *Welche pädagogischen Tendenzen bzw. Botschaften sind erkennbar?*

8. *Vergleichen Sie das grimmsche Märchen „König Drosselbart" mit Andersens Märchen „Der Schweinehirt". Warum wirkt Andersens Märchen wie eine „Satire"[1]? Die Erklärung dafür finden Sie in seiner Biografie.*

9. *Vergleichen Sie unterschiedliche Illustrationen zu einem ausgewählten Volksmärchen der Brüder Grimm. Erstellen Sie Kriterien für die Beurteilung von Märchenbilderbüchern für Kinder.*
Welche Darstellungsweise entspricht den von Ihnen aufgestellten Kriterien?

10. *Vergleichen Sie das Märchen „Die Geiß und die sieben Wölflein" von Iring Fetscher mit dem grimmschen Märchen „Der Wolf und die sieben Geißlein".*
Worin erkennen Sie Übereinstimmungen bzw. Unterschiede?

11. *Verdeutlichen Sie anhand der formalen Struktur und der Stilmittel des Volksmärchens dessen besondere Bedeutung für das Kind.*

12. *Führen Sie eine Pro-und-Kontra-Diskussion zu folgender Thematik durch:*
„Sind Märchen für Kinder heute noch aktuell?"

1.5   Vorlesegeschichten und Erstlesebücher

1.5.1   Was Vorlesegeschichten sind

 Vorlesegeschichten sind kurze literarische Texte, die extra für Kinder verfasst werden. Sie berichten auf kindgerechte Weise von einer Begebenheit, einer Situation oder erzählen von einem Erlebnis aus der kindlichen Umwelt. Vorlesegeschichten sind meist für die Altersstufe ab fünf Jahren geeignet, wenden sich aber auch an Kinder im Erstlesealter. Die Themen der Vorlesegeschichten sind der Welt der Kinder entnommen und handeln im Wesentlichen vom Alltagsleben, z.B. Familiengeschichten, Erlebnissen mit Tieren, Konflikten mit sich selbst und anderen, Freundschaftsgeschichten. Sie entstammen einerseits der realen Umwelt, zeugen andererseits aber auch von Projektionen, Träumen, Wünschen und Erwartungen, die in fantastischen Geschichten zum Ausdruck gebracht werden. Kinder dieser Altersstufe wissen, dass die Geschichten erfunden sind. Sie erkennen sehr wohl, dass sich das Außergewöhnliche innerhalb normaler Verhältnisse abspielt und Wirkliches und Unwirkliches deutlich abgegrenzt gegenüberstehen. Sie glauben aber trotz allem an die Echtheit der Geschehnisse. Durch die Identifikation mit den Hauptfiguren der Geschichten werden Probleme und Konflikte gelöst, schwierige Aufgaben bewältigt und Wünsche und Träume wahr. Aus diesem Grunde muss der Erwachsene die Vorlesetexte verantwortungsbewusst auswählen und darauf achten, welche Normen und Verhaltensweisen des gesellschaftlichen Zusammenlebens, welche Konfliktlösungsmuster und welches Weltbild angeboten werden sollen. Es sollte allerdings vermieden werden, die Geschichten als moralisierende Erziehungsmittel zu missbrauchen.

---

[1]   Satire = Bezeichnung für eine literarische Gattung, die durch Spott, Ironie, Übertreibung bestimmte Personen, Anschauungen, Ereignisse oder Zustände kritisiert oder verächtlich machen will.

1.5.2 Was Vorlesegeschichten bewirken

Vorlesegeschichten können passend zur Situation des Kindes bzw. der Kindergruppe ausgewählt werden, müssen sich aber in jedem Fall an dem Entwicklungs- und Erfahrungsstand und an den kindlichen Interessen orientieren. Der Alltag bietet viele Gelegenheiten und Situationen zum Vorlesen, z. B. im Wartezimmer des Arztes, beim Schein der Adventskerzen, unterwegs im Auto, im Urlaub am Strand, beim Picknick, vor dem Zubettgehen, am Krankenbett, in der Badewanne, im Kindergarten, in der Grundschule. Mit einer vertrauten Person können sich die Kinder in die bunte Welt der Geschichten hineinziehen lassen, für beide ein anregendes gemeinsames Erlebnis. Vorlesen macht nicht nur Spaß, sondern schafft eine Situation von geschützter Nähe und Geborgenheit. Hier können Kinder auch schwierige Fragen stellen und ungewohnte Gefühle bewältigen.

1.5.3 Welche Vorlesegeschichten angebracht sind

Vorlesegeschichten müssen immer ein gutes Ende haben, nur so erfährt das Kind Sicherheit und Vertrauen. Gefühle wie Angst und Aufregung können abgebaut werden, dies trägt zur Entspannung bei. Vorlesegeschichten können auf diese Weise befriedigend und befreiend wirken. Mit der Forderung „Lies noch mal!" bringen Kinder ihr Bedürfnis nach Wiederholung zum Ausdruck, das ihnen hilft, bestimmte stilistische Formen literarischer Texte besser zu verstehen und Inhalte von Geschichten zu verinnerlichen. Es entstehen Vorlieben, die den Weg zum Buch bzw. zum späteren Selbstlesen ebnen. Kurze und lange Geschichten brauchen Bilder, die zur Verstärkung der Textaussage beitragen. Illustrationen erleichtern das Verständnis und fördern vor allem bei jüngeren Kindern das Zuhörenkönnen. Die Geschichten sollten aber auch noch Raum für eigene Vorstellungen lassen. Vorlesegeschichten regen zur kreativen Auseinandersetzung an. Alltägliches und Ungewöhnliches, Spaßiges, mitunter auch Nachdenkliches wechseln sich in den Geschichten ab und entsprechen in der Empfindungsebene dem älteren Kindergartenkind und auch dem jüngeren Grundschulkind. Vorlesen fördert nicht nur die Sprachentwicklung, sondern macht auch begierig aufs eigene Lesen.

Vorlesegeschichten erscheinen häufig als Anthologie, das sind ausgewählte Geschichten eines einzelnen Autors oder verschiedener Kinderbuchautoren in einer Buchausgabe zusammengefasst. Geschichtensammlungen verfügen meist auch über ergänzende Illustrationen und eignen sich besonderes für Vorleserituale und als Gesprächsanstöße.

Anthologie eines Autors 	Vahle, Fredrik (Text), Ballhaus, Verena (Illustration): **Fischbrötchen** – Aus dem Leben einer naseweisen Schildkröte, Beltz & Gelberg, Weinheim 2008, ab 5 Jahre Die kleine Schildkröte Fischbrötchen purzelt eines Tages aus dem Aquarium und geht auf Entdeckungsreise. Sie erlebt kleine und große Abenteuer und begegnet den Freuden und Leiden des Lebens.
Anthologie verschiedener Autoren 	Gelberg, Barbara (Hrsg.), Scheffler, Axel (Illustration): **Von Drachen und Mäusen.** Das große Vorlesebuch für Kinder, Beltz & Gelberg, Weinheim 2008, ab 5 Jahre Vergnügliche, komische, merkwürdige und überraschende Geschichten von kleinen und großen Menschen, klugen Tieren und von Abenteuern, die sie zusammen erleben. Geschichten u. a. von Martin Auer, Josef Guggenmos, Brüder Grimm, J. P. Hebel, Klaus Kordon, Asa Lind, Michael Ende, Christine Nöstlinger, Phyllis Root, Jürg Schubiger, Rafik Schami, Fredrik Vahle.

1.5.4   Wie Vorlesegeschichten vermittelt werden

Der Vorleser oder die Vorleserin muss sich vor Beginn den Inhalt, den Aufbau und die wichtigsten Schwerpunkte der Geschichte erarbeiten, um eigene Freude an der Geschichte spürbar werden zu lassen. Wenn der Zuhörerkreis dann zur Ruhe gekommen ist, kann es losgehen. Der Vorlesende sollte sich nicht selbst darstellen, sondern Mimik und Gestik sparsam einsetzen, viel Blickkontakt halten, um die Reaktionen der Zuhörer beachten zu können. Er soll die für den Sinn des Textes wichtigen Wörter (= sinntragende Wörter) durch Betonung hervorheben, z. B. können Aussagen einzelner Personen, Verhalten oder Stimmungen durch lautes und leises, hohes und tiefes, schnelles oder langsames Sprechen verdeutlichen. Stärkere und schwächere Betonung kann als Lesehilfe im Text eingetragen werden. Die richtige Aussprache und das Tempo des Vorlesens tragen dazu bei, dem Zuhörer die Atmosphäre der Geschichte zu vermitteln. Monotones Vorlesen wirkt langweilig und sollte daher vermieden werden und sinnvolle Pausen erhöhen die Spannung der Geschichte. Sie können durch Einzelstrich (I), längere Pausen durch Doppelstrich (II) ebenfalls im Text gekennzeichnet werden. Der Vorlesende soll die Geschichte nicht in einem Stück vorlesen, sondern Pausen erarbeiten und damit den Zuhörern Zeit zum Nachdenken lassen. Sie sollten Gelegenheit haben, Zusammenhänge herzustellen, Fragen zu stellen und Antworten zu finden. Der Lesevortrag ist immer der Situation anzupassen. Sind die Zuhörer unruhig und unkonzentriert, sollte man die Geschichte kürzen, Passagen überschlagen (ohne die Grundaussage oder die Rahmenhandlung zu verändern), einen eigenen Schluss finden oder eine Fortsetzung anbieten.

Die Vorlesegeschichten können mit unterschiedlichen Materialien bildnerisch und plastisch umgesetzt, mit selbst hergestellten Instrumenten rhythmisiert oder zu einem Stegreif- oder Figurentheater dramatisiert werden. Darüber hinaus bieten Vorlesegeschichten inhaltliche und sprachliche Variationsmöglichkeiten, aus denen neue Geschichten entstehen können. Auf diese Weise ergänzen sich für Kinder Fantasie und Realität zu einem Stück Lebenserfahrung.

1.5.5   Wie Selbst-Lesemotivation entsteht

Lesen ist ein ganzheitlicher Prozess, bei dem kognitive, psychomotorische und emotionale Fähigkeiten flexibel zusammenwirken. Zu Anfang der Entwicklung nimmt das Kleinkind seine Umwelt mit all seinen Sinnen, d. h. durch Sehen, Hören, Tasten, Riechen und Schmecken wahr. Literarische Urerlebnisse wie Wiegenlieder, Fingerspiele, Kniereiterspiel erzeugen beim Kind emotionale Geborgenheit. Durch Greifen, Krabbeln, Laufen und Klettern wird die weitere Umgebung erschlossen. Neben anderen Materialien, die seine Neugierde wecken, entdeckt das Kind auch das Bilderbuch und erkennt erstmals Gegenstände wieder, die als gemalte Welt zweidimensional erscheinen. Es lernt, sprachliche Begriffe mit bildhaften Vorstellungen in Verbindung zu bringen. Das gemeinsame Betrachten und Vorlesen von Bilderbüchern regt die auditive und visuelle Wahrnehmung des Kindes an und fördert seine Neugierde. Es entdeckt Unbekanntes, stellt Fragen und erkennt Zusammenhänge. Gehörtes und Gesehenes erleichtern die Entwicklung seiner Vorstellungen und tragen zum späteren Erlernen des Lesens und Schreibens erfolgreich bei. Die Vermittlung dieser grundlegenden Lesemotivation beginnt also in einer Zeit, in der das Kind noch gar nicht in der Lage ist zu lesen.

Lesenkönnen ist eng mit dem Lesenwollen verbunden, von daher ist es wichtig, so früh wie möglich Motivationen zu schaffen. Das Vorbild der Eltern spielt dabei eine wesentliche Rolle. Erlebt das Kind in der Familie den regelmäßigen Umgang mit Büchern, wird es ihn spielend nachahmen und einen schnelleren Zugang bekommen. Nicht jedes Kind hat das Glück, mit

Büchern aufzuwachsen. Viele Kinder kennen Literatur nur von technischen Medien wie Fernsehen, Video, Computer, Kassette. Diese Medien können jedoch kein Ersatz für das Vorlesen oder Selberlesen sein, da sie den kindlichen Bedürfnissen nach emotionaler Nähe und nachhaltiger Verinnerlichung nicht entsprechen.

1.5.6 Welches Angebot an Erstlesebüchern gibt es

 Erstlesebücher sind als Lektüre für Leseanfänger gedacht. Sie haben eine sehr einfache und verständliche Handlung, zeichnen sich durch vereinfachte Sprache aus. Sie behandeln Themen, die Kinder in diesem Alter ansprechen. Sie sind gut gegliedert, enthalten einzelne Kurzgeschichten oder mehrere kurze Einzelgeschichten zu einem Thema/Motiv. Sie verfügen über viele Abbildungen, meist gibt es zu jeder Geschichte texterläuternde Illustrationen, die aber im Gegensatz zu den Bildern in Bilderbüchern keine eigenen Inhalte/Aussagen vermitteln.

Einige Kinderbuchverlage haben spezielle Leselernkonzepte entwickelt, die vom Kindergartenalter bis zum fortgeschrittenen Lesealter der Grundschule reichen. Die Qualität dieser Erstlesebücher weist allerdings deutliche Unterschiede auf. Die zwingende Einfachheit der Struktur und die schematische Produktion der Titel führen häufig zu literarischer Trivialität und Stereotypie. Eine kritische Sichtung ist daher dringend zu empfehlen.

1.5.7 Welche Erstlesebücher sind empfehlenswert

Vom Erlernen des Alphabetes bis zum individuellen Lesen ist es ein langer Weg. Jedes Kind entwickelt hier seine eigene Methode und sein eigenes Tempo. Gute Texte für Leseanfänger motivieren dabei, denn erste Erfolge können gewinnbringend sein.

Leseanfänger mit geringer Schrifterfahrung brauchen zunächst Bücher mit großen Buchstaben, einfach gebauten Wörtern (möglichst wenig Konsonantenanhäufungen), keine Trennungen, kurze Sätze, die die Gedächtniskapazität nicht überfordern, sowie einen weiten Zeilenabstand. Kleine Sinneinheiten und übersichtliche Absätze erleichtern das Verstehen, ebenso wie Wiederholungen von bekannten Wörtern und Satzmustern. Viele textbegleitende, farbige Illustrationen unterstützen das Lesenlernen, bieten Orientierung und neue Motivation. Bereits die Illustrationen der Titelbilder von Erstlesebüchern, ob als Taschenbuch oder DIN-A5-Hardcover, müssen die Neugierde wecken und einen Anreiz zum Selberlesen bieten.

Gelungene Geschichten zum Selberlesen orientieren sich in ihrer Thematik immer an den Interessen der 6- bis 7-Jährigen. Es sollten nur solche lesenswerten Geschichten angeboten werden, die in erster Linie Spaß machen. Für Leseanfänger ist es ein großes Erfolgserlebnis, wenn sie ein ganzes Buch gelesen haben. Die ersten Buchgeschichten müssen daher kurz, überschaubar und thematisch übersichtlich gegliedert sein. Die Inhalte der Geschichten spielen dabei eine wesentliche Rolle. Sie müssen für Kinder eindeutig sein und einen persönlichen Bezug ermöglichen. Sie sollten lustig und spannend, auf keinen Fall belanglos sein, denn nur eine gut erzählte Geschichte ist die Mühe des Lesens wert und schafft Lesebegeisterung. Leseanfänger brauchen ein vielfältiges Angebot von Büchern, das ihren unterschiedlichen Interessen entgegenkommt, aber auch neue Interessen weckt. Kinder brauchen die Erfahrung, dass sie der sozialen Umwelt vertrauen können und kindgerechte Umwelt- und Familiengeschichten sollten die Wirklichkeit nicht nur abbilden, sondern auch auf positives soziales Verhalten hinweisen.

Fantastische Geschichten	Abedi, Isabel (Text), Hansen, Christiane (Illustration): **Heute ist Lucy Prinzessin,** Arena Verlag, Würzburg 2007, ab 7 Jahre Heute hatte Lucy einen ganz schlechten Tag: Papa war gemein zu ihr, Olaf hatte keine Lust zum Spielen, ihre Schwester hatte keine Zeit und Mama war ungerecht. Jetzt ist Lucy sauer. Am liebsten wäre sie jemand anderes an einem anderen Ort! Und dann hat sie eine Idee. Ein Griff in die Verkleidungskiste und Lucy verwandelt sich in eine Prinzessin – eine Prinzessin, die ganz genau weiß, was sie will! Auf der Suche nach einem besseren Zuhause wandert sie von Königreich zu Königreich.
Wirklichkeitsnahe Geschichten	Boie, Kirsten (Text), Brix, Silke (Illustration): **Linnea schickt eine Flaschenpost,** Friedrich Oetinger Verlag, Hamburg, 2003, ab 6 Jahre Linnea will eine Flaschenpost schicken, unbedingt! Natürlich muss man dazu zuerst schiffbrüchig sein, sonst macht es keinen Sinn. Und das geht auch in einer Riesenpfütze. Für die Flaschenpost nimmt Linnea eine leere Apfelsaftflasche. Und zusammen mit Erdem aus dem vierten Stock erlebt sie ein spannendes Abenteuer.

Impulse zur Vertiefung

1. *Bruno Bettelheim schreibt in seinem Buch: Kinder brauchen Bücher[1] (DVA Stuttgart, 1982, Seite 85) „Wenn wir die Kinder zu gebildeten Menschen erziehen wollen, so müssen unsere Lehrmethoden dem reichen Wortschatz des Kindes, seiner Intelligenz, seiner natürlichen Neugier, seinem Eifer, Neues zu lernen, seinem Wunsch, seinen Verstand und seine Welterfahrung zu entwickeln und seinem leidenschaftlichen Verlangen nach Anregungen für seine Fantasie gerecht werden. Kurz, wir müssen das Lesen zu etwas machen, wofür es sich lebhaft interessiert. Das würde das Kind zum Lesen verführen. Gelingt uns das, dann werden Kinder zu begeisterten Lesern."*
   Welche Forderungen stellt Bettelheim an die literarische Früherziehung? Wie können Sie in Ihrer sozialpädagogischen Einrichtung diesen Forderungen entgegenkommen?

2. *Ermitteln Sie in der örtlichen Kinderbücherei Geschichtensammlungen für Kinder ab 5 Jahren. Wählen Sie Geschichten aus, die Ihnen gefallen und trainieren Sie kindgerechtes Vorlesen. Erstellen Sie einen Vorlese-Reader.*

3. *Viele Kinderbuchverlage veröffentlichen Reihen für Leseanfänger. Erstellen Sie in Ihrer Lerngruppe eine Liste der Erstlese-Reihen. Welche Konzepte können Sie erkennen?*

4. *Falls Sie in Ihrer Fachschule keine eigene Fachbücherei haben, organisieren Sie in Ihrer Fachklasse die Einrichtung eines Lesekoffers mit ca. 30–40 Büchern. Die Mobilität dieses Lesekoffers bietet die Möglichkeit, ihn in vielen Fächern und unterschiedlichen Orten flexibel einzusetzen. Er eignet sich z. B. als Ausstellung für die sozial-pädagogische Praxis, für eine eigene Leseecke im Fachraum Deutsch/Kinderliteratur, zur freien Arbeit, zum Vorlesen im Unterricht usw. Planen Sie gemeinsam: 1. die Beschaffung der Bücher, 2. die Einrichtung des Koffers/der Kiste, 3. das Einordnen und Katalogisieren der Bücher, 4. das Entleihen der Bücher.*

---

1 Bettelheim, Bruno: Kinder brauchen Bücher, Deutsche Verlagsanstalt, Stuttgart 1982, S. 32

1.6 Kinderzeitschriften

1.6.1 Was Kinderzeitschriften sind

 Kinderzeitschriften sind periodisch erscheinende Printmedien, die speziell für das Vor- und Grundschulalter produziert werden. Jugendzeitschriften wenden sich an die Leser ab etwa zwölf Jahren. Kinderzeitschriften erscheinen periodisch als eigenständiges Heft, Zeitung oder als Beilage einer Wochen-/oder Tageszeitung. Sie dienen vornehmlich der Unterhaltung sowie der Sach- und Wissensvermittlung, wobei einige Publikationen Tipps und Hilfen für den Sozialisationsprozess geben. Kinderzeitschriften gibt es für jedes Alter und fast jedes Interesse, sie sind am Kiosk oder in den Supermarktregalen wegen ihrer meist knalligen Farbigkeit kaum zu übersehen. Das Interesse der Kinder an bestimmten Massenzeitschriften wird allerdings oftmals über die Beigaben gesteuert. Kaufentscheidend wirken dann meisten die Merchandising-Produkte und eher selten das aufbereitete Thema. Eine weitere Verbreitung der Hefte geschieht durch das kindertypische Austauschverfahren untereinander.

1.6.2 Wie sich Kinderzeitschriften klassifizieren lassen

Einige Kinderzeitschriften und Kinderseiten behaupten sich schon lange mit konstanten Auflagen auf dem Pressemarkt, aber viele Publikationen verschwinden teilweise genauso schnell wieder aus dem Angebot, wie sie aufgetaucht sind.

Kinderzeitschriften lassen sich nach Inhalten einteilen. So gibt es beispielsweise Hobby-, Rätsel-, Verbands-, Kunden-, Werbe-, Wissenszeitschriften. Zudem erscheinen viele Zeitschriften im Medienverbund und zu fast jeder Kinderfernsehsendung gibt es eine eigene Kinderpresse, z. B. Tabaluga der Drache, Biene Maja, Die Maus, Benjamin Blümchen. Um die Übersicht zu erleichtern, kann die Einteilung von Kinderzeitschriften jedoch auch nach den Vertriebswegen und/oder Herausgebern erfolgen:

▶ eigenständige, kommerzielle Zeitschriften, die als Einzelausgaben zu erwerben oder im Abonnement direkt vom Verlag zu beziehen sind,
▶ eigenständige, kostenlose Zeitschriften, die von Apotheken, Sparkassen usw. zu Werbezwecken verteilt werden,
▶ eigenständige, teilweise kostenlose Zeitschriften von Gemeinden, Verbänden, Vereinigungen usw.,
▶ integrierte Kinderseiten in kommerziellen oder kostenlosen Tages- und Wochenzeitungen und Zeitschriften für Erwachsene.

1.6.3 Womit sich Kinderzeitschriften beschäftigen

Es fällt auf, dass die Masse der Kinderzeitschriften und Kinderseiten mit leicht konsumierbaren, einseitigen Inhalten und oberflächlicher Unterhaltung gefüllt ist. Auch tritt meist der Textanteil zugunsten der Bilder und Bildserien in den Hintergrund zurück. Aber auch die ambitionierten Publikationen sind angefüllt mit Comic- und Fantasyfiguren, Tieren aller Arten, Helden und Heldinnen. Die Reportagen, Interviews und Berichte umfassen Sachinformationen, Wissensvermittlung aus Natur, Technik, Geschichte, Geografie und gelegentlich auch aus Arbeitswelt, Religion, Politik und Erziehung. Die meist kurzen Texte sind überschaubar und mit Illustrationen oder Fotos angereichert.

Alle Kinderzeitschriften enthalten in unterschiedlichen Anteilen: Bastelanleitungen, Experimente, Kochrezepte, Mal- und Suchspiele, Schreib- und Rechenaufgaben, Wettbewerbsaufrufe, Reise-, Veranstaltungs- und Einkaufstipps, gelegentlich auch kinderliterarische Texte und Literaturtipps, Besprechungen und Hinweise zu Kinderfernsehprogrammen, Adressenangebote für Kontakte, Beratungen oder Lesermeinungen.

1.6.4   Welche Bedeutung Kinderzeitschriften haben

Kinder blättern gerne in ihren Zeitschriften und Zeitungen, sie gewöhnen sich an deren regelmäßigen Konsum. Als ein wichtiger Bestandteil der Kinderkultur stehen Zeitschriften den Kindern jederzeit und vielerorts als Unterhaltungs- und Bildungslektüre zur Verfügung. Lese- und Sehbedürfnisse werden befriedigt. Über die vordergründige Alltagsablenkung hinaus tragen Kinderzeitschriften auch zur Aktivierung bei. Ausgewählte Kinderzeitschriften nehmen Kinder in ihrer Lebenssituation ernst. Sie unterstützen die Persönlichkeitsentwicklung und wirken nachhaltig auf Aspekte der Erziehung und Bildung. Sie können

▶ das Selbst-lesen-Wollen motivieren,
▶ den Erwerb der Schriftsprache unterstützen,
▶ ein erster Anstoß sein, doch mal zu einem Buch zu greifen,
▶ sachgerechte Orientierung zur nahen und weiteren Umwelt bieten,
▶ die Auseinandersetzung mit aktuellen Problemen fördern,
▶ zu sozialen Handlungen auffordern,
▶ Impulse für kreative Entfaltung geben,
▶ ästhetisches Empfinden beeinflussen.

1.6.5   Wie sich Kinderliteraturzeitschriften vermitteln

Aus dem zahlreichen Angebot von Kinderzeitschriften ragen zwei ambitionierte Titel besonders hervor. Sie unterhalten nicht nur, sondern tragen auf kindgerechte Weise insbesondere zur frühliterarischen Bildung bei. Für Kinder sind sie deshalb empfehlenswert, weil sie Interessen wecken, Zusammenhänge aufklären und zu neuen Sehweisen verhelfen. Zudem verzichten sie fast völlig auf Produktwerbung.

| Gecko – Lesespaß für Klein und Groß

  | **Gecko** ist eine Kinderzeitschrift für Kinder ab 3 Jahren. Sie erscheint 6x pro Jahr und ist im Jahresabo und als Einzelheft im Buchhandel erhältlich. Die Zeitschrift erscheint fast ohne Werbung. Hervorzuheben sind die stabilen Seiten. In jeder Ausgabe werden drei eigens illustrierte Vorlesegeschichten von renommierten Kinderbuchautoren und neuen Talenten vorgestellt. Zu den Gecko-Rubriken gehören Comics, hintersinnige Geschichten und Wortspiele, dazu gibt es Lesetipps und Mitmachseiten.

 Bezugsadresse: Gecko Kinderzeitschrift – Edition Loris, Baldurstraße 89, 80638 München, www.gecko-kinderzeitschrift.de |
| Leserabe – so macht Lesen Spaß

  | **Leserabe** ist ein Magazin für Leseanfänger ab 5 Jahren. Es erscheint alle 2 Monate und wird von der Stiftung Lesen empfohlen. Es ist als Einzelheft und im Jahresabo zu erwerben. Die Zeitschrift enthält Geschichten, Sachtexte, Comics, Leserätsel, Lückentexte, Mit-Mach-Gedichte, ABC-Malspaß, Kochrezepte zu Themen wie Freunde, Schule, Familie, Tiere, Sport. Die Zeitschrift richtet sich gezielt an Leseanfänger durch übersichtliche Seitengestaltung, verständliche, altersgerechte Sprache, kurze Sätze, kräftiges Papier zum direkten Malen und Schreiben. Die Texte sind in Sinnschritte gegliedert und orientieren sich am Sinn erfassenden Lesen und sind in Fibelschrift geschrieben.

 Bezugsadresse: Blue Ocean Entertainment AG, Breitscheidstr. 6, 70174 Stuttgart, www.leserabe.de |

Folgende Beurteilungskriterien sollen helfen, aus der Fülle von Kinderzeitschriften eine geeignete Auswahl zu treffen:

Beurteilungskriterien für Kinderzeitschriften

▶ **Zielgruppe:** Welches Alter/welches Geschlecht soll angesprochen werden?

▶ **Inhalt:** Wie ist die Zeitschrift inhaltlich aufgebaut? Welches pädagogisches Konzept liegt zugrunde? Was sind die Schwerpunkte? Von welcher Qualität sind die Informationen? Sind die Themen aktuell? Werden Alltagsprobleme der Kinder aufgegriffen? Welche Bedeutung hat der Inhalt für die Zielgruppe?

▶ **Leitbilder:** Welche Leitbilder, welche ethischen Werte und Haltungen werden vermittelt?

▶ **Rollenbilder:** Wie wird die Beziehung zwischen Mann und Frau dargestellt? Welches Geschlecht überwiegt in den Figuren?

▶ **Verhältnis Text und Bild:** Wie ist das Verhältnis von Text und Bild? Stimmen Bild- und Textaussagen überein?

▶ **Sprache:** Wie ist der Sprachstil? Wird die Zielgruppe adäquat angesprochen?

▶ **Illustrationen:** In welcher Art, in welchem Umfang sind der Bilder angeordnet? Von welcher Qualität sind sie?

▶ **Werbung:** Welchen Anteil hat die Werbung? Ist sie als Werbung erkennbar? Welche Art Werbung wird gemacht?

▶ **Layout:** Wie ist der Gesamteindruck?

▶ **Feedback/Kinderreaktionen:** Wie kommunizieren Leser und Redaktion? Können Kinder ihre Meinungen äußern? Werden auch kritische Leserbriefe publiziert?

Impulse zur Vertiefung

1. *Berichten Sie von Ihren persönlichen Erinnerungen und Eindrücken mit Kinderzeitschriften.*
   Welche der aktuellen Kinderzeitschriften gefällt Ihnen persönlich? Begründen Sie Ihre Wahl.

2. *Ermitteln Sie das Zeitschriftenangebot für Kinder bis etwa 12 Jahren*
   a) in einer Buchhandlung
   b) der örtlichen Kinderbücherei
   c) im Supermarkt
   d) am Kiosk

3. *Lesen und vergleichen Sie die zwei Zeitschriftentitel: „Gecko" (ab 3) und „Leserabe" (ab 5) mit anderen Kinderzeitschriften.*

4. *Starten Sie bei Kindern eine Umfrage bezüglich ihres Zeitschriftenkonsums. Welche Schlussfolgerungen ziehen Sie?*

5. *Wählen Sie eine Kinderzeitschrift aus und schreiben Sie eine Beurteilung.*

1.7 Kinderbücher

1.7.1 Was Kinderbücher sind

 Der Begriff Kinderbuch ist kein eigener Ordnungsbegriff, sondern er umfasst die realistischen und fantastischen Buchgeschichten, die extra für Mädchen und Jungen von 8 bis 10 Jahren geschrieben sind. Ihnen wird nicht mehr vorgelesen, sondern sie können jetzt selber lesen. Diese Altersgruppe befindet sich entwicklungsbedingt in einer Übergangszeit, von der magisch-realistischen zur realistischen Phase. Die Themen der Kinderbücher sind vielfältig und behandeln das Kinderleben selbst. Sie befassen sich einerseits mit der realen Umwelt des Kindes, andererseits mit seinen Wünschen, Träumen und Erwartungen. Die Geschichten werden realistisch, an den kindlichen Erfahrungen orientiert oder auf märchenhaft-fantastische Weise erzählt. Die Grenze zwischen Realität und Irrealität wird von den nun selbstlesenden Kindern klar erkannt.

1.7.2 Wie Kinderbücher strukturiert sind

Bücher für Grundschulkinder verfügen über eine charakteristische Struktur. Der Einband zeigt häufig eine bunte Abbildung des Protagonisten in einer markanten Szene und der Buchtitel ist meistens ausdrucksstark gesetzt. Die Handlung ist in Kapitel aufgeteilt, wobei jedes Kapitel mit einer Überschrift beginnt, die schon Hinweise auf den Fortgang des Geschehens gibt. Die Kapitel sind größtenteils in sich geschlossen, was den Lesern nach einer Unterbrechung den Wiedereinstieg in den Verlauf der Geschichte erleichtert. Der gesamte Text ist in übersichtliche Abschnitte unterteilt und noch häufig mit viel wörtlicher Rede ausgestattet. Zunächst bevorzugen die Leser Bücher, die bezüglich der Schriftart und Schriftgröße, Zeilenlänge und Zeilenabstand, des Seitenumfangs ihrem Lesevermögen entsprechen. Außerdem spielen die Illustrationen im Kinderbuch noch eine wichtige Rolle. Ein erhöhter Anreiz zum Lesen entsteht durch die Vignetten zu Beginn eines Kapitels und die Zeichnungen oder ganzseitigen Bilder, die den Textfluss auflockern. Die Illustrationen machen den Leser neugierig und erleichtern oder verdeutlichen das Verstehen der Handlung. Geübte Selbstleser greifen bald zu umfangreicheren Büchern, in denen dann nur noch selten Illustrationen vorhanden sind.

1.7.3 Wie Kinderbücher eingeteilt werden

Fantastische Kinderbücher wecken die Lesefreude der Kinder. Die Geschichten kommen der kindlichen Sehnsucht am Außergewöhnlichen und Fantastischen entgegen. Die Protagonisten erleben, stellvertretend für das lesende Kind, die Wunschträume und meistern die heikelsten Situationen. Trotz ihrer Identifikation mit dem Helden und ihrer Fabulierlust erkennen und unterscheiden die Kinder sehr wohl Realität und Fantasie. Grundschulkinder sind im Gegensatz zu Kindergartenkindern immer stärker in der Lage, Unwirkliches von Wirklichem klar zu trennen. Ihnen gelingt es immer mehr, Erlebtes zu versachlichen, Geschehnisse unabhängig von Wünschen und Träumen zu betrachten. In gelungenen fantastischen Geschichten können sie trotzdem mögliche Handlungsalternativen oder neue Orientierungsmuster für normales Alltagsleben entdecken.

Realistische Kinderbücher umfassen thematisch insbesondere das nähere Lebensumfeld des Kindes: Elternhaus, Schule, Freundschaft. Die Geschichten behandeln Erlebnisse mit Tieren, ungewöhnliche Lebensverhältnisse, Kinder aus anderen Ländern, Außenseiterproblematik und Themen mit ökologischer Orientierung.

In den realistischen Kinderbüchern tritt meistens ein Kind als Handlungsträger auf, es löst Aufgaben, erlebt Abenteuer und erfährt, dass Ängste und Unerträgliches überwindbar sind. Gelungene Kinderbücher zeigen die Realität der sich ständig verändernden Welt mit den Konflikten und Problemen, sie lassen mögliche Hilfen erkennen für die Bewältigung eigener Lebenssituationen. In diesem Sinne unterhalten Kinderbücher nicht nur, sondern machen die technische, ökologische und soziale Umwelt durchschaubar und unterstützen die Selbstbestimmung.

Sachbücher gibt es in fast unüberschaubarer Anzahl als sachlich informierendes Nachschlagewerk ebenso wie als erzählendes Sachbuch zu allen Wissens- und Interessengebieten. Das Sortiment bietet Unmengen an Informationen, es reicht vom einfachen Sachbilderbuch mit wenig Text für Leseunkundige, mit wenig Text für Leseanfänger bis hin zu Ausgaben mit umfangreichem Text für Fortgeschrittene, wobei fast alle Texte mit Abbildungen begleitet werden. Kinder wählen in der Regel die Sachbücher, die in ihnen in ihrer Schwierigkeitsstufe entsprechen. Sachbilderbücher zu bestimmten Themen sind eine Informationsquelle, die interessierten Kindern im Kindergarten oder in der Grundschule erste visuelle Möglichkeiten liefern, komplizierte Natur- bzw. Sachzusammenhänge zu verstehen. Informierende Sachbücher und Nachschlagewerke zu geschichtlichen Themen setzen meist einen speziellen Sachwissensstand voraus und dienen vorrangig der ergänzenden bzw. vertiefenden Weiterbeschäftigung geschichtlich interessierter Schulkinder.

1.7.4   Kinderbücher erzählen Geschichten

Die breitgefächerten Themenbereiche erzählender Kinderliteratur bedienen die unterschiedlichsten Leseinteressen und Lesebedürfnisse der kindlichen Selbstleser. Die Erzählstile sind realistisch oder fantastisch, mitunter auch eine Mischung beider Erzählformen. Die bevorzugten Themen umfassen, analog zu den Bilderbuchthemen des Vorschulkindes, das Leben des Grundschulkindes in all seinen Erscheinungsarten und Erlebnisformen. Die Geschichten bestätigen vorhandene Erfahrungen, variieren oder ergänzen sie. Gut erzählte Geschichten verfügen, aus der Sicht des lesenden Kindes, immer über ein positiv gestaltetes Ende, das weiterführende Schlussfolgerungen zulässt. Die Kinder entscheiden dann selbstständig, welche Bücher sie lesen möchten, welche Themenbereiche ihnen passen und welche Erzählstile ihnen besonders zusagen. Beachtenswert erscheint, dass sich jüngere Kinder die Lesestoffe nicht nur aneignen wollen, sondern sie treten erlebnishaft zu ihnen in Kontakt.

Familien-Geschichten	Familiengeschichten befassen sich mit den verschiedenen Modellen der Familienkonstellationen. Sie spiegeln die Art und Weise des Zusammenlebens mit all seinen Freuden und Konflikten. Die Erlebnisse des Familienalltags kehren in vielen Variationen wieder. Die angemessene Schilderung besonderer Geschehnisse stärkt Kinder und verhilft ihnen zu eigenen Haltungen.

Boie, Kirsten (Text), Waechter, Philip (Illustration): **Mit Kindern redet ja keiner,** Fischer Taschenbuch Verlag, Frankfurt/Main 2004, 137 Seiten, ab 9 Jahre

Eigentlich fühlen sich Charlotte und ihre Eltern im neuen Haus auf dem Land sehr wohl. Doch dann liegt Charlottes Mama nur noch traurig im Bett und kümmert sich um gar nichts mehr. Ständig streiten die Eltern, aber mit Charlotte redet keiner. Erst als die Mutter ihrer besten Freundin ihr erklärt, was Depressionen sind und wie Charlottes Mutter sich fühlt, kann sie endlich auch über ihre Gefühle sprechen.

Abenteuer-Geschichten 	Die ersten abenteuerlichen Geschichten für Kinder zeichnen sich aus durch die überraschend auftretenden, außergewöhnlichen und häufig gefährlichen Situationen. Die Handlungsträger bewältigen jedoch zielgerichtet die oft existenzielle Bedrohung. Die Handlung wird aufregend realistisch geschildert und steuert auf einen unausweichlichen Höhepunkt zu. Erst dann setzt die Entspannung des Lesens ein. Historische Abenteuergeschichten werden eher von Jugendlichen gelesen. Michaelis, Antonia: **Das Geheimnis des 12. Kontinents**, Loewe, Bindlach 2007, 352 Seiten, ab 9 Jahre Karl, ein Waisenjunge, träumt schon sehr lange von einer Seereise. Als er sich den „Winzigen" anschließt, um über das große Meer zu fahren und vor dem „12. Kontinent" vor Anker zu gehen, ahnt er noch nichts von seinem künftigen Abenteuer. Er deckt unter anderem auch das Rätsel um den geheimnisvollen Kontinent auf und erfährt, dass sogar sein eigenes Schicksal eng mit diesem verbunden ist.
Detektiv-Geschichten 	Diese ersten detektivischen Geschichten ähneln bezüglich der Dynamik und Leistungen der Hauptfiguren den Abenteuergeschichten. Der Detektiv, wenn er ein Erwachsener oder Kommissar ist, tritt meist als Spezialist auf. Er besitzt Eigenschaften wie Mut, Kaltblütigkeit, aber auch geistige Qualitäten wie Beobachtungs- und schnelle Kombinationsgabe. Kinder treten meist als Gruppe in Aktion, wobei sich die detektivischen Leistungen dann auf die Akteure verteilen. Linde, Gunnel (Text), Schössow, Peter (Illustration): **Die Liga der Unsichtbaren**, Gerstenberg, Hildesheim 2007, 176 Seiten, ab 9 Jahre 42 Jungen, ein Mädchen und ein Fantasiehund sind die Liga der Unsichtbaren und die ist auf der Jagd nach dem meistgesuchten Verbrecher Stockholms, dem Ewigen Erwin. Der muss endlich gefasst werden. Der Wandschrank der Großmutter spielt dabei eine große Rolle.
Fantasy-Geschichten 	Fantasy-Geschichten spielen in einer fiktiven Welt, in der alles möglich ist. Hier versammeln sich übernatürliche und märchenhafte Elemente, Naturgesetze sind außer Kraft gesetzt. Es herrschen ungewöhnliche Individuen oder übersinnliche, allmächtige Kräfte. Reale Menschen werden meist als Eindringlinge betrachtet und geraten in einen magischen Bann und aus der erlösenden Befreiung ergibt sich unter anderem die Faszination der Lektüre. Dahl, Roald (Autor), Blake, Quentin (Illustration): **Sophiechen und der Riese**, Rowohlt Taschenbuch, Reinbek bei Hamburg 1997, 243 Seiten, ab 8 Jahre Sophiechen lebt in einem Waisenhaus. Eines Nachts wird sie von einem Riesen gekidnappt, weil sie ihn gesehen hat. Es ist ein guter Riese (GuRi), der abseits von anderen recht brutalen Riesen lebt. GuRi hat die Aufgabe, den Leuten gute oder böse Träume zu schicken. Sophiechen möchte allerdings wieder zurück, sie fühlt sich nicht sicher und von den anderen Riesen bedroht. GuRi macht sich mit ihr auf zurück in die Zivilisation.

Außenseiter-Geschichten 	Sogenannte Außenseitergeschichten berichten von Kindern oder Erwachsenen, die sich in besonderen Lebenslagen befinden. Es werden konkrete, individuelle Situationen aufgezeigt wie Behinderung, Adoption, kulturelle Herkunft, Krankheit, Vernachlässigung und Mobbing. Die meist eindringlich dargestellten Erlebnisse und Ereignisse zwingen den Leser zur Auseinandersetzung und Stellungnahme. Die Auswahl und das Angebot solcher Lektüre sollte einfühlsam geschehen und bei den jüngeren Kindern mit einem Gesprächsangebot begleitet werden. Steinhöfel, Andreas (Text), Schössow, Peter (Illustration): **Rico, Oskar und die Tieferschatten**, Carlsen Verlag, Hamburg 2008, 220 Seiten, ab 9 Jahre Eigentlich soll Rico ja nur ein Ferientagebuch führen. Schwierig genug für einen, der leicht den roten oder den grünen oder auch den blauen Faden verliert. Aber als er dann auch noch Oskar mit dem blauen Helm kennenlernt und die beiden dem berüchtigten ALDI-Kidnapper auf die Spur kommen, geht es in seinem Kopf ganz schön durcheinander. Doch zusammen mit Oskar verlieren sogar die Tieferschatten etwas von ihrem Schrecken.
Politische Geschichten 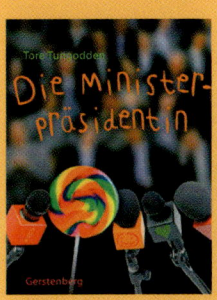	Kinderliterarische Geschichten mit politischen Themen gibt es, seit Kindergeschichten geschrieben werden. Sie berichten von Situationen mit politischen Hintergründen (z. B. Krieg, Ausbeutung, Verfolgung). Sie verweisen auf vergangene und zeitgemäße sozialpolitische Zusammenhänge, sie wollen auf Kinder einwirken und sie bestenfalls aufklären. Politische Ansichten sowie deren Umsetzung spiegeln sich in der erzählenden Kinderliteratur ebenso wider wie in der Kinderlyrik und in Bilderbüchern. Tungodden, Tore: **Die Ministerpräsidentin**, Gerstenberg, Hildesheim 2007, 157 Seiten, ab 9 Jahre Hannahs Vater arbeitet in einer Werbeagentur und soll die Wahlkampagne für eine neugegründete Partei organisieren. Die Wahlen stehen bevor, und die neue Partei will ein Kind an die Spitze der Regierung stellen. Und Hannahs Vater hat ohne zu überlegen seine Tochter vorgeschlagen! Richtig ernst nehmen kann Hannah das alles nicht, doch jeder ist begeistert von ihr, weil sie nicht taktiert, sondern geradeheraus sagt, was sie denkt. Hannahs Regierung lässt sich gut an – bis sie spitz kriegt, dass ihre Wahl eine Farce ist, eingefädelt von der merkwürdigen Partei.
Biografische Geschichten 	Biografien stellen das ganze Leben eines Menschen dar, Lebensbilder zeigen nur Ausschnitte. Kindergeschichten mit biografischem Hintergrund machen Kinder mit anderen Lebensverläufen vertraut. Sie vergleichen diese mit der eigenen Biografie, werden neugierig und möchten zur eigenen Orientierung mehr Information über den Menschen und seine Lebenssituation. Krausnick, Michael (Text), Ruegenberg, Lukas (Illustration): **Elses Geschichte**. Ein Mädchen überlebt Auschwitz, Sauerländer Verlag, Düsseldorf 2007, 72 Seiten, ab 9 Jahre Else wächst als Pflegekind in Hamburg auf. Im Frühjahr 1943, gerade acht Jahre alt, wird sie von zwei Männern abgeholt und zum Hafen gebracht. Dort werden die zur Deportation nach Auschwitz bestimmten Sinti- und Roma-Familien gesammelt. Dieser Zeitzeugenbericht berichtet von den Monaten, die das Mädchen Else Schmidt, mittlerweile 71 Jahre, im KZ erleben musste, was sie beobachtete, was sie empfand und wie sie den Alltag meisterte.

Mädchen-Geschichten	Mädchenbücher sind eine Literaturart, bei der die Mädchen nicht nur die Adressaten sind, sondern auch die Handlungsträger. Mädchenbücher zeigen, wie Mädchen die Welt sehen und erleben, sie berücksichtigen dabei die besonderen Belange und Bedürfnisse der Mädchen. Viele Geschichten sind allerdings Vorbildgeschichten und vermitteln traditionelles Rollenverhalten, andere dagegen sind Spiegelgeschichten und hinterfragen die Rollenzuweisung, das Bild vom Mädchen. Schon die Aufmachung des Titelbildes gibt oft Hinweise auf die beabsichtigte Wirkung.
	Geisler, Dagmar: **Wanda – wahnsinnig berühmt!** dtv junior, München 2008, 128 Seiten, ab 9 Jahre
	Wanda, Katti und Fabian nehmen an einem Casting für einen Werbespot teil. Es übertrifft Wandas schlimmste Befürchtungen, es ist der totale Zickenterror. Auch Trixi, die Wanda bereits vom Reiterhof in schlimmster Erinnerung hat, ist dabei. Doch der Regisseur findet Wandas freche Art ganz entzückend.
Religiöse Kinderbücher	Religiöse Kinderbücher erzählen meist Geschichten aus der Bibel, denn aus der Bibel leitet sich die christliche Glaubensbotschaft ab. Sie ist eine Sammlung von unterschiedlichen Textarten und aufgrund dieser Tatsache für Kinder nur bedingt geeignet. Viele Geschichten sind voller Symbolik, z. B. Himmelfahrt, Paradies, Wunder. Diese Symbolik wird völlig missverstanden, wenn sie, wie Kinder es im magischen Alter tun, als äußere Beschreibung realer Gegebenheiten wahrgenommen wird. Hier sollte dann ein Erwachsener die Vermittlerrolle übernehmen, damit die Symbolik der Geschichten in einen sinnvollen Bezug zur Lebenssituation des Kindes gesetzt wird.
	Schindler, Regine (Text), Binder, Hannes (Illustration): **Die 10 Gebote. Wege zum Leben,** Patmos, Düsseldorf 2006, ab 9 Jahre
	„Wahrscheinlich kennen fast alle erwachsenen Bezugspersonen die biblischen 10 Gebote und geben sie als Handlungsanweisungen an die Kinder weiter. Aber für die Kinder sind sie meist zu abstrakt und sie verstehen ihre Bedeutung noch nicht wirklich. Das Buch bietet den Kindern und den Bezugspersonen eine einfühlsame und sachkundige Hinführung zu den Geboten. Jedes Gebot wird einzeln aufgegriffen und in den Zusammenhang der biblischen Erzählung gestellt. Die Autorin nimmt die Fragen der Kinder auf und erklärt die Bedeutung der Gebote für das heutige Leben. Die eindrücklichen Illustrationen von Hannes Binder begleiten die Textaussagen."[1]
Kinder-Kunstbücher	Unterschiedliche Kunststilrichtungen (z. B. Romantik, Jugendstil, Impressionismus, Expressionismus, Kubismus, Naive Malerei) sind in abgewandelten Formen in Kinder-Kunstbüchern zu finden. Aber auch Informationen über die Entstehung alter oder neuer Kunstwerke, historische Zusammenhänge und geistige Hintergründe, Biografien, Stilrichtungen und Gestaltungstechniken sind zu finden. Kindgerecht gestaltete Kunstsachbücher sind immer anschaulich erlebnishaft orientiert, geben spielerische Anregungen zum Erschließen und Verstehen von Kunstwerken und das Leben der Künstler.
	Stieff, Barbara: **Träume ernten.** Hundertwasser für Kinder, Prestel Verlag, München 2007, 95 Seiten, ab 8 Jahre
	Friedensreich Hundertwasser (1928–2000) war ein Freigeist und Querdenker. Er träumte von einer besseren Welt, in der die Menschen wie im Paradies im Einklang mit der Natur und allen Lebewesen leben sollten. In seiner magischen, fantasievollen Welt finden Kinder ihre Träume und Wünsche widergespiegelt. Seine visionären Ideen und originellen Motive regen Kinder an, selbst kreativ zu werden.

---

[1]   Zitat von Regine Schindler unter www.regineschindler.ch/4682.html, Zugriff am 20.03.2008

Kinder-Naturbücher	Kinderbücher zu naturkundlichen Themen werden zum größten Teil als Sachbücher oder Nachschlagewerke und zum geringen Teil als informierende Erlebniserzählung angeboten. Kinderbücher können allerdings die eigene Anschauung und die handelnde Auseinandersetzung mit der Natur nicht ersetzen, aber vorhandene Erfahrungen vertiefen. Sie verstehen sich dabei als Vermittler, um Kindern die Natur mit ihren unterschiedlichen Erscheinungsformen und Auswirkungen anschaulich und bildhaft nahezubringen. Sie wollen zur genauen Beobachtung anregen und Sachkenntnisse vermitteln. Ziele dieser Bücher sind häufig, Kinder für die wechselseitige Beziehung von Mensch und Natur zu sensibilisieren und zu verantwortungsbewusstem Handeln aufzufordern. Darüber hinaus wollen einige Bücher die gegenwärtige Situation der Umweltzerstörung kritisch aufzeigen.
	Landwehr, Kerstin: **Der große Naturführer für Kinder**, Compact, München 2007, 160 Seiten ab 8 Jahre Wichtige Informationen über rund 280 heimische Tiere und Pflanzen werden kindgerecht dargestellt. Mit Steckbriefen zur Vorstellung der Tiere und Pflanzen, erläuterndem Text mit interessanten Details mit mehr als 250 Farbabbildungen. Sonderdoppelseiten mit Naturexperimenten oder Infos zum Natur- und Artenschutz sorgen für Abwechslung.

1.7.5 Was Kinderbücher bewirken

Lesen ist eine grundlegende Kulturtechnik und trotz der neuen Medien wurden die Bücher nicht verdrängt. Wenn Kinder Bücher lesen, tauchen sie in eine fremde Welt, treffen auf die unterschiedlichsten Lebensentwürfe und entfalten Fantasie. Bücher regen Kinder an zum Nachdenken, Wahrnehmen, Entdecken und zum kreativen Gestalten. Sie sind eine Herausforderung zur Entwicklung der eigenen schöpferischen Kreativität. Kinderbücher sorgen für Überraschungen und lassen die Kinder träumen. Immer wieder lesen Kinder ihre Lieblingsbücher, das gibt ihnen Sicherheit und sie entwickeln ein gutes Verhältnis zu ihnen. Kinder sollten darin bestärkt werden, Bücher über Themen zu lesen, die ihnen wichtig sind. Gut ist es, wenn sie schon frühzeitig eigene Bücher besitzen.

Das Leseverhalten von Jungen und Mädchen unterscheidet sich schon früh. Mädchen lesen mehr und haben intensivere Leseerlebnisse, da sie sich emotionaler auf die Geschichten einlassen können. Sie bevorzugen häufig gleichaltrige Heldinnen und identifizieren sich mit ihnen. Jungen dagegen wählen eher Detektiv-, Abenteuergeschichten und Sachbücher. Auch wenn Jungen und Mädchen zu unterschiedlichen Büchern greifen, gibt es eine Reihe von Themenbereichen, die beide Geschlechter gleichermaßen ansprechen. Beim Lesen eröffnen ausgewählte Bücher dann die Möglichkeit, Rollenklischees aufzubrechen und sich auszutauschen.

Kinder, die von Anfang an gerne und mit Lust lesen, greifen auch zu literarisch anspruchsvollen Büchern und trauen sich auch an schwierige Texte.

1.7.6 Wodurch sich Kinderbücher vermitteln

Um bei dem fast unüberschaubaren Bücherangebot das richtige Kinderbuch ausfindig zu machen, brauchen Kinder und auch Erwachsene bei der Auswahl Orientierungshilfen. Natürlich lassen sich Kinder zunächst spontan von ersten emotionalen Eindrücken leiten und greifen zu Büchern, die ihnen bekannt sind und witzig oder spannend erscheinen. Das Titelbild hinterlässt bei ihnen oft einen wahlentscheidenden Eindruck, ebenso wie der einprägsame Buchtitel, wobei der Untertitel schon erste Hinweise zum Inhalt gibt. Der Klappentext, der auf der Rückseite des Buches steht, gibt meist eine kurze Inhaltsangabe, bei der das Ende der Geschichte offen bleibt. Die aufgedruckte Altersangabe gibt eine grobe Einschätzung zum Lesealter und das Reihensignet des Buchverlages kennzeichnet eine Buchreihe durch Zeichen oder Symbole. Abhängig von Lesealter und Lesegewohnheit ist darauf zu achten, dass Buchumfang und Schriftgröße im ausgewogenen Verhältnis erscheinen, Überschriften, Textabschnitte, Flattersatz und Illustrationen den Text auflockern.

Wenn der Name der Autorin/des Autors dem Leser bekannt ist und gefällt, steht er für Lesefreude, trifft er auf einen unbekannten Namen, weckt er womöglich Neugierde. Handelt es sich bei der Wahl um ein Sachbuch zu einem bestimmten Thema, so sollte man die Bücher vergleichen. Eine Leseprobe schließlich entscheidet, ob der Text anspricht oder ob er zu schwierig erscheint. Manchmal müssen sich auch die Informationen und Eindrücke der Leseprobe erst setzen, bevor die Entscheidung fällt, das ausgewählte Buch lesen zu wollen.

Impulse zur Vertiefung

1. Erinnern Sie sich an Ihr Leseverhalten während der Grundschulzeit. Visualisieren Sie Ihre Erfahrungen.

2. Ermitteln Sie die Lesegewohnheiten von Grundschulkindern.

3. Entwickeln Sie Kriterien für die Auswahl und Beurteilung von Kinderbüchern.

4. Sichten Sie das Kinderbuchprogramm verschiedener Buchverlage. Erstellen Sie eine Themenübersicht.

5. Ermitteln Sie das Bild vom Jungen/das Bild vom Mädchen in Kinderbüchern.

6. Erstellen Sie in Ihrer Lerngruppe zu einem ausgewählten Kinderbuch ein Hörbuch. Verfassen Sie Planungs- und Durchführungskriterien.

7. Erstellen Sie in einer Kinderbücherei oder einer Grundschule eine Hitliste der beliebtesten Kinderbücher.

8. Veranstalten Sie in Zusammenarbeit mit der örtlichen Kinderbücherei einen Vorlesewettbewerb für Grundschulkinder.

9. Welche Leseinteressen werden vornehmlich durch das Sachbuch angesprochen? Wie erklären Sie sich den aktuellen Aufschwung der vielfältigen Sachbuchtitel?

10. „Anspruchsvolle Kinderbücher fördern die Mündigkeit seiner Leser." Führen Sie zu dieser Aussage eine Diskussion.

11. Kirsten Boie ist eine der renommiertesten deutschen Autorinnen des modernen Kinder- und Jugendromans. Neben Kinder- und Jugendbüchern schreibt sie auch Drehbücher fürs Kinderfernsehen, außerdem Vorträge und Aufsätze zu verschiedenen Aspekten der Kinder- und Jugendliteratur. Im Jahr 2007 wurde sie für ihr Gesamtwerk mit dem Sonderpreis des Deutschen Jugendliteraturpreises ausgezeichnet. Warum erhielt Kirsten Boie Ihrer Meinung nach den Sonderpreis? Lesen Sie, um diese Frage beantworten zu können, einige ihrer Werke und schreiben Sie ein Porträt dieser Kinderbuchautorin.

1.8 Comics

1.8.1 Was Comics sind

Comics sind eine spezifische Form, schwarz/weiß oder farbig gezeichneter Bildergeschichten (Stories). Comics sind in einzelne Szenen zerlegt und die Bilder sind von einem Rahmen (Panels) umgeben. Die Bildreihe ist meist in typischer Leserichtung, textfrei oder mit knappen Texten unterlegt und die Dialogtexte befinden sich in den Sprechblasen. Die Handlungen bestimmen meist alterslose, stereotype Heldenfiguren.

Comics erscheinen als serielle Fortsetzungsstories mit kurzen, komisch-witzig gezeichneten Alltagsgeschehnissen oder mit abenteuerlich-ernsten Geschehnissen, als Karikaturen (übertriebene Darstellungen), Parodien (spöttische Nachahmungen) oder zeitkritische Satiren.

Comics können nach ihrer äußeren Erscheinungsform unterschieden werden:

Cartoons 	Cartoons sind gezeichnete Bilderwitze. Sie konzentrieren einen Sachverhalt auf komische, alberne, ironische Weise. Cartoons werden multimedial veröffentlicht und die Inhalte besitzen oft gesellschaftskritische, politische Zeitbezüge.
Comic-Strips 	Comic-Strips sind Bilderstreifen bestehend aus 4 – 8 Bildern, die zusammen eine Begebenheit zeigen und erzählen. Erscheint als längere, nicht abgeschlossene Fortsetzungsgeschichte in Printmedien, wobei jede Folge in sich abgeschlossen ist, z. B. **Hägär der Schreckliche**, **Wurzel** oder **Oskar der freundliche Polizist** (Abb. Dik Browne, Hägär, Verlag: Goldmann, Oktober 2002)
Comic-Heft/ Comic-Book 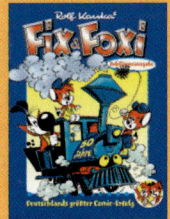 © Rolf Kauka/ Kauka Promedia 2008 – Kauka Official: Andromeda Central	Comics als Heft gebunden erscheinen als serielle Fortsetzungsstory und beinhalten meist eine Sammlung verschiedener, in sich abgeschlossener Einzelgeschichten, z. B. **Micky Maus** sowie **Fix und Foxi** Comics als Buch gebunden enthalten eine Sammlung bereits bestehender Comic-Hefte oder in Serie erschienener Comic-Strips, aber auch Originalserien oder Originaleinzelbände. Sie erscheinen in unregelmäßigen Abständen, z. B. **Asterix und Obelix Bände** oder **Donald Duck Sammelalben**

1.8.2   Wie Comics aufgemacht sind

Comic-Bilder sind suggestiv (indirekte Beeinflussung), sie wecken Spannung und Emotionen. Ziel der Comic-Zeichner ist es, die Betrachter in das Szenario hineinzuziehen. Hierzu werden ausgewählte Gestaltungstechniken und Formen dramaturgischer Bildgestaltung verwendet. Charakteristisch für alle Comics sind die spezifischen Bestandteile und ihre Zusammensetzung wie typische Sprechblasen mit eingefügtem Text, bestimmte Bildeinstellungen wie z. B. Großaufnahmen, Detailansichten, Montagen.

Durch die Anordnung von Bild und Text sowie Art und Größe der Lettern werden Zeitabläufe sichtbar. Mimik, Körpersprache und Aussehen der Hauptakteure sind typisiert. Ihre Werthaltungen entsprechen häufig einseitigen Vorurteilen und das Verhalten beruht meist auf Klischees, wodurch es schablonenhaft erscheint. Auf diese Weise werden Positionen der „bösen" wie der „guten" Akteure deutlich und die Handlungsabläufe berechenbar. Somit manipulieren visuelle Ausdrucksmittel und mediale Bildeinstellungen die Meinungsbildung und dirigieren die Sehweisen der Betrachter/Betrachterinnen.

Perspektiven bestärken Haltungen: Froschperspektive vermittelt Überlegenheit, Vogelperspektive dagegen Unterwürfigkeit, Frontalperspektive drückt Gleichwertigkeit aus.

Die Art der **Linien von Sprechblasen** oder Denkblasen charakterisiert sichtbar den Tonfall, unterstützt die direkte/indirekte Rede, z. B.: Eine Denkblase ist durch eine Reihe von Kreisen gekennzeichnet.

Metaphern sind Bild-Zeichen mit universeller Aussagekraft wie Frage-, Ausrufezeichen. Sie ergänzen die Bildaussage in und außerhalb der Sprech-/Denkblasen.

Aktionslinien symbolisieren Bewegungsabläufe. **Pengwörter** sind lautmalende Wörter, die den fehlenden akustischen Bereich ins Bild bringen. Sie stehen für alle Laute, die aus der Umwelt entstehen können, z. B. „peng", wenn etwas knallt, „uuaah" für gähnende Langeweile oder „plumps", wenn jemand hinfällt.

1.8.3   Wie Comic-Arten unterschieden werden können

Comics sind weltweit bekannt, millionenfach verbreitet und in fast alle Sprachen übersetzt worden. Sie sind als Unterhaltungslektüre für interessierte Konsumenten jederzeit zugänglich. Die bekannten populären Comic-Produktionen können entsprechend ihrer Aufmachung und Intention sowie ihrer Hauptakteure unterschiedlichen Zielgruppen zugeordnet werden.

Die sogenannten Funnies (Humor-Comics) sind neben den Animal-Comics (Tiergeschichten) hauptsächlich für Kinder ab etwa sechs Jahren gedacht. Sie haben überwiegend lustige Inhalte und erscheinen meist als Heftform oder im Sammelband. Als Beispiele können hier folgende Klassiker genannt werden: Donald Duck von Carl Bares (1901–2000), Fix und Foxi von Rolf Kauka (1917–2000), Garfield (1978) von Jim Davis (*1945), Snoopy und die Peanuts von Charles M. Schulz (1922–2000).

Für Jugendliche und Erwachsene werden die sogenannten Adventures, Action-Comics, Educationals und Sparten-Comics hergestellt. Diese beziehen die Spannung aus dynamischen, handlungsreichen Stories mit Superhelden als Hauptakteuren. Sie haben häufig einen hohen Anteil an Sex-, Horror- und Gewaltdarstellungen. Solche Comic-Arten sind in der Regel für Kinder nicht geeignet.

1.8.4   Wie Comics entstanden sind

Comics gibt es etwa seit 100 Jahren. Sie wurden zunächst in Amerika als Comic-Strips oder Cartoons Wochenzeitungen beigefügt. Über diese komisch-witzigen Bildstreifengeschichten sollten die Leser lachen und gleichzeitig an die jeweilige Zeitung gebunden werden. Schnell erkannten die Zeitungsverleger, dass Kinder besonders gern Comic-Strips konsumieren, woraufhin bald die erste Sammlung in Form eines Comic-Book erschien.

In Europa waren Länder wie Frankreich, Belgien, Italien führend in der Comic-Produktion. In diesen Ländern ist die Akzeptanz von Comics nach wie vor sehr hoch. In Deutschland wurde durch eine ablehnende Haltung zunächst noch eine starke Ausbreitung verhindert. Kontroverse Diskussionen über den ideellen bzw. pädagogischen Wert von Comics und eine grundsätzlich ablehnende Haltung gegenüber dieser „Schundliteratur" gründete auf öffentlich formulierten Vorurteilen und Vorwürfen von Kritikern wie Pädagogen, Psychologen und Medizinern.

Argumentationen wie: „Comic-Lektüre beeinträchtigt das Lesenlernen!" „Comic-Lektüre verhindert das Erfassen größerer literarischer Texte!" „Comics bewirken eine innere Verarmung des Menschen sowie eine realitätsfremde Erfassung der Gegenwart!" „Comics rufen seelische Schäden hervor, die kriminelle Taten zur Folge haben können!" „Comics verhindern die kreative Sprach-/Sprechentwicklung!" konnten aber in einschlägigen Untersuchungen nicht nachgewiesen bzw. bestätigt werden.

(Vgl. Doderer, Klaus: Lexikon der Kinder- und Jugendliteratur, Beltz Verlag, Weinheim 1984, S. 271–273)

Mit Beginn der siebziger Jahre traf die Comicwelle zunehmend auf interessierte Erwachsene, die mit großem Vergnügen Comics konsumierten. Trotz vieler Widerstände gelten Comics heute als eine selbstständige, ernstzunehmende Literaturgattung.

Inzwischen sind Comics Massenproduktionen und an vielen unterschiedlichen Verkaufsstellen (Kiosk, Bahnhofsbuchhandel, Kaufhaus, Supermarkt, Schreibwarenhandel) zu erwerben. Die Spannbreite reicht von der Fließband- bis zur Kunstproduktion, dabei sind inzwischen große Qualitäts- und Preisunterschiede anzutreffen. Einzelne Auflagen werden sogar als Sammlerobjekte gehandelt und auf Auktionen zu hohen Preisen ersteigert.

1.8.5   Welche Wirkung Comics haben

Die Wirkungsweise der Comics liegt in ihrem Unterhaltungswert, hervorgerufen durch die Symbolik der Bildsprache. Comics können wie jedes Angebot aus der Literatur, der bildenden Kunst, dem Film oder dem Theater vielen Inhalten und Intentionen gerecht werden. Ebenso wie Textliteratur und Bilderbücher weisen Comics eine große Themenvielfalt auf. Wenn ein Bild im Comic-Stil gezeichnet ist, erwarten Leser und Leserinnen neben der Spannung auch Komik und Witz. Werden vielleicht deshalb in Comics eher schwierige Themen wie beispielsweise Familie und Erziehung, Tod, Krankheit u. Ä. sehr selten behandelt?

Früher wie heute stammen die Motive meist aus klassischen oder modernen Romanen und Erzählungen. Literaturvorlagen werden entsprechend den spezifischen Erfordernissen des Mediums Comic umgearbeitet. Gleichermaßen dienen historische wie zeitgeschichtliche Ereignisse, manchmal sogar auch die Bibel, als thematische Vorlagen. Daneben gibt es außerdem Comics, die dem Zeitgeist entsprechen, indem sie partiell satirisch aufgemacht sind wie beispielsweise die Comics von Walter Moers (*1957) oder Otto Walkes (*1948).

Comics als Massenware entsprechen auf simple Art dem Bedürfnis nach leichter Unterhaltung.

Mit der Entwicklung technischer Medien erfolgt die Verbreitung der Comics nicht mehr ausschließlich durch die Druckmedien. Klassische wie aktuelle Comics werden hauptsächlich durch das Medium Zeichentrickfilm verbreitet. Bekannt sind animierte Comic-Geschichten. Im Anschluss an ein Trickfilmerlebnis werden von den Filmkonsumenten die Comic-Stories oft nachgelesen.

Neben den massenhaft verbreiteten Serien, die immer auf kurzfristige, leicht verdauliche Unterhaltung ausgerichtet sind, gibt es durchaus auch anspruchsvolle Comics. Diese eher die Gegenwart spiegelnde, zeitsatirische, gesellschaftskritische, politisch reflektierende Comics und Cartoons werden von anerkannten und populären Zeichnern/Zeichnerinnen zwar angeboten, von Verlagen jedoch nur in geringer Auflage verbreitet, wie z. B. von Marie Marcks (*1922), F. K. Wächter (1937-2005), Tomi Ungerer (*1931), die auch bekannte Bilderbücher geschaffen haben.

1.8.6   Welche Comics für Kinder geeignet sind

Das Verstehen von Comic-Geschichten setzt beim Betrachter die Kenntnis der speziellen Zeichen und Symbole voraus. Außerdem muss die Fähigkeit zum Kombinieren von Text/Bild ebenso wie das Verständnis für verschachtelte oder verzweigte Handlungsstränge gegeben sein. Entwicklungsbedingt fehlt Kindern dafür einerseits die Übung, andererseits der nötige Anreiz. Leseanfänger zeigen zwar oft ein großes Interesse für Comics, meistens sind jedoch die populären Comic-Hefte zu kompliziert für sie (etwa durch die Menge und Anordnung von Bildern, Sprechblasen, Aktionslinien, Schriftzeichen usw.).

Einige Verleger legen deshalb bei Kindercomics viel Wert auf eine hohe Qualität. Diese sind in der grafischen Gestaltung großzügiger, sie weisen keine Textfülle auf. Sie sind also in Bild und Text kindgerecht. Es handelt sich um spielerische Stories mit originellen Handlungen, die auch differenzierte Sehweisen und Meinungen zulassen und mit kindgemäßem Humor gewürzt sind. Diese leicht verdauliche, trotzdem expressive Unterhaltungslektüre ist auch von Leseunkundigen zu verstehen, hauptsächlich dann, wenn es sich um textlose Pantomimen-Comics handelt.

Insbesondere jüngere Kinder verstehen eher Comics mit märchenhaftem Charakter, die zudem einfach gestaltet, textarm sind und mit vermenschlichten Tieren als Hauptdarsteller. Der Lesereiz von Comics liegt für Kinder in der Einfachheit der grell gezeichneten Gestalten, den positiven Figuren mit ihrer oft schlichten Weltanschauung, der Gewissheit, dass das Böse gerächt und das Gute belohnt wird und in dem typisierten Aussehen der Figuren, das sich nicht ändert. Bereits zu Beginn der Story weiß auch der kindliche Leser, dass sein favorisierter Lieblingsheld siegen wird.

Kinder lieben das Komische, sie lachen gerne über Albernheiten, aber sie verstehen noch keine Ironie. Kinder mögen es, wenn Normen und Gewohnheiten spielerisch in Frage gestellt werden. Kinder teilen nicht immer den Humor der Erwachsenen. Deshalb kommt es gelegentlich zu Missverständnissen.

Die Frage, ob und warum sie gerne Comics lesen, bejahen Kinder mit den Kommentaren:

... weil sie viele bunte Bilder haben

... man kann sie gut tauschen

... sie sind lustig und spannend

Neben den inzwischen etablierten Comics in Heften und Sammelalben gibt es Comic-Strips als Beilage von Wochen- und Tageszeitungen bzw. in Zeitschriften verschiedenster thematischer Ausrichtungen. Insbesondere periodisch erscheinende Zeitschriften mit Themenschwerpunkten im Gesundheits-, Familien- und Erziehungsbereich produzieren eigene Lern-, Spiel- und Beschäftigungsprogramme für Kinder, die stark mit Comic-Merkmalen ausgestattet sind. Außerdem sehen und erleben Kinder Comics oft auch in Form von Zeichentrickfilmen.

Comics veranschaulichen oftmals komplizierte Themen in Sachbilderbüchern. Außerdem werden sie von Pädagogen als willkommene Lernhilfe für Lese- und Schreibübungen eingesetzt.

1.8.7 Wodurch sich Comic und Bilderbuch unterscheiden

Die Abgrenzung zwischen Bilderbuch und Comic erscheint fließend, da beide Medien Geschichten in erster Linie mithilfe von Bildern erzählen. Obwohl in Bilderbüchern immer öfter typische Comic-Merkmale wie z. B. Sprechblasendialoge, Reihung der Panels als Gestaltungselemente Anwendung finden, unterscheiden sich Comic und Bilderbuch durch weitere Eigenheiten:

Bilderbücher zeigen und erzählen einzelne Geschichten ohne Seriencharakter, sie erscheinen nicht periodisch. Die Bilderbuchgeschichten sind in ihrer Aussage meist unmissverständlich. Sie werden in der Regel ohne Sprechblasen erzählt. **Comics** dagegen sind als Fortsetzungsgeschichten angelegt, sie wirken durch die enge grafische Verknüpfung von Text und Bild. Grobe Vereinfachungen oder fehlende textliche Erläuterungen können zu Fehlinterpretationen der seriellen Handlungsstränge führen.

Dem kindlichen Bildverständnis und Rezeptionsvermögen entsprechen Bilderbücher eher als die gängigen Comics mit ihrer Bildfülle. Leseanfängern wie Kindern, die ausschließlich Comics lesen, fällt der Übergang zur reinen Textliteratur schwer. Aber wenn Kinder Seh-Anleitungen und Gelegenheiten zur Erweiterung ihrer Bilderfahrungen erhalten, gelingt es ihnen durchaus, erst komplexe Bildergeschichten und später mit Bildern angereicherte Textliteratur zu lesen. Mit Comics kommen die meisten Kinder irgendwann einmal in Berührung. Deshalb ist es sinnvoll, Comics neben anderen Formen der Kinderliteratur konstruktiv und kritisch in die pädagogische Praxis einzubeziehen. Kinder amüsieren sich, wenn in Comic-Geschichten z. B. Erziehungsmissstände oder Ungerechtigkeiten auf verdrehte und überspannte Weise szenisch ausgestaltet sind.

Zu den klassischen Comic-Geschichten im Bilderbuch gehören **Max und Moritz (1865) von Wilhelm Busch (1832 – 1908).** Diese Geschichten sind bis auf die Sprechblasen mit den typischen Comic-Merkmalen ausgestattet. Auf herausfordernde Weise werden von Busch freche Kinderstreiche gezeichnet, die sich gegen einzelne, skurril erscheinende Erwachsene richten. Max und Moritz werden deshalb am Ende unverhältnismäßig hart bestraft. Die „Bösewichter" werden ausgelöscht als „Exempel" für die „Übeltätereien", denn respektloses Verhalten Erwachsenen gegenüber entsprach nicht dem Zeitgeist des 19. Jahrhunderts. Diese sieben Bildergeschichten sind als gebundenes Bilderbuch neu erschienen.[1]

---

[1] Busch, Wilhelm: Max und Moritz. Eine Bubengeschichte in sieben Streichen, Esslinger Verlag J. F. Schreiber, Esslingen, 2007

Vorwort (Prolog)

Ach was muss man oft von bösen
Kindern hören oder lesen!
Wie zum Beispiel hier von diesen,
Welche Max und Moritz hießen.
Die, anstatt durch weise Lehren
Sich zum Guten zu bekehren,
Oftmals noch darüber lachten
Und sich heimlich lustig machten.
Ja, zur Übeltätigkeit,
Ja, dazu ist man bereit!
Menschen necken, Tiere quälen,
Äpfel, Birnen, Zwetschgen stehlen
Das ist freilich angenehmer
Und dazu auch viel bequemer,
Als in Kirche oder Schule
Festzusitzen auf dem Stuhle.
Aber wehe, wehe, wehe,
Wenn ich auf das Ende sehe!!
Ach, das war ein schlimmes Ding,
Wie es Max und Moritz ging.
Drum ist hier, was sie getrieben,
Abgemalt und aufgeschrieben.

© 2008 www.Wilhelm-Busch.de, Internetzugriff am 22.10.2008

1.8.8   Wie Comics vermittelt werden

Comics sind preiswert und somit auch vom Taschengeld der Kinder unkompliziert zu erwerben. Die Serienhaftigkeit mit dem Wiederkennungseffekt, reißerische Umschlagbilder sowie die grelle Farbgebung der Bilder veranlassen Kinder immer wieder, Comic-Lektüre zu konsumieren. Im Medienverbund (DVD, Kinderprogramm im Fernsehen, Kinofilme), durch gezielte Werbspots und die multimediale Einbettung der Comicfiguren in Spielzeug und Gebrauchsgegenstände (Handtücher, Schreibstifte, T-Shirts usw.), werden Kinder, aber auch Jugendliche und Erwachsene beeinflusst, bestimmte Comic-Serien zu favorisieren. Aus den Heften heraustrennbare Sticker, Aufkleber und ähnliches Zubehör erhöhen obendrein Identifikation und Kaufanreiz.

Wenn Comics zur Unterhaltung und zum Zeitvertreib dienen, können sie eigentlich fast zu jeder Gelegenheit an fast jedem Ort gelesen werden. Ältere Bilderbuchkinder oder Leseanfänger wollen gerne alleine die Comics anschauen, gelegentlich akzeptieren sie aber auch geeignete Vorleser. Vielfältige Ideen und Impulse veranlassen Kinder zu einem kreativen Umgang mit Comics. Sie erfinden dann beispielsweise lautmalende Schimpfwörter, entwerfen neue Geschichten zu vorgegebenen Comic-Bildern oder verwandeln den stereotyp gezeichneten Helden zur Persönlichkeit.

Impulse zur Vertiefung

1. *Lesen Sie einen Comic aus Ihren Kindertagen. Welche Erinnerungen oder Emotionen werden wach? Welche Wirkung hatte das Ende dieser Comic-Geschichte auf Sie?*

2. *Erstellen Sie die Inhaltsangabe eines Comics. Beschreiben Sie die Eigenschaften/den Charakter eines Hauptakteurs. Verdeutlichen Sie, an welchen Stellen und auf welche Weise diese besonders hervorgehoben werden.*

3. *Ermitteln Sie, wo Sie in Ihrer Stadt Comics kaufen können. Erstellen Sie eine Preisliste für die unterschiedlichen Comicarten.*

4. *Erkunden Sie sich in der örtlichen Bücherei, welche Comics von Kindern bevorzugt ausgeliehen werden?*

5. *Untersuchen Sie Werbeplakate und entscheiden Sie, in welcher Perspektive Gegenstände und Personen abgebildet werden. Beschreiben Sie die mögliche Wirkung. Stellen Sie einen Zusammenhang zwischen der Plakat-Werbung und Comic-Bildern her.*

6. *Comics manipulieren (beeinflussen) durch ihre spezielle Bildsprache die Konsumenten. Verdeutlichen Sie die These, indem Sie dazu in Ihrer Lerngruppe einen Comic-Strip erstellen. (Beachten Sie dabei perspektivische Bildeinstellungen/typisierte Körpersprache.)*

7. *Welche Comics sind für Kinder bis 8 Jahren geeignet? Erstellen Sie Kriterien, nach denen Sie Comics beurteilen können, z. B. Bildsprache, Textpräsentation, Charakteristik der Personen/Figuren, Handlung/Inhalt.*

8. *Welche Einstellung haben Sie zu den Geschichten von Max und Moritz? Veranstalten Sie eine Podiumsdiskussion zu der Fragestellung: Sind die Geschichten von Max und Moritz für Kinder von heute noch aktuell?*

1.9 Multimediale Kinderliteratur

1.9.1 Was Kinder mit technischen Medien verbindet

Unterhaltungs-, Informations- und Kommunikationsmedien bestimmen das berufliche wie private Zusammenleben. Die ständige Verfügbarkeit sowie der kontinuierliche Umgang mit Printmedien (Zeitungen, Fachzeitschriften, Wochen-/Monatsmagazine) und elektronischen Medien prägen die Lebensgewohnheiten von Kindern und Erwachsenen. In fast jeder Familie gibt es mindestens einen Fernseher und ein Radio. In vielen Kinderzimmern befindet sich ein Kassettenrecorder oder CD-Player. Bücher unterschiedlichster Literaturgattungen stehen im Bücherregal und jeden Morgen steckt die Tageszeitung im Briefkasten vieler Familien. Darüber hinaus verfügen viele Familien über Foto- und Videokamera, Videogerät, DVD-Player, Telefon, Faxgerät und Computer.

Kinder wachsen mit Medien auf und Medien sind aus dem gesellschaftlichen Leben nicht mehr wegzudenken. Kinder benutzen überwiegend Medien wie Tonträger, Fernseher und Computer und sie können oft die elektronischen Medien sicherer bedienen als Erwachsene. Das Medienverhalten der Eltern oder anderer Bezugspersonen wird sehr häufig nachgeahmt und übernommen. Hier wird deutlich, wie wichtig das Vorbild der Erwachsenen auch beim Umgang mit elektronischen Medien ist.

Begleitet und beeinflusst wird der Medienkonsum durch ein kommerzielles Medienverbundsystem bestehend aus Büchern, Comic-Heften, Hör-Kassetten/-CDs, Filmserien, Spielsoftware und weiteren, nicht medialen Produkten wie Spielzeug, Kleidung, Alltagsgegenständen und vielem anderen mehr.

Als Bestandteil ihrer Lebenswelt durchdringen individuelle Medienerfahrungen Alltag und Spiele der Kinder. Gerne suchen medienbegeisterte Kinder den Austausch mit interessierten Gleichaltrigen. Außerdem erzählen Kinder gerne von Filmerlebnissen und Actionserien aus dem Fernsehen. Im Kindergarten und in der Schule werden ihre Medienerlebnisse oft negativ bewertet. Eltern, Lehrer/Lehrerinnen und Fachkräfte in sozialpädagogischen Kinder- und Jugendeinrichtungen fühlen sich oft unsicher und überfordert, wenn es um Medienfragen in der Erziehung geht.

1.9.2   Was multimediale Kinderliteratur bewirkt

Traditionell sind Tonträger und Literatur eng miteinander verbunden. Viele Jahre waren das Radio, die Schallplatte und das Tonband wichtige Medien für die Vermittlung von Literatur. Erwachsene und Kinder hörten sie gemeinsam zu bestimmten Anlässen. Heute sind Tonträger für jeden jederzeit verfügbar. Erwachsene wie Kinder verfügen über eigene Geräte mit den spezifischen Tonträgern (Musik-Cassetten = MC, Compakt-Disk = CD).

Kinderlyrik, Bilderbücher, Geschichten, Märchen und Comics werden immer häufiger auf auditive wie audiovisuelle Medien übertragen (adaptiert). Eine unübersehbare Auswahl an MCs, CDs, Videos, DVDs und Software sind im Handel zu erwerben oder in Bibliotheken auszuleihen. So verbreiten elektronische Medien bekannte Kinderliteratur in bearbeiteter Form als

▶ Kinderlied-CD,
▶ Hörspiel,
▶ Hörbuch,
▶ Kurz-, Zeichentrick-, Spielfilm,
▶ Spielsoftware.

Eltern, Bezugspersonen, Lehrer und Fachkräfte in sozialpädagogischen Einrichtungen tragen mit dazu bei, die Medienkompetenz bei Kindern zu entwickeln und zu fördern. Sie sollten sich zunächst ihrer Vorbildfunktion bewusst sein und medieninteressierten Kindern Wertschätzung entgegenbringen.

In Kindergärten und Schulen wird Kindern immer mehr der Zugang zu Kassettenrecordern, Video-/Fernsehgeräten, Computern mit kindgerechten Übungsfeldern ermöglicht. Um elektronische Medien sinnvoll und kompetent zu nutzen, müssen nach Auffassung von Medienexperten folgende Voraussetzungen erworben werden:

▶ Wissen über den Umgang mit den Geräten und Techniken,
▶ Kenntnisse über die Art der Angebote und deren Entwicklung auf dem Medienmarkt,
▶ verantwortliche Anwendung sowie kritische Beurteilung der Medienangebote,
▶ Kreativität und Innovation (neue Ideen) in Bezug auf die Auswahl und Nutzung.

Medien für Kinder unterscheiden sich allerdings in der Qualität. Analog zum Buchmarkt existiert einerseits ein serielles Massenangebot mit Billigprogrammen (meist gleichförmige, ständig wiederkehrende Motive aus Comic und Zeichentrickfilm), andererseits sind immer häufiger neue, anspruchsvollere Reihen und Serienprogramme zu finden (z. B. Musikbearbeitungen berühmter Komponisten, Kabarett für Kinder, Musicals mit kindernahen Motiven). Zu verschiedenen Produktionen gibt es manchmal begleitende Werkstattberichte, ergänzende Textabdrucke und animierendes Zusatzmaterial.

Eine sachliche und differenzierte Sichtweise und die kontinuierliche Zusammenarbeit aller am Erziehungs- und Bildungsprozess Beteiligten kann Kindern einen kritischen, verantwortlichen, produktiven und kompetenten Umgang mit Medien möglich.

1.9.3 Wie Kinderliteratur auf Hörmedien eingeteilt wird

Kinderlieder gehören zur Kinderlyrik (siehe Kap. 1.2). Sie umfassen ein breites inhaltliches wie musikalisches Spektrum. Alle Alters- und Interessengruppen können auf MC/CD etwas für ihren Musikgeschmack finden. Viele Kinderlieder verfügen über nachdenkliche, sozialkritische oder religiöse Inhalte, andere Lieder sind z. B. witzig-frech, komisch.

Vorgetragen und interpretiert werden Kinderlieder von Kindern oder Erwachsenen als Sologesang oder Chorgesang. Musikalische Motive und Textinhalte stammen oft aus Bilderbüchern, Geschichten und Märchen. Qualitätsunterschiede in der Komposition, der Textgestaltung und den Botschaften sind auszumachen. Neben billigen seriellen Massenproduktionen gibt es einfallsreiche, anspruchsvolle Produkte mit neuen oder tradierten Melodien/Texten. Die Lieder werden von Kindern mit allen Sinnen wahrgenommen und eignen sich bei verschiedenartigen Gelegenheiten zum Meditieren, Mitsingen und Mitspielen.

Musikkassetten werden von Kindern als Hintergrundmusik oder Stimmungsträger benutzt und verleiten oftmals zu Spielaktionen. Durch häufige Wiederholungen prägen sich Liedtexte und Melodien schnell ein, diese werden mitgesungen und entwickeln sich gelegentlich zu einem Ohrwurm. Unterstützt werden die Kinder in ihrem Musikeifer und ihrer Singfreude von befreundeten Gleichaltrigen, die begeistert mitsingen und mitspielen. Anspruchsvolle Produktionen enthalten informierendes wie ansprechend gestaltetes Bild-, Text- und Notenmaterial. Kindliche Musikbegeisterung erfährt dadurch eine qualitative Bereicherung. Verschiedene Labels (Verlag/Produktion) bieten eine umfassende Sammlung von alten und neuen Kinderliedern.

Kinderhörspiele spielten früher eine wichtige Rolle in Kinderradiosendungen. Heute werden sie von Kinderfernsehprogrammen, Hörkassetten- und CD-Produktionen eher verdrängt. Der Begriff Kinderhörspiel bezeichnet für Kinder inszenierte Spielhandlungen, die ausschließlich mit akustischen Mitteln realisiert werden. Märchenlesungen, Gedicht-Rezitationen, Geschichten für Kinder u. a. m. werden oft von professionellen Sprechern/Sprecherinnen vorgetragen.

Bei Hörspielen nach Vorlagen aus der Kinderliteratur sind die Texte als Dialoge verarbeitet, unterstützt von einzelnen Liedern und Musikpassagen. Solchermaßen inszenierte Unterhaltung per Kassettenrecorder erfordert vom Kind differenzierte Hörfähigkeit und Konzentration.

Die geschriebenen Texte und ihre Botschaften werden ausschließlich durch die Stimme übermittelt und gleichzeitig durch Sprechform, Tonlage, Tempo und Lautstärke interpretiert. Hörspielproduktionen sind dramaturgisch gebunden an

▶ Sprache (realistische/künstliche)
▶ Sprachstil (z. B. Dialekt, Akzent)
▶ Klang-Stimm-Modulationen (z. B. wütend, gemütlich, freundlich, ironisch, frech)
▶ Geräusche, Musik und
▶ Verfremdungseffekte.

Ein Jingle (eine wiederholte kurze Melodie/bestimmte Geräusche) führt häufig in das Hörspiel ein oder verbindet einzelne Szenen. Ein Erzähler führt meistens durch die Handlung, indem er Monolog- und Dialogpassagen verknüpft. Der Spannungsbogen entwickelt sich aus der in Hörbilder umgewandelten Handlung.

Gelungene Kinderhörspiele gehen von den Erlebniswelten der Kinder aus. Ein klarer, übersichtlicher Aufbau der Spielhandlung erleichtert die akustische Wahrnehmung, wobei das Gehörte sich in eigene Fantasiebilder verwandelt. Intensives Zuhören ruft einen emotionalen Spannungs- oder Entspannungszustand hervor, der selbstbestimmt jederzeit wiederholt, unterbrochen oder beendet werden kann.

Kinderhörspiele lassen sich gliedern in:

Funnies	harmlos-heitere serielle Unterhaltungshörspiele, die Erlebnisse von witzigen Hauptfiguren humorvoll nacherzählen (z. B. Pumuckel)
Märchen-hörspiele	meist nach den bekannten Märchen z. B. von Grimm, Hauff, Bechstein
Mädchen-geschichten	häufig ohne emanzipatorischen Anspruch und vermitteln banale Erlebnisse weiblicher Figuren (z. B. Barbie)
Krimis	in denen meist eine kleine Freundesgruppe detektivische Aufgaben löst (z. B. TKKG)
Hörspieladaptionen	entstehen nach Literaturvorlagen wie Geschichten, Bilderbücher u. a.m.

(aus: Doderer, Klaus: Lexikon der Kinder- und Jugendliteratur, Verlag Beltz, Weinheim 1984)

Hörbücher gibt es mittlerweile in beachtlicher Menge und Auswahl auf dem Buchmarkt. Für jede Altersstufe sind fast alle klassischen und auch moderne Titel, von der puren Textlesung bis zum Hörspiel, vorhanden. Die Grenzen sind da manchmal durchlässig, wobei die reinen Lesungen mit Musikuntermalung überwiegen: Klänge ersetzen gemalte Bilder, Figuren erhalten eine Stimme und werden durch die sprachliche Betonung lebendig, Geräusche und Töne prägen die Atmosphäre.

Kindgerechte Hörbücher sind einfach aufgebaut, und der dezente Umgang mit akustischen Mitteln sowie die qualitative Besetzung der Rollen sind ein wichtiger Maßstab für die Beurteilung.

1.9.4   Wie Hörmedien eingesetzt werden können

Bei der Auswahl der Hörmedien ist grundsätzlich vom Alter, Entwicklungsstand sowie von Vorlieben, Interessen und Bedürfnissen der Kinder auszugehen. Qualität und Verbraucherfreundlichkeit kennzeichnen solche Produkte, die Informationen und Angaben bieten Produktion/Regie, Autoren/Texter, Komponisten, Cover-Illustratoren, Sprecher/Rollenbesetzung, Musikinterpreten, Produktionsort/-jahr, Zeit/Spieldauer und Inhalt.

Zudem ist bei Hörbüchern auf professionelles Lesen zu achten, bei Liedern auf klar artikulierten Gesang sowie ausdrucksstarke instrumentale Begleitung und bei Hörspielen nach Kinderliteraturvorlagen auf nur gering veränderte Inhalte. Dramaturgie und Handlungen qualitativer Hörmedien orientieren sich an den Wahrnehmungsbesonderheiten der Kinder, sie nehmen kindliche Fantasie ebenso ernst wie die kindliche Gefühlswelt.

Hörmedien ermöglichen anregende Hörerlebnisse in einer kleinen Gruppe. Schon während des Hörens oder direkt im Anschluss wollen Kinder meistens sprachlich und körperlich aktiv sein, um ihre individuellen Eindrücke kreativ-spielerisch zu verarbeiten. Hierzu bietet sich auch die Einbeziehung der Originalliteraturvorlage an. Hörmedien wirken stark auf der emotionalen

Ebene, deshalb wollen Kinder immer wieder „ihre" Kassetten hören. Die ständigen Wiederholungen ermöglichen den Kindern das Einfühlen in die Dramaturgie sowie eine individuelle Verarbeitung der Inhalte.

Vorlieben der Kinder für bestimmte Hörmedien sind zu akzeptieren und in den Familien-/Gruppenalltag einzubeziehen, ritualisierte Dauerbeschallung sollte allerdings vermieden werden. Vereinbarungen über Dauer, Lautstärke, Häufigkeit erleichtern dabei den Umgang.

Alternativ zu der eher passiven Handhabung vorgefertigter Hörkassetten sollte Kindern Gelegenheiten eingeräumt werden, Tonträger für experimentelle Spiele zu nutzen. Hierbei können sie Kenntnisse und Erfahrungen im sachgerechten, technischen Umgang sammeln. Hilfreiche Informationen und impulsgebende Fragen der Erwachsenen ermöglichen dann die Erstellung eigener Höraufnahmen.

Impulse zur Vertiefung

1. *Welche Hörmedien haben Sie in Ihrer Kindheit bevorzugt? Beschreiben Sie Ihre Erinnerungen und vergleichen Sie Ihre aktuellen Hörgewohnheiten. Erklären Sie mögliche Unterschiede/Übereinstimmungen.*

2. *Experimentieren Sie mit Mikrofon und Kassettenrekorder. Vertonen Sie eine Bilderbuchgeschichte o.Ä..*

3. *Hören Sie ein Hörspiel. Entwickeln Sie Kriterien für eine Beurteilung.*

4. *Überlegen und erstellen Sie Kriterien, nach denen Sie Hörkassetten effektiv sortieren und wieder auffinden können.*

5. *Planen Sie für Ihre Lerngruppe eine Besichtigung der Kinderfunkabteilung bei einem Radiosender oder besuchen Sie ein Tonstudio.*

6. *Erstellen Sie mit Ihrer Lerngruppe ein Feature z. B. zu dem Thema „Neue Medien in Kindertageseinrichtungen".*

Was ist ein Feature?

▶ Feature ist die Bezeichnung für einen dokumentarischen Radio-, Fernseh- oder Zeitungsbericht.

▶ Die Informationen, Erklärungen und Meldungen zum Thema betreffen in der Regel aktuelle Ereignisse und Begebenheiten aus dem Zeitgeschehen.

▶ Die Aufbereitung des Themas geschieht mit verschiedenen Stilmitteln und durch eine Mischung von Reportagen, Kommentaren, Dialogen und Interviews.

▶ Durch Erläuterungen, Auslegungen und Randbemerkungen werden dabei die Hintergründe und Zusammenhänge eines Themas aufgehellt.

▶ Durch die Kombination mit verschiedenen Elementen entsteht ein Hörbild.

Produktion eines Features am Beispiel „Neue Medien"

1. Beschaffung von Informationen

▶ Interview mit der Gruppenleiterin in der Kita über den Einsatz technischer Medien in der Einrichtung durchführen

▶ Befragung von Kindergartenkindern über Erfahrungen, Vorlieben im Umgang mit technischen Medien

▶ Befragung der Eltern über die Medengewohnheiten ihrer Kinder

2. Auswertung der Informationen

▶ Bericht über Einsatzmöglichkeiten der Medien im Kindergarten verfassen

▶ Dialogszenen entwickeln

▶ Geräuschkulisse erstellen

▶ passende Musik auswählen

▶ abschließend eine sinnvolle Reihenfolge der Interviews und Berichte als Feature zusammenstellen

1.9.5   Welche Bedeutung verfilmte Kinderliteratur hat

Beim Lesen oder Hören einer Geschichte können sich in der Fantasie der Kinder Figuren und Handlungsabläufe frei und individuell ausprägen. Beim Medium Film dagegen wird durch das Zusammenspiel von bewegten Bildern, Sprache, Musik und Geräuschen eine besondere audiovisuelle Wirkung hervorgerufen, durch die eine festgelegte Vorstellungswelt übertragen wird. Diese Art der Literaturpräsentation scheint für Kinder attraktiv zu sein. Sie kann ohne besondere Anstrengungen konsumiert werden. Befragungen verdeutlichen, dass Kinder in der heutigen Zeit Literatur oft erst audiovisuell (hörend/schauend) kennenlernen und erst später das Buch als Literatur zum Film entdecken. Bilderbücher, Märchen, Geschichten erscheinen in adaptierter Form als abgefilmte Bilderbuchgeschichte oder Zeichentrick-, Kurz- oder Spielfilm. Auch in vielen Fernsehsendungen für Kinder werden Klassiker der Kinderliteratur wie auch die Verfilmung von aktuellen Neuerscheinungen des Kinderbuchmarktes gezeigt.

Verfilmte Kinderliteratur ist als Videofilm oder DVD erhältlich. Es handelt sich dabei um deutsche wie auch ausländische Produktionen. Befragungen zeigen, dass bei Kindern bis etwa acht Jahren Zeichentrickfilme und -serien wie **Das Dschungelbuch, Asterix und Obelix, Die Biene Maja, Tom und Jerry** absolute Spitzenreiter sind. Im Zuge dieser Beliebtheit finden auch die gleichnamigen Comic-Hefte ihre Leser und Leserinnen.

Für Kinder ist das Geschehen auf dem Bildschirm oder der Kinoleinwand Realität. Jüngere Kinder können nur einfache aufeinander folgende Filmhandlungen verstehen. Erst mit wachsender Filmerfahrung unterscheiden Kinder zwischen Fiktion und Wirklichkeit. Im Anschluss an ein Filmerlebnis beginnen Kinder über ihre Eindrücke zu sprechen und sich auszutauschen. Sitzt ein Kind nicht alleine vor dem Fernseher, kann ein Austausch der Filmeindrücke direkt stattfinden.

Beim Nachlesen der verfilmten Geschichten haben Kinder die Möglichkeit, Gefühle und Empfindungen auszuleben. Dabei können sie die Geschichte ohne die schnellen Schnittfolgen und die permanente Aktion in Ruhe nacherleben. Jetzt stehen Handlung und unbewegte Bilder im Mittelpunkt der Wahrnehmung. Nachteilig ist, dass in den Köpfen der lesenden Kinder nun alle Figuren dauerhaft vorgegeben sind. In umgekehrter Folge ist es häufig so, dass die eigenen, individuellen Leseeindrücke und die einzigartige Vorstellung von Figuren und Handlungsabläufen als Fantasiebilder nachhaltig wirken. Wahrnehmungseigenarten der Kinder ernst zu nehmen und ihnen durch gute, professionelle Kinderfilmproduktionen gerecht zu werden, gehört zur Aufgabe der Produzenten, Autoren, Regisseure und Schauspieler. Aus einer gut erzählten Kindergeschichte entsteht nicht zwangsläufig ein guter Kinderfilm. Filmische Mittel und Möglichkeiten sowie die Auswahl charakteristischer, verfilmbarer Elemente der Vorlage spielen eine Rolle. Bei der inhaltlichen Bearbeitung des Originals zu einer Filmvorlage wird der Originaltext mit Einverständnis des Autors verändert. Ebenfalls werden die Figuren und der Handlungsablauf bei den Filmaufnahmen durch die Aufnahmetechnik (wie z.B. Einstellungsgröße, Perspektive, Kamerabewegung, Montagen/Tricks, Farb- und Beleuchtungseffekte, Geräusche, Musik, Sprache) verändert und interpretiert.

1.9.6 Wie verfilmte Kinderliteratur eingeteilt wird

Verfilmte Kinderliteratur lässt sich analog zu den verschiedenen Formen der Umsetzung einteilen. So existieren neben Zeichentrick-, Puppentrickfilmen auch Realfilme, d. h. Filmerzählungen mit menschlichen Darstellern. Als Vorlagen werden dazu Bilderbücher, Comics, Märchen oder Geschichten benutzt.

Zeichentrickfilme entstehen durch einen langwierigen Herstellungsprozess (ca. zwei Jahre). Massenware mit gleichförmigen, ausdrucksarmen Figuren in austauschbaren Geschichten findet sich neben Filmen mit bewegungs- und variationsreichen, ausdrucksstarken Figuren. Gelungene, aber auch oberflächlich geratene Zeichentrickfilme nach klassischen wie aktuellen literarischen Vorlagen (z. B. **Pinocchio, Nils Holgerson**) sind als Einspielungen in Kinderfernsehsendungen bzw. als Videofilm oder Kinofilm anzuschauen. Fast alle Kinder mögen die Zeichentrickfiguren am liebsten, die sich durch List und Witz hervortun. Kraft und Stärke sind dabei gar nicht so wichtig (z. B. **Biene Maja**).

Puppentrickfilme sind z. B. die bekannten Marionettenspiel-Aufführungen der Augsburger-Puppenkiste. Nach Dramatisierung der Kinderbuchvorlagen entstanden zunächst die Marionettenspiele, die mittels Aufnahmetricks und anderer filmtechnischer Methoden eindrucksvoll und lebendig ausgestaltet wurden, wie z. B. **Jim Knopf und Lukas der Lokomotivführer** von Michael Ende oder die Geschichten vom Saurierkind **Urmel aus dem Eis** (Max Kruse), die es mittlerweile auch als Zeichentrickfilm gibt. Diese gelungene Art der Puppentrickfilme eignen sich für fast alle Altersgruppen als gemeinschaftliches Filmerlebnis.

Silhouetten-/Scherenschnittfilme gehören in die Tradition des Märchenfilms. Sie sind in der Technik dem Schattenspieltheater nachempfunden. Unbewegte Schattenrisse werden einzeln von der stehenden Kamera aufgenommen, wobei sie von Bildaufnahme zu Bildaufnahme leicht verändert werden. Durch den gleichmäßigen Ablauf entsteht der Eindruck von Bewegung, wobei einzelne Szenen miteinander verbunden werden.

Trickfilm-Animationen sind Filmproduktionen, deren variationsreiche technische Herstellung auf raffinierten Kniffs, Manipulationen und Täuschungen beruht. Filmisch animierte reale Gegenstände werden zu Hauptdarstellern eines Kurzfilms. Manchmal verändern Figuren aus farbiger Knetmasse ständig ihre Form und ihr Aussehen. Sie erzählen meist kleine szenische Geschichten. Der Fantasie und den technischen Möglichkeiten sind bei Trickfilmproduktionen kaum Grenzen gesetzt.

Standbilder zeigen die abgefilmten originalen, unbewegten Illustrationen des jeweiligen Bilderbuches. Die Bilder werden scheinbar in Bewegung versetzt, unter Verwendung relativ simpler Filmaufnahmetechniken wie Kameraschwenk, Zoom (Ausschnittvergrößerung), Schnittfolge, Detailansicht und Wiederholung. Parallel dazu wird der vorgegebene Text von nicht sichtbaren Sprechern oder Sprecherinnen zu den Bildern vorgelesen. Mithilfe dieser eher ruhigen Aufnahmetechnik wird beim kindlichen Betrachter allmählich Spannung aufgebaut. Außerdem wird Neugierde auf das reale Bilderbuch erzeugt.

Realfilme, d. h. Kinderfilmerzählungen mit menschlichen Darstellern, sind meistens verfilmte realistische oder fantastische Kindergeschichten nach bekannten Buchvorlagen. Wie die Kinderbuchgeschichten bieten Kinderfilmgeschichten Unterhaltung, Entwicklungsthemen und Alltagsbezüge. Die Handlungsträger sind oft Kinderfiguren mit außergewöhnlichen Fähigkeiten. Oft sind sie überzeichnet und mit humorvoller Schlagfertigkeit ausgestattet. Kindlichen Zuschauern bieten diese Figuren brauchbare Orientierungshilfen und Identifikationsmöglichkeiten. Die Vorstellungskraft der Kinder wird besonders angeregt, wenn die Anforderungen und Probleme unkonventionell, mit Witz gemeistert werden und trotzdem Beziehungen zur Alltagswelt zu erkennen sind. Verfilmte Kindergeschichten eignen sich für fast alle Altersgruppen. Beispiele für gelungene Verfilmungen sind die verfilmten Geschichten von Astrid Lindgren, wie etwa **Pippi Langstrumpf, Karlsson vom Dach, Lotta aus der Krachmacherstraße, Die Kinder von Bullerbü** oder **Ronja Räubertochter**.

Märchenfilme gibt es in unüberschaubarer Menge. Deutsche wie ausländische Produktionen sind nach den unterschiedlichsten bekannten Märchen in vielen Abwandlungen entstanden. Einige Märchenfilme sind inhaltlich wie formal gelungen und aufgrund ihrer einfachen Erzählweise auch für jüngere Kinder geeignet. Andere sind dagegen eher für ältere Kinder oder Jugendliche geschaffen, vor allem wegen ihrer detailreichen, realistischen oder verschachtelten Erzählform.

1.9.7   Wie Kinderliteraturfilme beurteilt werden können

Sobald eine Literaturvorlage verfilmt wird, entsteht ein neues eigenständiges Kunstwerk. Der Film reduziert das Geschehen meist auf das Wesentliche, Nebenhandlungen oder Nebenfiguren fallen oft weg zugunsten der Handlung und Handlungsträger. Der erzählende Text ist in Dialoge umformuliert und Personen-, Landschafts- oder Ortsbeschreibungen werden visualisiert. Dazu bedarf es der gründlichen Recherche über den Zeitgeist und sorgfältiger Ausgestaltung der Requisiten und Kostüme. Mithilfe der Drehorte und passender Symbolik entwickelt der Film dann Geschehnisse, die der Autor zuvor auf vielen Seiten beschreibt.

Anspruchsvolle Kinderfilme haben es schwer, sich auf dem Markt zu behaupten. Anlässlich der jährlich stattfindenden Kinderfilmfeste werden immer wieder interessante und gute Neu-Produktionen aufgeführt und von einer Kinderjury prämiert. Leider finden gute und anspruchsvolle Kinderfilme dennoch oft nicht den Weg zum breiten Publikum.

Filme wirken auf jeden Menschen unterschiedlich und künstlerisch-hochwertig verfilmte Kinderliteratur bereichert die kindliche Fantasie. Kinder haben allerdings ihre eigenen Beurteilungskriterien und entscheiden, ob sie Märchenhaftes, Abenteuerliches, Komisches, Bekanntes oder Fremdes in Filmen mögen, ob ihnen ein Film gefällt oder nicht. Ihre Bewertung ist eine subjektive Einschätzung, die mit ihren Vorerfahrungen zusammenhängt.

Bei der Auswahl eines Kinderfilms sollten vorausgehende Überlegungen stattfinden wie beispielsweise:

▶ Wird die soziale Kommunikation, das Gespräch der Kinder untereinander und mit den Erwachsenen gefördert?

▶ Gibt der Film Kindern die Möglichkeit, Verbindungen zu ihrer eigenen Lebenssituation herzustellen?

▶ Bietet der Film zu einem aufgezeigten Konflikt konstruktive Lösungen an? Werden Kinder zum Weiterdenken angeregt?

▶ Beschreibt der Film die reale Umwelt, reale Lebensbereiche, die Wirklichkeit der kindlichen Gefühlswelt?

▶ Ist die Filmhandlung filmtechnisch professionell, logisch und überschaubar im Aufbau wie dramaturgischen Ablauf, führt der Schluss zu Verunsicherungen oder bietet er ein gutes Ende, bleibt die Anzahl der Darsteller überschaubar?

▶ Ist die verwendete Kinderliteratur als Filmvorlage verfälscht und formal verfehlt bearbeitet, inhaltlich und formal gelungen, inhaltlich angemessen und formal geglückt weitergeführt?

Impulse zur Vertiefung

1. *Untersuchen Sie in Ihrer Lerngruppe Fernseh-Programmzeitschriften:*
   a) Woran sind Kindersendungen zu erkennen?
   b) Werden Informationen über Kindersendungen gegeben? Welcher Art?
   c) Erfassen Sie in einer Wochenübersicht die Kindersendungen einzelner Sendeanstalten.

2. *Wie viel Fernsehen brauchen/wollen die Kinder? Überlegen Sie in der Lerngruppe allgemeine Kriterien. Erstellen Sie gemeinsam mit Kindern Ihrer Praktikumsstelle eine Wochenübersicht der Kinderprogramme.*

3. *Besorgen und lesen Sie die Broschüre Flimmo, fernsehen mit Kinderaugen. Schreiben Sie zu einer Flimmo-Ausgabe eine Rezension, nach vorher festgelegten Kriterien.*

4. *Wo können in Ihrer Stadt von Kindern Videofilme ausgeliehen werden? Gibt es bei der Ausleihe ein Mindestalter oder sonstige Einschränkungen?*

5. *Wählen Sie ein Bilderbuch aus. Filmen Sie mithilfe einer Videokamera einen Trickfilm oder inszenieren Sie ein Handpuppenspiel, das Sie ebenfalls aufnehmen. Legen Sie die Planungsschritte jeweils schriftlich fest.*

6. *Entleihen Sie in der Bücherei ein Kinderbuch und den gleichnamigen Film. Entwickeln Sie Kriterien für die Beurteilung eines Kinderfilms nach einer Literaturvorlage.*

7. *Planen Sie mit den Kindern Ihrer Gruppe eine Filmvorführung. Welche Überlegungen stellen Sie an bezüglich der technischen Ausstattung, der Sicherheitsvorkehrungen und thematischen Einstimmung/Nachbereitung?*

8. *Erstellen Sie ein Feature (s. S. 69) zu der Aussage: Märchenfilme passen gut in die Vorweihnachtszeit.*

9. *Drehen Sie mit Ihrer Kindergruppe ein Videoclip nach einer Musik Ihrer Wahl.*

10. *Erstellen Sie mit Ihrer Lerngruppe eine Filmreportage über Ihr Praktikum. Der Film sollte nicht länger als fünf Minuten dauern. Wählen Sie dazu drei Situationen aus, die für Ihr Praktikum charakteristisch sind. Schreiben Sie Dialoge zu den drei Episoden. Schreiben Sie auch die Regieanweisungen (Gestaltungsmittel) auf.*

---

[1] Flimmo, fernsehen mit Kinderaugen, Programmberatung für Eltern e.V. (Hrsg.), München

1.9.8   Wie Computerspiele auf Kinder wirken

Die Begeisterung der Kinder für Computerspiele wird von Pädagogen und Medienexperten als Anreiz für spezielle Lernprogramme benutzt. In ihrer bunten Aufmachung erinnert Lernsoftware oft an Unterhaltungslektüre wie Bilderbücher oder Comics. Unter Einbeziehung der Maus können die Seiten einzeln angeklickt und umgeblättert werden. Fasziniert sitzen auch schon Fünfjährige vor dem Computer und bedienen fachmännisch Tastatur und Maus. Qualitativ gute Spielesoftware für Kinder setzt dabei auf die Begeisterungs- und Lernfähigkeit, sie orientiert sich in der Spieloberflächengestaltung (Grafik, Sound, Animation) und der Dramaturgie an den altersbedingten Interessen und Fähigkeiten der Zielgruppe.

In der Anwendung weisen die Spielprogramme auf Fehler hin. Sie belohnen erfolgreich gelöste Aufgaben mittels kleiner Spielsequenzen oder durch optische/akustische Signale. Die pädagogische, lernerfolgsorientierte Zielsetzung bleibt trotz der fröhlichen Animation und einfallsreicher Geschichten sowie sorgfältigster Grafik erkennbar. Auf individuelle Lernschwierigkeiten eines Kindes können auch spezielle Lernprogramme nicht eingehen, denn emotionale, menschliche Anerkennung und Zuwendung sind durch keine noch so gut entwickelten Computerprogramme zu ersetzen.

Positive oder negative Auswirkungen von Computerspielen auf die kindliche Entwicklung sind noch nicht ausreichend erforscht. Aber der Umgang mit dem Computer, die Faszination der Spiele und das Eintauchen in virtuelle Spielwelten (vorgestellte, auf dem Monitor sichtbare Fantasiewelten) wirken sicherlich auf kindliche Entwicklungsprozesse. Einige Untersuchungen weisen auf körperliche, emotionale und soziale Belastungen der Kinder hin, außerdem auf positive Stressgefühle und Erfolgserlebnisse.

Festzuhalten bleibt, dass der individuelle und situative Umgang mit dem Computer häufig Erziehungsfragen aufwirft, die sicherlich nicht immer für alle Beteiligten zufriedenstellend beantwortet werden können.

1.9.9   Was interaktive Kinderliteratur ist

Der Computer (PC) gehört heute zur alltäglichen Ausstattung von Lebens- und Arbeitsräumen. Der Umgang mit dem PC wird von Jahr zu Jahr einfacher, sodass bereits Kinder im Kindergartenalter erste interaktive Spielerfahrungen machen. Der frühe Zugang ermöglicht Kindern, Spielen und Lernen miteinander zu verbinden. Interaktive Kinderliteratur umfasst Computerspielgeschichten auf der Grundlage bereits existierender Literatur oder auch fantasievolle Neuschöpfungen mit literarischen Motiven. Diese inhaltsorientierten Computerspiele beinhalten vielschichtige Spiel- und Animationsmöglichkeiten.

Bei interaktiven Bilderbüchern oder Geschichten, die nur per Mausklick „umgeblättert" werden, verlieren Kinder schnell das Interesse. Bei literarischen Computerspielen dagegen werden Kinder durch eine Geschichte oder ein Märchen neugierig gemacht und mit spielerischen Mitteln in den Fortgang der Handlung einbezogen. Durch das Anklicken bestimmter Symbole werden Trickfilmsequenzen in Gang gesetzt. Grafiken oder Bilder können durch Zeichnungen oder neue Wörter verändert werden. Hierzu ertönen Geräusche und akustische Kommentare. Innerhalb der Handlungsstränge können viele Denk-, Lern-, Geschicklichkeits- und Kreativaufgaben gelöst werden. Dabei müssen beispielsweise Hindernisse aus dem Weg geräumt, ein Dieb gefasst oder seltsame Melodien erkannt werden. Viele Dinge (Zeichnungen) lassen sich anklicken, sie führen entweder zu einem neuen Spiel, erzählen die Geschichte weiter oder präsentieren einen Gag. Nach den vielen spannend-unterhaltenden interaktiven Spielen erkennen Kinder meist den Buchtitel wieder und greifen gerne danach.

Animierte Bilderbücher und Spielgeschichten sind allerdings erst für Kinder ab 5/6 Jahren geeignet, da sie Abstraktionsvermögen, logisches Denken und teilweise auch Lesefähigkeiten voraussetzen.

1.9.10 Was bei der Vermittlung interaktiver Kinderliteratur zu beachten ist

Die Spiele (Software) müssen mit dem Betriebssystem (Hardware) übereinstimmen und die Anleitungen sollten auf Deutsch sein, da fremdsprachige Versionen das Verstehen der Anleitungen erschweren. Möglichst mehrere Spieler sollten sich zugleich beteiligen können, wobei die Spielinhalte den geistigen, emotionalen und sozialen Fähigkeiten der Teilnehmer entsprechen sollten. Eine qualitativ gute Grafik und klare Tonwiedergabe (Sound) unterstützen Spielspannung und Spielfreude. Das ausgewählte Spiel sollte eine Fülle von ausgewogenen Aufgaben enthalten und unterschiedliche Handlungsmuster erfordern, wobei logisches Denken, Kombinierfähigkeit, Reaktionsschnelligkeit neben konstruktiv-kreativen Elementen im Vordergrund stehen sollten.

Die Computerspiele sollten keine Rollenklischees festigen oder gar menschenverachtend sein (z. B. wenn in der virtuellen Welt die Spieler ohne Moral und Empathie kämpfen), keine verharmlosenden, zerstörerischen Kampf- und Schießspiele beinhalten. Verzichtet werden sollte auf aggressive Konfliktlösungen, ebenso auf die Verbreitung von politisch extremem Gedankengut.

Kinder benötigen Zeit und Ruhe, um in die spezifischen Regeln des Computerspiels einzusteigen. Außerdem brauchen sie ausreichend Zeit, um die Entdeckung des neuen Spiels auszukosten, aber auch zeitliche Grenzen, damit andere Spielaktivitäten nicht zu kurz kommen. Nach der anfänglichen normalen Faszinationsphase sollte Selbstisolation nicht der Anlass für eine ständige Beschäftigung mit dem Computerspiel sein. Computerclubs, auch für jüngere Kinder, eignen sich zum Erfahrungsaustausch mit Gleichgesinnten. Verbote führen in der Regel zu Machtkämpfen und Heimlichkeiten, der Computergebrauch gewinnt dadurch zusätzlich an Bedeutung.

Die Spielauswahl des Kindes nicht besserwisserisch abwerten, sondern die Bereitschaft wecken, die Verantwortung für das eigene Handeln zu übernehmen. Je älter die Kinder sind, um so mehr Mitspracherecht haben sie, um so größer ist allerdings die Verantwortung, die sie für sich übernehmen. Damit Kinder nach dem Computerspiel aufgestaute Spannungen abbauen können, sollten ihnen Entspannungsmöglichkeiten (z. B. Gespräche oder körperliche, sportliche Betätigung) angeboten werden.

Impulse zur Vertiefung

1. *Wählen Sie ein Kindergedicht aus. Schreiben Sie es mithilfe eines Textverarbeitungsprogramms und gestalten Sie das Gedicht anschließend mithilfe eines Grafikprogramms.*

2. *Entwickeln Sie in der Lerngruppe einfache Comics. Übertragen Sie diese auf den Computer und drucken Sie die einzelnen Seiten auf dem Farbdrucker aus. Heften Sie die Seiten zu einem Buch zusammen, gestalten Sie die Titelseite.*

3. *Entleihen Sie in der Kinderbücherei ein Computerspiel, führen Sie das Spiel entsprechend der Spielbeschreibung durch. Beurteilen Sie anschließend das Spiel unter Anwendung geeigneter Kriterien wie z. B.:*
   ▶ *Anleitung (Verständlichkeit, Erklärung des allgemeinen Spielprinzips, Vorstellung der Spielfiguren usw.)*
   ▶ *Grafik (Detailreichtum, Deutlichkeit, Farbgebung, Scrolling, Seitenansicht, Aufsicht, SD-Perspektive, Abwechslungsreichtum, Kindgemäßheit)*
   ▶ *Sound (technische Qualität, Wahlmöglichkeit der Begleitmusik, realistische Geräusche, Abstimmung der Geräusche auf die Handlung)*
   ▶ *Ablauf (Spiellogik, Spielbarkeit, Schwierigkeitsgrad)*
   ▶ *Unterhaltungswert (Spielspaß, Spannung, Überraschungselemente)*
   ▶ *Individuelle Konfiguration (wählbarer Schwierigkeitsgrad, Auswahl von Spielfiguren/Mannschaften, wählbare Eigenschaften/Fähigkeiten)*
   ▶ *Spielmuster (Lösungen durch Experimentieren herausfinden, Hindernisse überwinden, Freunde gewinnen, sich bereichern, Gegner ausschalten, abschießen, einsperren o. Ä.)*
   ▶ *Verhaltensweisen (erforderte Spielstrategie, planerisches Denken, Logik, Konzentrationsvermögen, Rätsel lösen, Geschick, Zufall o. Ä.)*
   ▶ *Soziale Dimension (Kooperative Spielelemente, Mehrspielermodus), je mehr Anforderungen ein Spiel erfüllt, desto besser*

4. *Entwerfen Sie zum schnellen Auffinden erstellter Kurzanalysen von Computerspielen ein Ordnungssystem, z. B. nach folgenden Punkten:*
   a) Spieltitel, Spielkategorie, Spielgerät; ca. Zeitdauer
   b) Autor, Hersteller, Vertrieb, Erscheinungsjahr
   c) Zusammenfassende Inhaltsangabe, Spielbeschreibung
   d) Verständlichkeit der Anleitungen
   e) Empfehlung für Benutzer/Teilnehmer

2   Zur Entwicklung der Sprach- und Lesekompetenz – Didaktisch-methodische Hinweise

2.1   Das Lall-Alter (0–1 Jahr)

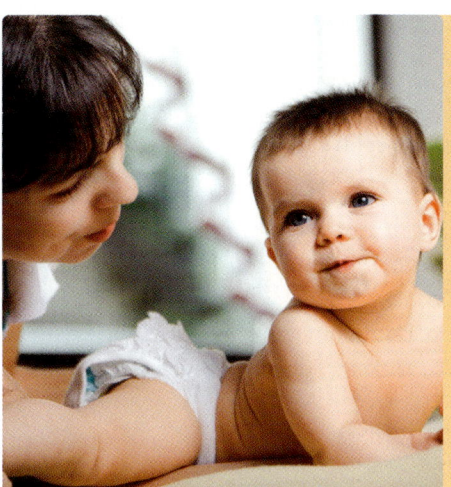

David, 8 Monate alt, liegt auf dem Wickeltisch. Die Erzieherin Julia will ihm eine saubere Windel anziehen. David weint. Er ist sehr zappelig. Julia spricht ruhig mit ihm, nimmt seine Hand, streichelt sie und singt dazu den Vers:

„Heile, heile Händchen,
es wird alles wieder gut.
das Spätzchen hält ein Schwätzchen,
es wird alles wieder gut.
Heile, heile Mausespeck,
in hundert Jahr'n ist alles weg."

Sie wiederholt das Streichelspiel einige Male. Daniel beruhigt sich und Julia kann nun in Ruhe seine Windel wechseln.

60 cm

2.1.1   Zur Sprachentwicklung

Wenn das Neugeborene den ersten Schrei tut, hat es den Grundstein dafür gelegt, mit seiner Umwelt Kontakt aufzunehmen. Schreien bleibt in den ersten Lebenswochen die einzige Möglichkeit, den Menschen in seiner Umgebung etwas über seine Gefühle und Bedürfnisse mitzuteilen.

Schon nach kurzer Zeit erkennen die Bezugspersonen, was das Kind „sagen" will, ob es Hunger hat, unter Blähungen leidet oder einfach nur geschaukelt werden möchte. Denn das Schreien unterscheidet sich. Ab dem ersten Lebensmonat kann das Baby seine Laute variieren. Die Bezugspersonen reagieren darauf z. B. mit beruhigenden Worten, mit einem Lächeln oder mit Singen von Liedern. Und das Baby „antwortet" wiederum mit einem ersten Lächeln, Brabbeln oder aber weiterem Schreien, da seine Bedürfnisse noch nicht erkannt und befriedigt wurden. Was hier zwischen dem Baby und der Bezugsperson geschieht, kann als „erster Dialog" bezeichnet werden.

Schon mit zwei Monaten beginnt das Kind mit einer neuen Form des Sprechens: es lallt. So wie es sich beim Strampeln mit seinen Gliedmaßen vertraut macht, so probiert es durch Lallen seine Sprechwerkzeuge aus. Es macht ihm Spaß, Töne und Geräusche mit dem Atem, dem Rachen, der Zunge und den Lippen zu produzieren.

Klänge, Laute und Doppelsilben wie „brrrr", „baba", „deidei" werden ständig wiederholt, sodass in der zweiten Lallphase, zwischen sechs und neun Monaten, die ersten Zufallswörter entstehen.

Spricht die Bezugsperson freundlich mit dem Kind, gibt es plappernd Antwort. Wird das Kind gerufen, reagiert es bereits auf seinen Namen.

Mit einem Jahr werden seine Laute immer variantenreicher, es quietscht vor Vergnügen und ahmt die unterschiedlichsten Töne nach. Die Stimmlage kann das Kind so verändern, dass die Bezugsperson den Gefühlszustand daraus deutlich erkennen kann.

Der aktive Sprachschatz des Kindes umfasst in diesem Alter ca. 2 – 3 Wörter, seine Laute sind zweckgerichtet, d. h., es „sagt" was es will. Manchmal spricht es aber auch Wörter nach, ohne den Sinn zu erfassen.

Vorgemachte Gesten versucht das Kind nach mehrmaliger Wiederholung nachzuahmen, z. B. „winke-winke" (winken) oder „backe-backe-Kuchen" (in die Hände klatschen). Einfachen Forderungen, Verboten und Fragen kann das Kind folgen, z. B. „Komm her!", „Nein!" oder „Wo ist der Papa?", worauf es dann den Vater anschaut oder auf ihn zeigt. Diese Aufforderungen vergisst es zwar noch sehr häufig, befolgt sie aber gerne, wenn es dabei gelobt wird. An diesen Beispielen wird deutlich, dass das passive Sprachverständnis des Kindes in diesem Alter größer ist als das aktive Sprechen.

2.1.2   Allgemeine Hinweise zur Sprach- und Literaturförderung

▶ Blickkontakt mit dem Kind aufnehmen und freundlich zu ihm sprechen
▶ bei Pflege- und Versorgungshandlungen wie Baden, Wickeln, Füttern mit dem Kind sprechen und/oder singen
▶ bei unbeliebten Pflegehandlungen das Kind durch Trostverse ablenken
▶ Freude zeigen, wenn das Kind Laute von sich gibt
▶ ein klingendes Spielzeug, z. B. eine Rassel ca. 40 cm vor den Augen des Kindes hin und her bewegen, sodass es die Rassel mit den Augen verfolgen kann
▶ mit dem Kind auf dem Arm durch den Raum gehen und besonders Gegenstände betrachten lassen, die in ihrer Form und Farbe kontrastreich sind
▶ das Kind häufig bei seinem Namen nennen
▶ das Kind anregen, Gesten nachzuahmen, z. B. zu winken, in die Hände zu klatschen
▶ Gegenstände, die das Kind intensiv anschaut, benennen, z. B.: „Das ist der Teddy!"
▶ vor den Augen des Kindes ein Spielzeug mit einem Tuch zudecken und es danach suchen lassen
▶ Bei Spaziergängen dem Kind Gelegenheit geben, Geräusche der Umgebung wahrzunehmen. Durch Nachahmen einzelner Geräusche, z. B. „Glockengeläut" oder „Hundegebell" die Aufmerksamkeit des Kindes darauf lenken
▶ Vor dem Einschlafen gleiche, einfache Lieder vorsingen oder vorspielen und dabei im Takt der Musik sanft hin und her wiegen. Der gleichförmige Singsang und die Schaukelbewegungen rufen beim Säugling wohlige Erinnerungen an die Schwerelosigkeit im Fruchtwasser hervor. Diese wiederkehrenden Rituale geben dem Kind das Gefühl von Sicherheit und Geborgenheit.
    Die norwegische Kinderbuchpädagogin Jo Tenfjord führte in diesem Zusammenhang eine interessante Untersuchung durch: Sie las Kleinkindern Reime in verschiedenen Sprachen vor. Die Kinder verstanden die Bedeutung der Verse nicht, erfassten jedoch die Stimmung bzw. die Gefühlslage der Gedichte durch Mimik, Gestik und Körperbewegungen. Daran wird deutlich, dass bei jüngeren Kindern die Wortbedeutung in Reimen und Versen nicht vorrangig ist, sondern vielmehr der Wortklang sowie der Rhythmus.
▶ Einige der Reime oder Kinderlieder sind unserer heutigen Lebenssituation einfach nicht mehr angemessen. Je nach Situation können Trostverse und Wiegenlieder abgewandelt bzw. umgedichtet werden, denn der Umgang mit Sprache soll den Kindern nicht nur Vergnügen bereiten, sondern auch im engen sozialen Kontakt die Sprachentwicklung fördern.

2.1.3 Trostverse, Schlaf- und Wiegenlieder

Heile, heile Segen,
morgen gibt es Regen,
heile, heile Leukoplast,
in hundert Jahr'n du nix mehr
hast!
(überliefert)

Heile, heile Kätzchen,
das Kätzchen hat vier Tätzchen
und einen langen Schwanz.
Morgen ist alles wieder ganz!
(überliefert)

Dreimal pusten, *Hand auflegen,*
drüber streichen, das bringt Segen
Klatsch dann einmal in die Hände,
schon hat aller Schmerz ein Ende.
(Autorinnen)

Wo tut's weh?
Hol ein bisschen Schnee!
Hol ein bisschen kühlen Wind,
dann vergeht es ganz
geschwind!
(überliefert)

Lösch's Licht aus,
ins Bett kleine Maus!
Nimm den Teddy in den Arm
und halt ihn ganz warm!
(überliefert)

Johann, lieber Johann*,
was schimpfst du denn so?
Der Brei ist doch lecker,
nun mecker nicht so!
(*Hinweis: Name des Kindes
einsetzen) *(Autorinnen)*

Warum bist du so traurig? *Nach der Melodie von „In einem kleinen Apfel" (Text: volkstümlich)*

Wa rum bist du so trau rig? Hast
du dir weh ge tan? Dann
sing ich dir ein Lied chen. Und
nehm' dich in den Arm.

2. Du sagst mir was los ist.
Ich hör' dir gerne zu.
Wenn ich ein bisschen helfe,
vergeht der Schmerz im Nu!

3. Geht's dir schon wieder besser?
Das würde mich sehr freu'n.
Bald kannst du wieder spielen
Und richtig fröhlich sein.

Seid leise![1]
Er ist müde von der Reise.
Er kommt von weit her,
vom Himmel übers Meer.
Vom Meer den dunklen Weg ins Land,
bis er die kleine Wiege fand.
Seid leise!

Trostlied von den Sternen[2]
Bist hingefallen? Hat's wehgetan?
Und musst du jetzt gleich weinen?
Komm her zu mir, denk nicht mehr dran!
Erzähl dir was,
vom kleinen Bär,
vom großen Bär,
von mitten in der Nacht:
Im Sternenkleid, da tanzt der Bär,
der große und der kleine
den Himmel lang und lacht.

---

[1] Dehmel, Paula: Seid leise, unter: www.gedichte-fuer-alle-faelle.de/dichter.php?dnr=28, Zugriff am 29.10.2008
[2] Text: Boge-Erli, Nordtrud: Trostlied von den Sternen, unter: www.jrk-karlsruhe.de/downloads/kap1-ichkanntroesten. pdf, Zugriff am 29.10.2008

2.1.4   Klassiker: „Schlaf, Kindlein schlaf!"

Die frühesten Überlieferungen von lyrischen Texten für Kinder stammen aus dem Mittelalter, dazu gehören die noch immer bekannten Verse von „Schlaf, Kindlein, schlaf" (1662). Klang, Rhythmus und Reim dieses uralten Wiegenliedes machen deutlich, dass schon in früheren Zeiten Mütter und Ammen von der beruhigenden Wirkung instinktiv gewusst haben und ähnliche Verse zum Einschlafen ihrer Kinder genutzt haben.

1808 brachten *Achim von Arnim und Clemens von Brentano* die Volkslied-Sammlung „Des Knaben Wunderhorn", heraus, die im Anhang des dritten Bandes Kinderlieder und -verse enthielt. Mit dieser Zeit mehrte sich das Interesse nicht nur an volkstümlicher Kinderlyrik, sondern auch Dichter, Germanisten und Pädagogen verfassten Kinderreime, Kinderlieder und Gedichte.

„Schlaf, Kindlein, schlaf!" ist ein altes norddeutsches Wiegenlied, komponiert 1781 von *Johann Friedrich Reichardt*. Nach der gleichen Melodie wird übrigens das Lied „Maikäfer flieg" gesungen. Der ursprüngliche Text, der ebenfalls in der Kinderliedersammlung *Des Knaben Wunderhorn* enthalten ist, beschreibt dem kindlichen Hörer eine heile Welt und verspricht ihm einen ruhigen Schlaf, da in seiner Umwelt alles in Ordnung sei.

Schlaf Kindlein, schlaf!
(Melodie: J.F. Reichardt/Text: überliefert)

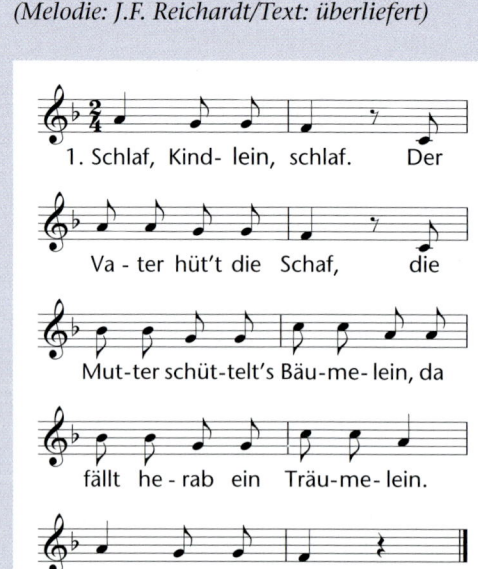

1. Schlaf, Kind- lein, schlaf.   Der
Va - ter hüt't die Schaf,   die
Mut-ter schüt-telt's Bäu-me-lein, da
fällt he - rab ein Träu-me-lein.
Schlaf, Kind- lein, schlaf!

1. *Schlaf, Kindlein schlaf!*
   Der Vater hüt' die Schaf,
   die Mutter schüttelt's Bäumelein,
   da fällt herab ein Träumelein.
   Schlaf, Kindlein schlaf!

2. *Schlaf, Kindlein schlaf!*
   Am Himmel zieh'n die Schaf,
   die Sternlein sind die Lämmerlein,
   der Mond, der ist das Schäferlein.
   Schlaf, Kindlein schlaf!

3. *Schlaf, Kindlein, schlaf,*
   so schenk' ich dir ein Schaf.
   Mit einer gold'nen Schelle fein,
   das soll dein Spielgeselle sein.
   Schlaf, Kindlein, schlaf!

4. *Schlaf, Kindlein schlaf!*
   Geh fort und hüt' die Schaf,
   geh fort du schwarzes Hündelein
   und weck nur nicht mein Kindelein!
   Schlaf, Kindlein schlaf!

2.1.5   MeKi[1]: Nena: „Tausend Sterne" (MC/CD)

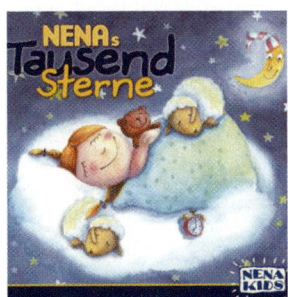

Europa 2002

Diese MC bzw. CD enthält nicht nur traditionelle Schlaf- und Wiegenlieder wie „Weißt du wie viel Sternlein stehen" oder „Der Mond ist aufgegangen", sondern auch selbst geschriebene und den NDW-Klassiker „Kleine Taschenlampe brenn'". Obwohl die Sängerin aus der Rock-Pop-Musik kommt, ist die Interpretation und das Arrangement sehr authentisch. Zarte Klavierklänge, akustische Gitarren und eine angenehme, warme Stimme vermitteln Ruhe und Entspannung. Im beiliegenden Booklet können die 16 Liedtexte nachgelesen und mitgesungen werden.

Impulse zur Vertiefung

1. *Erinnern Sie sich an ein Schlaflied oder Trostvers aus Ihrer Kindheit und versuchen Sie nachzuvollziehen, warum es Ihnen noch in Erinnerung ist oder mit welcher Situation es verbunden war.*

2. *Erarbeiten Sie das Wiegenlied „Schlaf Kindlein, schlaf". Erfinden Sie einen zeitgemäßen neuen Reim.*

3. *Komponieren Sie zu einem der o. a. Trost- oder Wiegenverse eine einfache Melodie.*

4. *Wählen Sie ein Wiegenlied aus und verbildlichen Sie den Text.*

---

[1] MeKi bedeutet „Mediale Kinderliteratur".

2.2   Das Ein-Wort-Satz-Alter (1 Jahr)

70 cm
–
–
–
–
–
–
–
–
–
–

Paula ist 16 Monate alt. Seit drei Monaten besucht sie die Kindertageseinrichtung „Lilliputz". Sie hat sich schon gut eingelebt. Am wohlsten fühlt sie sich aber in der Nähe der Kinderpflegerin Sonja. Auf ihrem Schoß nimmt sie bereits aktiv am täglichen Morgenkreis teil. Besonderen Spaß hat sie an Reimen und Liedern mit passenden Bewegungen, z. B. „Backe, backe, Kuchen." Aus lauter Vorfreude und innerer Erwartung auf eine bestimmte Geste, beginnt sie dann laut zu lachen.

2.2.1   Was in der Sprachentwicklung neu ist

Im 2. Lebensjahr entwickelt das Kind das sogenannte „Symbolbewusstsein", d. h., es begreift, dass jedes Ding einen bestimmten Namen hat. Fordert die Bezugsperson beispielsweise das Kind auf, den Ball zu suchen, so wird es versuchen, ihn zu finden. Sagt es selbst das Wort „Ball", so erkennt die Bezugsperson meist an der Mimik oder dem Tonfall, was das Kind ausdrücken möchte. In dieser „Einwortphase" kann das Wort „Ball" nämlich mehrere Bedeutungen haben: „Wo ist der Ball?", „Ich will meinen Ball haben!" oder vielleicht noch etwas anderes.

Mit 18 Monaten kann das Kind jetzt sicher laufen. Es ist sehr aufnahmebereit und plappert wie ein Echo alles nach. Mitunter sind die Wörter oder die Aussprache für Außenstehende noch schwer verständlich, da manche Kinder Eigennamen für bestimmte Gegenstände oder Tätigkeiten entwickeln. So steht „tutut" vielleicht für „Auto", aber genauso für alle übrigen Fahrzeuge. Daher ist das Sprachvorbild der Bezugspersonen von besonderer Bedeutung. Nur so hat das Kind die beste Möglichkeit, richtig sprechen zu lernen.

Viele Kinder verwenden jetzt die ersten Adjektive wie „groß" oder „schön", gebrauchen aber trotzdem vorwiegend Substantive und Ausrufe.

Die Bezugspersonen in unmittelbarer Umgebung des Kindes benennt es mit Namen. Wird es selbst nach seinem Namen gefragt, so antwortet es entsprechend, kann ihn aber möglicherweise noch nicht korrekt aussprechen. Mit eineinhalb Jahren beherrscht das Kind etwa 50 Wörter aktiv, wobei Mädchen sprachlich meist etwas gewandter sind als Jungen.

2.2.2   Allgemeine Hinweise zur Sprach- und Literaturförderung

▶ kleine „Hörspiele" zur differenzierten Hörfähigkeit des Kindes durchführen, z. B. mit dem Kind in verschiedenen Tonlagen sprechen, in der Nähe seiner Ohren flüstern oder mit Schnalzlauten überraschen

▶ ein Zeitungsblatt in der Nähe des Kindes zerknüllen, den Wasserhahn tropfen lassen oder ein anderes Alltagsgeräusch produzieren und auf die Reaktion des Kindes warten, bevor ihm die Quelle des Geräuschs gezeigt wird

▶ dem Kind Wertschätzung entgegenbringen, wenn es spricht und kleine Aufträge erfüllt

▶ dem Kind zeigen, was es mit dem Spielzeug machen kann, z. B. Bauklötze übereinander stapeln, Eisenbahnwaggons mit kleinen Figuren beladen, den Teddy im Puppenwagen spazieren fahren

▶ dem Kind Fingerreime und Lieder vorsingen oder vorspielen und mit passenden Bewegungen begleiten. Bei den Fingerspielen steht die zwischenmenschliche Interaktion im Mittelpunkt. Im gemeinsamen Spiel von Erwachsenem und Kind wird der soziale Kontakt intensiv gefördert. Das Kind bringt die Sprachmelodie und die Bewegung der Hände mit dem wohltuenden Körperkontakt in Zusammenhang. Durch mehrfache Wiederholungen, auch in anderen Situationen, wird es sich wieder daran erinnern und später selbstständig sprechen.

▶ Sprache hat immer etwas mit Rhythmus zu tun. Mit dem Kind jede Silbe des eigenen Namens klatschend betonen, z. B. „Kon – stan – tin!" oder „So – fie!"

▶ Kniereiterverse spielen, die den Rhythmus in die Bewegung der Knie des Erwachsenen umsetzt, der das Kind auf dem Schoß hält. Im Wechselspiel zwischen Spannung und Wagnis erzeugt der enge Körperkontakt von Kind und Erwachsenem eine Atmosphäre der Geborgenheit und des Vertrauens. Kniereiterspiele fördern die Koordination des gesamten Bewegungsapparates und damit den vestibulären (lat. Gleichgewichts-) Sinn sowie den Hörsinn.
Alle Spiele, die einen ähnlichen Spannungsbogen wie die o. g. Spiele aufweisen, zeugen bei Kleinkindern von großer Beliebtheit. Die Sprache wird dabei schrittweise an eine äußere Handlung gekoppelt, sodass das Kind einen Zusammenhang zwischen der taktilen, kinästhetischen[1] Erfahrung und den noch unverstandenen, rhythmisiert gesprochenen Worten herstellt. Finger- und Kniereiterspiele fördern die Entwicklung dieser „motorischen Vorstellungsbilder" (Piaget).

▶ Die häufig überlieferten Texte der Fingerreime, Handgeschichten und Kniereiterverse gehören zum größten Teil einer vergangenen Volkspoesie an, die scheinbar in unserer Hightech-Welt keinen Platz mehr hat. Es spricht durchaus nichts dagegen, diese Texte zeitgemäß zu verändern.

2.2.3   Fingerreime, Handgeschichten und Kniereiterverse

Fingerreime/Handgeschichten

Rosinchen kochte süßen Reis	
(Autorinnen)	**Spielhinweise:**
Rosinchen kochte süßen Reis,	Hier kann auch der Name des Kindes
in einem Topf, sehr heiß.	eingesetzt werden.
Dem Dicken gab sie was,	auf der Handfläche des Kindes rühren
dem Zeiger gab sie was,	Daumen ruckeln
dem Langen gab sie was,	Zeigefinger ruckeln
dem Ringel gab sie was,	Mittelfinger ruckeln
dem Kleinen gab sie nix,	Ringfinger ruckeln
flieg schnell nach Haus, ganz fix.	kleinen Finger ruckeln
	Finger laufen hin und her und verschwinden hinter dem Rücken

---

[1]   engl. Kinaesthetics = durch die Sinne wahrgenommene Bewegung

Schlechtes Wetter *(überliefert)*

Der sagt, wenn's regnet, dann geh ich
nicht raus,
der sagt, wenn's regnet da bleib ich zu
Haus,
der sagt wenn's regnet das macht keinen
Spaß,
der sagt, wenn's regnet da wird ich ja
nass.
Nur der Kleine kann nicht warten,
er geht mit dem Regenschirm in den
Garten.

In jeder Zeile auf einen Finger tippen, den kleinen Finger in der letzten Zeile mit der anderen beschirmen und weg-trippeln.

Vom Zipfelmützenzwerg *(überliefert)*

Ich sitz mit meiner Zipfelmütze
auf einem hohen Berg.
Ich denke dies, ich denke das,
ich schaue hier, ich schaue dort
und wenn mich einer sucht, dann bin ich
fort.

Hände als Zipfelmütze auf den Kopf stellen,
beide Arme nach oben strecken
Kopf auf die linke Hand legen und nach links neigen,
Kopf auf die rechte hand legen und nach rechts neigen,
beide Hände vor das Gesicht halten.

Der Daumen Doppeldick *(überliefert)*

Das ist der Daumen Doppeldick,
das sieht man auf den ersten Blick.
Und schließ ich meine Hand zur Faust,
schlüpft Doppeldick zurück ins Haus.
Schnarcht, dass sich die Balken biegen.
Komm näher ran, siehst ihn da liegen!

Daumen zeigen

Finger umschließen den Daumen, Faust bilden
Schnarchgeräusche machen,
Faust an das Ohr des Kindes legen

Wer kommt? *(J. Huber)*[1]

Ei, wer kommt denn da daher?
Ist das nicht ein brauner Bär?
Oder gar ein Elefant,
aus dem fernen, heißen Land?
Nein, es ist ein kleines Mäuschen
und es sucht ein kleines Häuschen.
Ei, wo ist es, sag es doch!
Hier – ein wuzi-buzi kleines Mauseloch!

Der Erwachsene führt die Bewegungen zum Text aus: Mit flachen Händen auf den Tisch schlagen, mit den Fäusten auf den Tisch trommeln,
die Finger krabbeln zum Hals des Kindes und verschwinden im Halsausschnitt.

Das ist grade, das ist schief *(überliefert)*

Das ist grade, das ist schief,
das ist hoch und das ist tief.
Das ist dunkel, das ist hell,
das ist langsam, das ist schnell.

Hände übereinander waagerecht halten
Hände nach oben zeigen
Hände nach unten zeigen
Finger langsam und dann schnell bewegen

---

[1]   Singer, Waltraud/Schirmer, Erika: Der neue Daumen Knuddeldick, Ravensburger Buchverlag Otto Maier, Ravensburg 1996, S. 15

Das ist traurig, das ist froh, *das mein Bauch und das mein Po.* *Das ist nah und das ist fern,* *dieses Lied das sing ich gern.*	Traurige Miene, fröhliche Miene zeigen Finger zeigt auf den Bauch, dann auf den Po Hände nah an den Körper drücken, dann von sich weisen, in die Hände klatschen (Text kann auch mit dem ganzen Körper in Bewegungen umgesetzt werden.)

van der Put, Klaartje: **Steffi, das Schweinchen,** Carlsen Verlag, Hamburg, 2007, ab 18 Monate
Dieses Papp-Spielbuch erzählt in gereimten Versen von den Vorlieben des Schweinchens Steffi, einer in das Buch integrierten Fingerpuppe. Wenn es im Text heißt: „Vor Freude quiekt und zappelt sie und nimmt ein Schlammbad wie noch nie", dann kann der Finger in die Schweinchenfigur schlüpfen und den Reim in Bewegung umsetzen.
Die motivierende Verbindung von Bild, Reim und Fingerpuppe regt auf spielerische Weise das Sprachverständnis und die Sprechfähigkeit des Kleinkindes an.

Kniereiterverse

Das Schifflein *(überliefert)* *Fährt das Schifflein über's Meer,* *wackelt hin und wackelt her.* *Kommt ein starker Sturm,* *wirft das Schifflein um.*	Die Knie bewegen sich abwechselnd rauf und runter, das Kind schaukelt dabei hin und her.
Das Tuck-Tuck-Auto *(überliefert)* <u>Sprechen:</u> *Alles einsteigen, Türen schließen, anschnallen, Schlüssel rumdrehen, brumm, brumm.* <u>Singen:</u> *Das Auto fährt tuck, tuck,* *das Auto fährt tuck, tuck,* *das Auto fährt, das Auto fährt,* *das Auto fährt tuck, tuck.* *Erst langsam wie 'ne Schnecke,* *dann saust es um die Ecke.* *Das Auto fährt, das Auto fährt,* *das Auto fährt tuck, tuck.*	Die Erzieherin setzt das Kind auf den Schoß und führt die im Text angegebenen Bewegungen aus. Wie bei einem Kniereitervers bewegt die Erzieherin die Knie rhythmisch zum Text, sodass das Kind auf dem Schoß auf und ab hüpft. Zum Schluss immer schneller werden.
Herr Hoppehöpper *(überliefert)* *Herr (Frau) Hoppehöpper* *macht nen Köpper* *von meinem Schoß.* *Pass auf, es geht los!*	Das Kind sitzt breitbeinig auf dem Schoß der Erzieherin. An den Händen festhalten, nach hinten fallen lassen und wieder hochziehen. Beliebig oft wiederholen.

Frau Wolkenkratz *(überliefert)*

Frau (Herr) Wolkenkratz
tut einen Satz,
mit viel Schwung
den großen Sprung
auf einem Schimmel,
hooooch in den Himmel.

Die Erzieherin als Schimmel hält das Kind auf dem Schoß und springt mit ihrem Reiter in die Höhe.

2.2.4   Klassiker: „Hopp, hopp, hopp! Pferdchen lauf Galopp!"

Aus der Zeit der Romantik (1795–1848) stammen sehr viele Kinderlieder und Kinderverse, die heute als Klassiker bezeichnet werden können. Ihre Dichter sind den meisten jedoch namenlos, da die Reime und Verse so bekannt sind, dass sie weithin als Volksdichtung gelten, z. B. „Weißt du wie viel Sternlein stehen" von Wilhelm Hey, „Kuckuck, Kuckuck, ruft's aus dem Wald" von Heinrich Hoffmann von Fallersleben oder „Steigt das Büblein auf den Baum" von Friedrich Güll.

Die meisten dieser Kindergedichte wie auch „Hopp, hopp, hopp!" sind als **pädagogische Gebrauchsliteratur**[1] zu bezeichnen. Sie erzählen von der „guten alten Zeit", dem Alltag der dörflichen Großfamilie, der Natur, von religiösen Festen und Feiern, aber auch von märchenhaften Dingen. Zahlreiche Verse kommen der Sprech- und Bewegungsfreude des Kindes entgegen, insbesondere die Kniereiterlieder und Fingerspiele. Auch wenn Sprache und Form nicht mehr zeitgemäß sind, so spiegeln sie doch nach wie vor die Lebendigkeit der sozialen Interaktion zwischen Kind und Erwachsenem.

Hopp, hopp, hopp! *(Melodie: Carl Gottlieb Hering/Text: Carl Hahn, 1807)*

2. *Tipp, tipp, tapp!*
   Wirf mich ja nicht ab;
   zähme deine wilden Triebe,
   Pferdchen, tu es mir ja zuliebe,
   Tipp, tipp, tipp, tipp, tapp!
   Wirf mich ja nicht ab!

3. *Brr, brr, he!*
   Steh, mein Pferdchen steh!
   Sollst noch heute weiter springen,
   muss dir nur erst Futter bringen,
   Brr, brr, brr, he!
   Steh, mein Pferdchen, steh!

4. *Ja, ja, ja!*
   Ja, nun sind wir da!
   Diener, Diener, liebe Mutter!
   Findet auch mein Pferdchen Futter?
   Ja, ja, ja, ja,
   ja, nun sind wir da!

---

[1]   Maier, Karl Ernst: Jugendschrifttum, Klinkhardt Verlag, Bad Heilbrunn, 3. Auflage 1969, S. 36

2.2.5 MeKi: Detlev Jöcker: „Si – Sa – Singemaus" (CD)
erschienen 2001 bei Menschenkinder

Die CD enthält 14 neue Kniereiterlieder, Krabbel- und Spiellieder für Kinder von 1 bis 6 Jahren. Sie ist besonders für Kinder im Lauf-Lern-Alter geeignet, da die Melodien sehr schwungvoll sind und zur Bewegung animieren, z. B. „Das Hüflied", „Ein kleiner Hippelpippel" oder „Im großen Wald von Pitzenstein". Ältere Kinder werden die Lieder schnell mitsingen können, da die Texte eingängig und gut zu verstehen sind.

Impulse zur Vertiefung

1. *Greifen Sie traditionelle Elemente der Fingerreime auf und variieren Sie diese oder dichten Sie neue. Versuchen Sie die althergebrachte Rollenfestlegung der Finger dabei aufzuheben.*

2. *Erfinden Sie in Teamarbeit ein rhythmisches Gedicht in einer Fantasiesprache, das Sie mit Kleinkindern in Bewegung umsetzen können.*

3. *Erfinden Sie einen zeitgemäßen Kniereitervers.*

4. *Suchen Sie nach Gründen für Rhythmus und Klang in dem folgenden Gedicht.*

> **„Kleine Turnübung"**[1]
> *Aufgezwackt und hingemotzt*
> *angezickt und abgestotzt*
> *jetzt die Kipfe auf die Bliesen*
> *langsam butzen, tapfen, schniesen*
> *dreimal schwupf dich*
> *knitz dich*
> *lüpf*
> *siehstewoll – da flatzt der Büpf.*

---

[1] Halbey, Hans Adolf: Kleine Turnübung, in: Gelberg, Hans-Joachim (Hrsg.), Überall und neben dir, Beltz & Gelberg, Weinheim 1986, S. 47

2.3 Das Zwei-Wort-Satz-Alter (1 ½ Jahr)

80 cm

Gestern hat Charlotte (18 Monate) von ihrer Tante ein Bilderbuch geschenkt bekommen. Gleich mussten sie es gemeinsam anschauen. Da gab es viel zu entdecken: ein kleiner Käfer mit Punkten, ein bunter Ball und der Teddy, der genauso aussah wie ihr eigener Teddy „Bruno". Seitdem schleppt Charlotte ihr Bilderbuch überall mit hin. Sie setzt es sich als Hut auf den Kopf, singt: „Teddybär, Teddybär, bim, bim, bim" und will es sogar mit in die Badewanne nehmen.

2.3.1   Was neu ist in der Sprachentwicklung

Zum Ende des 2. Lebensjahres besteht der aktive Wortschatz des Kindes aus ca. 50 bis 80 Wörtern, der passive umfasst durchschnittlich 200 bis 400 Wörter.

Das Kind benutzt jetzt alle Vokale, beherrscht die Konsonanten „m, b, p", meist auch schon „d, f, l, n, t, w". Es ahmt Tiere nach mit „wau-wau", „muh-muh" oder „mäh-mäh" und bildet von sich aus Zwei-Wort-Sätze, z. B. „Auto weg!" oder „Bonbon haben!" Diese Sätze zeigen bereits Ansätze einer grammatikalischen Struktur. Sie enthalten ein oder mehrere Substantive, ein Verb, aber selten ein Adjektiv oder Adverb.

Das Kind versteht jetzt alle Wörter, die Gegenstände aus seiner Umgebung bezeichnen. Durch eine einzige Aufforderung kann schon eine kleine Handlungskette ausgelöst werden. Sagt die Bezugsperson: „Komm, wir wollen nach draußen gehen!", veranlasst das Kind, seine Schuhe und seine Jacke anzuziehen.

Beim gemeinsamen Betrachten von ersten Bilderbüchern hört das Kind gespannt zu und erweitert so seinen Wortschatz. Es führt kleine Gespräche mit der Bezugsperson und sagt seinen eigenen Vornamen.

Es hat große Freude an Reimen und Liedern, bei denen Bewegung eine Rolle spielt. Dabei erfasst es Melodie, Text und Bewegung ganzheitlich, singt und spielt sie nach.

2.3.2   Allgemeine Hinweise zur Sprach- und Literaturförderung

▶ Keine Babysprache benutzen.
▶ Dem Kind zuhören und aussprechen lassen.
▶ Gemeinsam mit dem Kind Elementarbilderbücher anschauen. Dabei erkennt das Kind den abgebildeten Gegenstand, z. B. die Banane, wieder und stellt einen Zusammenhang zwischen der realen Frucht und dem Wort „Banane" her. Fordert die Bezugsperson das Kind außerdem auf, die Banane aus der Obstschüssel zu holen, prägt es sich diesen Begriff noch stärker ein.
▶ Dem Kind erzählen, was im Bilderbuch geschieht, z. B. „Die Kuh frisst Gras." oder „Das Kind schläft in seinem Bett." Durch wiederholtes Betrachten und erzählen kleiner Geschichten erweitert sich so der aktive Wortschatz und das Vorstellungsvermögen des Kindes.
▶ Mit dem Kind über das sprechen, was es gerade tut.

▶ Sich mit dem Kind an gemeinsame Ereignisse erinnern, z. B. an den letzten Besuch bei den Großeltern oder im Zoo.

▶ Das Kind kleine Aufträge erledigen lassen und es anschließend dafür loben.

▶ Mit dem Kind gemeinsam singen oder abgespielten Liedern zuhören und passende Bewegungen zum Liedtext ausführen. Durch ihre Nachahmungsfähigkeiten werden Kinder in diesem Alter schon in eine Spielgemeinschaft mit Erwachsenen oder anderen Kindern hineingezogen. Die von den Spielliedern ausgehende „Chor-Wirkung"[1] veranlasst das Kleinkind Bewegungen zu imitieren und mitzumachen, was wiederum auch auf die anderen zurückwirkt.

▶ Bei den Spiel- und Tanzliedern, insbesondere bei den Kreisspielen, gibt es sehr viele alte Überlieferungen. Die meisten Bewegungsabläufe sind jedoch besonders für Kleinkinder geeignet, da sie leicht verständlich sind und sich gut merken lassen. Die Texte sollten jedoch auf ihren aktuellen Sprachgebrauch überprüft und ggf. verändert werden.

2.3.3 Erste Spiellieder und Bilderbücher

Es ging ein Zwerg im Grase *(Text und Melodie: überliefert)*

Es ging ein Zwerg im Gra - se, so so so. Das ging ihm bis zur Na - se, so so so! Da hob er sei - ne Bei - ne, so so so, und stand auf ei - nem Bei - ne, so so so. Das Zwerg-lein steht auf ei - nem Bein und hüpft im Kreis he - rum. Auf ein - mal fällt es um, plumps!

Spielhinweis

Erwachsene und Kinder gehen im Zwergengang im Kreis und deuten mit den Händen eine Zipfelmütze auf dem Kopf an. Alle fassen an ihre Nase. Alle heben abwechselnd das rechte und das linke Bein. Zur Unterstützung halten die Erwachsenen die Kinder an der Hand. Alle stehen abwechselnd auf dem rechten oder linken Bein, hüpfen auf einem Bein im Kreis und fallen zum Schluss um.

---

[1] Fritz, Jürgen: Theorie und Pädagogik des Spiels, Juventa Verlag, Weinheim 1991, S. 41

Leise, leise, wie die Kätzchen schleichen *(Text und Melodie: überliefert)*

Spielhinweis

Alle Mitspieler stehen in Form eines Kreises. Zu Beginn des Liedes schleichen alle langsam aufeinander zu, immer mehr zur Mitte. Bei „Psst" einen Finger vor den Mund legen und ganz leise werden. Ein Spieler sagt dann ‚Miau' , worauf alle schnell wieder nach außen laufen und das Spiel von vorn beginnt.

Ein kleiner grauer Esel *(Text und Melodie: Margret Birkenfeld, Rechte: Gerth Medien Musikverlag Asslar)*

1. Ein kleines graues Eselchen,
   das trampelt durch die Welt.
   Es wackelt mit dem Hinterteil,
   gleich wie es ihm gefällt.
   IA, IA, IA, IA, IA.

2. Ein kleiner bunter Vogel,
   der flattert durch die Welt.
   Er macht den Schnabel auf und zu,
   gleich wie es ihm gefällt.
   Piep, piep, piep, piep, piep.

3. Die kleinen grüne Frösche,
   die hüpfen durch die Welt.
   Sie hüpfen hin und hüpfen her,
   wie's ihnen so gefällt.
   Quak, quak, quak, quak, quak.

4. Ein paar verrückte Kinder,
   die toben durch die Welt
   und machen ihre Späße,
   wie's ihnen so gefällt.
   Hallo, hallo, hallo, hallo, hallo.

Spielhinweis

Erwachsene und Kinder führen passende Bewegungen zu den jeweiligen Strophen aus: Esel: Körper gebeugt, Hände auf den Knien abstützen, schwerfällig gehen, mit dem Pop wackeln/ Vogel: Arme ausbreiten, auf und ab bewegen, Daumen und Zeigefinger öffnen und schließen den „Schnabel"/ Frösche: in der Hocke hüpfen/ Kinder: laufen, bei „Hallo" winken.

Spielhinweis

Bei uns im Dorf
(Text und Melodie: überliefert)
Nach der Melodie: Hänsel und
Gretel verirrten sich im Wald

Laura, ach Laura,   (Name des Kindes einsetzen)
komm zu uns ins Dorf,   Beide Hände zu sich heranwinken
da singen die Vögel,   Daumen und Zeigefinger öffnen und schließen
da klappert der Storch.   Hände aufeinanderlegen, nach vorn ausstrecken,
Da fiedelt die Katz'   auf und zu
und da tanzt eine Maus.   Geigenspiel imitieren
Da schauet der Kater   Finger in der anderen Hand hin und her krabbeln
zum Kellerfenster raus.   Finger zu einer Brille formen und durchschauen

Spielhinweis

Auf der grünen Wiese
(Text und Melodie: überliefert)

Im Kreis steht jeweils ein Kind zwischen zwei Erwachsenen. Sie singen und gehen zuerst langsam, dann etwas schneller in eine Richtung. Bei „Einsteigen" bleiben alle stehen, treten auf der Stelle und fassen sich an. Dann laufen die Erwachsenen schneller und heben die Kinder etwas in die Luft, sodass sie „fliegen" können.

Auf der grü - nen Wie - se

steht ein Ka - rus - sell.

Manch - mal fährt es lang - sam.

manch - mal fährt es schnell.

Ein - stei - gen, fest - hal - ten!

Tum - di - del - dum - dum, tum - di - del - dum, das

Ka - rus - sell fährt rum.

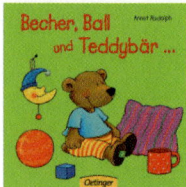

Rudolph, Annette: **Becher, Ball und Teddybär,** Oetinger Verlag, Hamburg, 2003
Mit „Becher, Ball und Teddybär" gehen die Kinder auf Entdeckungsreise durch ihr Zuhause und erkennen und benennen bekannte Dinge wie das Lätzchen, den Pullover, den Puppenwagen oder die Quietschente. Auf jeder der 20 Seiten gibt es ein großes Bild mit dem passenden Wort darunter. Das handliche Buch hat einen wattierten Einband, ist somit robust und abwaschbar.

Spielhinweis

Der Erwachsene fordert das Kind auf, die abgebildeten Gegenstände in der Wohnung zu suchen.

Neubacher-Fesser, Monika: **Mein erstes Tierbuch,** Ravensburger Buchverlag, Ravensburg 2007
Die Maus vor dem Mauseloch, die Henne und ihr Küken, Hund und Katze, Ziege und Schwein – eine Parade großer und kleiner Tiere, bekannt aus der Natur oder dem Kuscheltierzoo im Kinderzimmer. Die klaren, bunten Illustrationen regen schon Kleinkinder zum Schauen und Benennen an.

Spielhinweis

Das Kind wird angeregt, die abgebildeten Tiere zu benennen und ihre Laute nachzumachen. Der zusätzliche spielerische Umgang mit entsprechenden Stofftieren oder anderen Tierfiguren festigt den erweiterten Wortschatz.

Meine ersten Fahrzeuge, Dorling Kindersley Verlag, München 2008
In diesem extra stabilen Fühlbilderbuch gibt es viel zu schauen und zu betasten, ob raue Gummireifen oder glatter Segelstoff: Farbenfrohe und großformatige Fotos mit vielen verschiedenen Fühlmaterialien animieren Kinder zum Kennenlernen und Wiedererkennen der Farben und Formen von Autos, Traktoren, Schiffen oder Flugzeugen. Diese Kombination aus Sehen und Fühlen macht es ihnen leichter, Dinge zu verstehen und sich zu merken. So können Kleinkinder ihre Umwelt mit allen Sinnen begreifen.

Spielhinweis

Nach dem gemeinsamen Betrachten, Fühlen und Benennen der Fahrzeuge werden die jeweiligen Spielfahrzeuge hinzugenommen und auf einer Tapeten-Verkehrsbahn in Aktion gebracht.

2.3.4 Klassiker: „Häschen in der Grube!"

„Häschen in der Grube" ist ein Kinder und Spiellied, das hauptsächlich mit jüngeren Kindern gesungen und gespielt wird.

Die Melodie ist eine Abwandlung des Volksliedes „Wer die Gans gestohlen hat, der ist ein Dieb", das wiederum von Ernst Anschütz (1824) in „Fuchs du hast die Gans gestohlen" umgedichtet wurde. Der Text stammt von dem Begründer des ersten deutschen Kindergartens Friedrich Wilhelm Fröbel (1840). Fröbel wollte durch planvoll gruppierte Bewegungs- und Geistesspiele, Sprüche und Lieder in ständigem Kontakt mit der Natur, Kinder ihrem Alter entsprechend ganzheitlich anregen und anleiten. 1844 veröffentlichte er das Buch „Mutter- und Koselieder", dessen Spiel- und Liedgut dann fortan in Kindergärtnerinnenseminaren weitervermittelt wurde.

1. Häschen in der Grube
   saß und schlief, saß und schlief.
   Armes Häschen, bist du krank,
   dass du nicht mehr hüpfen kannst?
   Häschen hüpf, Häschen hüpf,
   Häschen hüpf!

2. Häschen, vor dem Hunde
   hüte dich, hüte dich.
   Hat gar einen scharfen Zahn,
   packt damit mein Häschen an.
   Häschen lauf, Häschen lauf, Häschen lauf.

3. Häschen in der Grube,
   nickt und weint, nickt und weint.
   Doktor, komm geschwind herbei
   und verschreibe ihm Arzenei!
   Häschen rennt, Häschen, rennt, Häschen rennt.

Zum Spiel bilden die teilnehmenden Kinder (ab etwa 5 bis 15) einen Kreis und fassen sich an den Händen. Während des Gesangs umrunden sie das „Häschen", welches in der Kreismitte geduckt am Boden kauert. Bei der letzten gesungenen Zeile hüpft das Häschenkind ein paar Mal, indem es zusätzlich noch die Hände als gedachte Hasenohren anlegt. Während das Spielgeschehen zur ersten Strophe noch nahezu in allen Spielen gleich gehandhabt wird, sind die Fortsetzungen je nach Intentionen der Bezugsperson, bedingt durch mehrere Weiterdichtungen, unterschiedlich.

Die zweite Strophe intendiert eine besondere Naturverbundenheit. Es spielt darauf an, dass der zuvor in der Sasse verborgene Hase durch einen Hund aufgestöbert wird und nun flieht. Das Kreisspiel wird dadurch zu einem Fangspiel (ähnlich „Katz und Maus"), indem ein vorher bestimmtes Kind den aus dem Kreis entweichenden Hasen versucht zu fangen.

Bei der Fortsetzung des Spieles mit sozialer Komponente wird entsprechend des Textes ein Arzt geholt, der den kranken Hasen wieder gesund macht. Wenn das Häschen wieder wohlauf ist, darf es von allen geherzt und gestreichelt werden.

2.3.5   MeKi: „Singzwerge & Krabbelmäuse" (CD)

erschienen 2004 bei Challenge Records international
gleichnamiges Liederbuch von Elke Gulden/Bettina Scheer aus der Reihe: Praxisbücher für den pädagogischen Alltag, Ökotopia, Münster, 2004

Die CD präsentiert eine Auswahl der Lieder aus dem gleichnamigen Buch: Da gibt es Begrüßungs- und Abschiedslieder, Lieder zu Finger- und Kreisspielen, Tanz-, Bewegungs- und Ruhelieder. Kinder und Erwachsene können viele neue und alte Melodien mit neuen Texten entdecken, die zum Mitsingen und Mitspielen anregen. Alle Stücke sind speziell für Kleinkinder ausgesucht und arrangiert. Sowohl die Texte als auch die Rhythmen und Melodien überzeugen durch ihre Einfachheit, z. B. sind in den Arrangements die führenden Instrumente immer leicht herauszuhören. Die warmen Klangfarben der eingespielten Naturinstrumente lassen die Lieder besonders lebendig erscheinen. So wird Kindern Spaß an Musik und Bewegung vermittelt, am Singen, Mitmachen oder einfach nur am Zuhören.

Impulse zur Vertiefung

1. *Erstellen Sie eine Liste mit dem aktiven Wortschatz eines Kindes am Ende des 2. Lebensjahres.*

2. *Sichten Sie Spiellieder. Wählen Sie eines aus, das Ihrer Meinung nach für Kleinkinder geeignet ist. Lernen Sie es auswendig und stellen Sie es Ihrer Lerngruppe vor.*

3. *Wählen Sie einen Kinderreim oder ein Kindergedicht aus, das Kindern im 2. Lebensjahr Anreiz zur rhythmischen Bewegung bietet. Erfinden Sie zum Text passende Bewegungen.*

4. *Vergleichen Sie Elementarbilderbücher in der Kinderbücherei und einem Kaufhaus anhand der aufgeführten Merkmale. Beurteilen Sie das Angebot.*

5. *Stellen Sie ein Elementarbilderbuch her und präsentieren Sie es Ihrer Lerngruppe. Welche Spielmöglichkeiten bieten sich an?*

2.4   Das Erste-Frage-Alter (2 Jahre)

Gebannt schaut Pia (2 Jahre, sechs Monate) auf das Buch „Rundherum in unserer Stadt". Die Erzieherin Sonja beschäftigt sich mit Pia und erzählt: „Schau mal, da hat sich ein Junge gerade beim Eismann ein Eis gekauft. Plötzlich stolpert er und das Eis fällt auf die Wiese!" Pia guckt ganz traurig: „Der Junge weint. Wo ist denn seine Mama?" Sonja tröstet sie: „Bestimmt kommt sie gleich und kauft ihm ein neues Eis. Komm, wir suchen sie mal auf dem Bild!" Ganz oben am Bildrand hat Pia eine Frau entdeckt. Freudig strahlt sie: „Da ist sie!" Doch schon tippt ihr Finger auf eine Szene im Sandkasten: „Was machen die Kinder?" Pia wird nicht müde, immer wieder entdeckt sie etwas Neues. Sie zeigt, fragt und Sonja antwortet oder erzählt dazu kleine Geschichten.

90 cm

2.4.1   Was neu ist in der Sprachentwicklung

Zwischen 2 und 3 Jahren spricht das Kind schon solche Verben, die im Alltag häufig gebraucht werden, wie „essen", „trinken", „schlafen". Vielleicht lispelt oder stottert es jetzt oder macht „Stammelfehler", d. h., dass es besonders die Konsonanten „k" oder „g" fallen lässt oder durch ähnlich klingende ersetzt. Viele Sprechfehler sind bis zum 5. Lebensjahr normal, zum einen weil das Kind seine Sprechwerkzeuge noch nicht richtig koordinieren kann, zum anderen weil das Kind mitunter schneller reden möchte, als es kann, besonders wenn es aufgeregt ist. Gemeinsames Singen und rhythmisches Sprechen wirken dabei übrigens sehr entspannend und beruhigend.

Das Kind ist jetzt schon in der Lage, sich in einfachen, grammatikalisch richtigen Mehrwortsätzen zu unterhalten. Es benutzt Adjektive wie „schön", „groß" oder „heiß", mitunter auch schon den richtigen Artikel z. B. „das Auto" und Konjunktionen wie „und", „aber" oder „weil". Es stellt erste Fragen, die zwar noch verkürzt sind, aber doch gezielt, wie „Is das?" oder „Heißt du?"

Die Sprechfreude des Kindes ist in diesem Alter sehr groß, es sagt alles nach, was es hört. Rhythmische und wiederkehrende Äußerungen oder Sprüche, z. B. aus der Werbung oder in Kinderreimen machen ihm am meisten Spaß. So festigt und erweitert es seinen Wortschatz, der bis zum Ende des 3. Lebensjahres auf rund 800 Wörter angestiegen ist.

Beim Spielen führt das Kind gerne Selbstgespräche, wobei es sich mit seinen Puppen und Stofftieren unterhält. So werden seine Handlungen sprachlich ergänzt und geistig strukturiert.

In diesem ersten Fragealter zeigen Kinder großes Interesse an Bilderbüchern. Dabei ist die Art und Weise des „Lesens" sehr unterschiedlich: Einige Kinder möchten immer nur über eine bestimmte Szene oder Handlung in einem Bilderbuch sprechen, andere wollen über einen längeren Zeitraum nur ein- und dasselbe Buch anschauen, während manche ein Buch nur als Anlass für ein Gespräch brauchen. In jedem Fall erfahren alle Kinder auf diese Weise eine intensive Sprachförderung, die gleichzeitig ihre Intelligenz steigert.

2.4.2 Allgemeine Hinweise zur Sprach- und Literaturförderung

▶ Bei Sprech- oder Sprachfehlern das Kind nicht verbessern oder nachsprechen lassen, sondern die Äußerung selbst korrekt wiederholen, z. B. Kind: „Tatte hinefalln." Erwachsener: „Ist dir die Tasse hingefallen?" oder Kind: „Telefon hat mit Mama redet." Erwachsener: „Ja, du hast gerade mit Mama am Telefon geredet."

▶ Mit dem Kind malen. Besonders geeignet sind Wachsmalkreiden und Fingerfarben.

▶ Viel Material zum Experimentieren anbieten.

▶ Einfache Rollenspiele spielen wie Vater-Mutter-Kind, einkaufen gehen, verreisen, kochen usw. und jeden Handlungsschritt kommentieren.

▶ An vergangene Erlebnisse erinnern und bereits erzählte Geschichten wiederholen. Das Kind fragen, was es gemacht hat.

▶ Wimmelbilderbücher wiederholt anschauen. Entsprechend des Entwicklungsalters erschließt sich dem Kind der Sinn der abgebildeten Szenen manchmal erst nach mehrmaligem Anschauen. Eine Interpretation durch den Erwachsenen ist aber überflüssig, da voreilige Bilderklärungen das Kind hemmen, eigene Antworten zu finden. Seine Empfindungen beim Betrachten eines Szenenbilderbuches zeigt das Kind in Bewegungs- und Nachahmungsspielen, es spielt das Gesehene nach, z. B. wie ein Vogel fliegen, wie ein Ball hüpfen, wie ein Auto fahren oder wie eine Katze schleichen.

▶ Beschreiben, was in Bilderbüchern geschieht, z. B. „Der Junge ist hingefallen." „Die Kinder spielen im Sandkasten."

▶ Bestimmte Handlungen nicht nur beschreiben, sondern auch begründen, z. B. „Das Kind weint, weil es sich weh getan hat." „Wir backen heute einen Kuchen, weil die Oma zu Besuch kommt."

▶ Szenenbilderbücher mit besonderen Spieleffekten einsetzen. Diese Bilderbücher fordern schon durch ihre besondere Beschaffenheit zu aktivem Spiel heraus. Denn Sprache, die durch Bewegung unterstützt wird, bleibt besonders nachhaltig im Gedächtnis haften. Ein Kind lernt z. B. schneller den Begriff „Kaninchen", wenn es das weiche Fell im Bilderbuch anfassen kann, die Namen der Baumaschinen prägen sich besser ein, wenn vorher eine „Klappe im Bauzaun" geöffnet werden kann oder Raum-Lage-Zuordnungen wie „oben"/ „unten" werden sicherer erlernt, wenn das Kind unter dem Riesenbilderbuch liegt und parallel dazu den entsprechenden Begriff hört. Anschauung, Handlung, Sprache, drei wesentliche Ebenen der Welterfassung werden durch diese Bilderbücher beim Kind angeregt.

▶ Gemeinsam kurze Geschichten auf einer CD anhören. Mit dem Kind über das Gehörte sprechen.

2.4.3   Wimmelbücher und Szenenbilderbücher

Berner, Rotraud Susanne: **Sommer-Wimmelbuch**, Gerstenberg, Hildesheim, 6. Auflage, 2007, ab 2 Jahre

Die Sonne scheint, vereinzelt sind kleine Wolken am Himmel zu sehen, in der Stadt und drum herum herrscht reges Treiben. Viele Bekannte aus den ersten beiden Wimmelbüchern (Winter-Wimmelbuch/Frühling-Wimmelbuch) treffen wir wieder: Der Bauer fährt die Ernte ein, Thomas und Lene, die auf dem Flohmarkt gebrauchte Sachen verkaufen wollen, der alte Friedrich, der noch Fahrstunden nimmt und Kater Mingus, der im Stadtpark Mäuse jagt. Aber warum tragen einige der Kinder und Erwachsenen so eigenartige Pakete durch die Gegend? Da bricht plötzlich ein Sommergewitter los. ... und das ist nur eine ganz kleine Auswahl der Geschichten, die es im Sommerwimmelbuch zu entdecken gibt.

Ganz ohne Worte erzählt Rotraud Susanne Berner auch in diesem großformatigen Buch ihre zahlreichen Geschichten. Insgesamt ist das Buch klar und übersichtlich illustriert. Die Schauplätze werden mit freundlichen Charakteren kombiniert, die einen hohen Widererkennungswert aufgrund von Accessoires und Kleidung haben. Eine kurze Anleitung, wer welchen Namen trägt und wer in welcher Beziehung zueinander steht, gibt es auf der Rückseite des Buches. Gerade das Verfolgen der einzelnen Personen in ihren individuellen Handlungsräumen und das geschickte Verflechten einiger Geschichten macht das Buch einzigartig und spannend.

Hinweise zur Erschließung

Der Erwachsene kann dieses Wimmelbuch mit dem Kind auf zwei unterschiedliche Arten „lesen":

▶ Auf jeder einzelnen Seite können Details entdeckt und verfolgt werden, z. B. was im Sommer auf dem Bauernhof, im Kulturhaus oder im Park am See passiert.

▶ Einzelne Personen werden über mehrere Seiten begleitet und gemeinsam wird herausgefunden, was sie alles erleben, wie z. B. der leicht zerstreut wirkende Buchhändler Armin, die pinguinliebende Nonne Martha oder der turbantragende Inder Santhosch.

Büsch, Dieter/Weinhold, Angela/Büsch, Siegrid/Krummel, Theora (Illustratoren): **Sachen suchen,** Ravensburger Buchverlag, Ravensburg, 8. Auflage 2004, ab 2 Jahre
Jede Doppelseite zeigt einen Themenbereich aus der nahen Umwelt des Kindes: Eisenbahn, Baustelle, Feuerwehr, Krankenhaus und Bauernhof. Zu jedem Bereich gibt es eine Vignettenleiste mit Details, die zum Suchen auffordern. Die stabilen, abwaschbaren Seiten sind nahezu unzerreißbar und für einen robusten spielerischen Umgang geeignet.

Hinweis zur Erschließung

Der Umgang mit diesem Buch erklärt sich allein schon durch den Titel.

Schnabel, Dunja: **Alle fahren mit,** Oetinger, Hamburg 2004, ab 2 Jahre
In einer etwas abstrakt anmutenden Bildsprache mit Farben, wie man sie in der Pop-Art kennt, erzählt die Autorin und Illustratorin Dunja Schnabel ein kurze Geschichte, die verschiedene Handlungsstränge verfolgt, wie etwa der diebische Hund, der sogleich von der Polizei (dem Krokodil) mit Tatütata eingefangen wird, oder der Tiger auf dem Skateboard, der hinfällt, sich verletzt und vom Krankenwagen mitgenommen wird. Alle im Buch vorkommenden Tiere werden durch entsprechende Ausstanzungen (Gucklöcher) in die passenden Fahrzeuge gesetzt. Am Ende der Geschichte stehen all diese Fahrzeuge im Parkhaus. Ein Bilder- und Gucklochbuch aus stabiler Pappe in einer knallbunten, plakativen Bildsprache und einfallsreichen Details. Die gereimten Verse unterstützen die Bildgeschichte, spielen aber nicht die Hauptrolle.

Hinweis zur Vertiefung

Kleine Schuhkartons mit ausgestanzten Fenstern, Türen, Kofferraumklappen werden von dem Erwachsenen zu Fahrzeugen gestaltet. Das Kind setzt die Protagonisten (Spielfiguren) der Bildgeschichte in die Fahrzeuge und fährt mit oder ohne Begleitung der Verse durch das Spielzimmer.

Schmid, Sophie/Grimm, Sandra: **Großer Hund und kleiner Hund,** Oetinger, Hamburg 2007, ab 2 Jahre

Der große Hund und der kleine Hund sind echte Freunde. Ihre Hundehütten liegen direkt nebeneinander und die beiden machen alles zusammen. Gemeinsam unternehmen sie Ausflüge in die Umgebung, z. B. an den See, zu den frechen Katzen oder zum Würstchen-Stibitzen.

Auf jeder Doppelseite kann das Kind an der Lasche ziehen, wodurch sich die Lamellenbilder verändern und Bewegung sichtbar machen. Das Kind kann aktiv in die Geschichte eingreifen und wird somit von dem Verwandlungseffekt fasziniert sein.

Hinweis zur Erschließung und Vertiefung

Die kleine Freundschaftsgeschichte kann mit einem großen und einem kleinen Stoffhund begleitet werden.

Weninger, Brigitte/Yonezu, Yusuke, Kiel: **Nori. Bye-Bye,** Schnuller, Michael Neugebauer Edition, Bargteheide 2007, ab 2 Jahre

Eines Tages verliert der kleine Kater Nori seinen Schnuller. Ein Elefant, ein Schaf und viele andere Tiere finden ihn. Da sie aber so etwas nicht kennen, benutzen sie es anderweitig: als Schaukel, Haarspange oder Rüsselring. Zu guter Letzt bekommt Nori seinen Schnuller wieder, aber jetzt braucht er ihn auch nicht mehr und lässt ihn mit einem Luftballon davonfliegen.

Die kurze einfühlsame Geschichte mit großflächigen, farbintensiven Bildern bietet Kindern eine Möglichkeit an, wie sie sich von ihrem Schnuller endgültig lösen können.

Ondracek, Claudia/Fries, Claudia: **Klapp auf und entdecke die Baustelle,** Loewe Verlag, Bindlach 2004, ab 2 Jahre

Ein neuer Supermarkt wird gebaut. Da gibt es immer wieder etwas Neues zu entdecken: Bagger heben Löcher aus, Lastwagen bringen Steine und Sand, Bauarbeiter mischen den Beton u.v.m.

Ein Gucklochbilderbuch mit stabilen Klappen, hinter denen sich immer neue, kleine Szenen verbergen. Die Kinder werden so zum Raten, Fragen und Erzählen angeregt.

Hinweis zur Erschließung und Vertiefung

Das aufgestellte Guckloch-Buch fordert regelrecht zum Nachspielen der Geschichte auf.

Antoni, Birgit: **Ich zeig dir meine Lieblingsfarbe,** Oetinger Verlag, Hamburg 2007, ab 2 Jahre

Das Zieh-Klapp-Dreh-Bilderbuch stellt den Betrachtern die Frage: „Was ist deine Lieblingsfarbe?" Rot wie das schnelle Feuerwehrauto oder die leckeren Kirschen? Bananengelb oder Erbsengrün? Blau wie der Himmel und das Meer? Auf jeder Doppelseite finden die Kinder Beispiele, die dazu anregen, weitere zu finden. Hinter den großen Klappen verstecken sich Dinge, die Kinder gar nicht mögen: grüne Spinatmonster, der lilafarbene Hut von Tante Mathilde und braune Hundehaufen.

Der Ziehschuber auf dem Cover zeigt die vier Farben, um die es geht – und mit der Drehscheibe am Ende können die Kinder ihre Lieblingsfarbe selbst mischen.

Hinweis zur Vertiefung

Das Bilderbuch fordert Kinder dazu auf, Farben kennenzulernen und zu benennen. So können z. B. Gegenstände mit den entsprechenden Farben drinnen oder draußen gesucht werden.

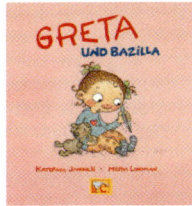

Janouch, Katerina/Lindman, Mervi: **Greta und Bazilla,** Ellermann Verlag, München 2008, ab 2 Jahre
Gretas Freund Leo hustet. Dabei springt ihm „Bazilla" aus dem Mund. Sie fliegt sofort in Gretas Ohr, tobt und tanzt darin herum. Bazilla tanzt immer wilder und Greta bekommt davon Ohrenschmerzen. Der Doktor muss kommen und verschreibt ihr eine Medizin. Nun kann Greta wieder gesund werden.
Eine witzig erzählte und illustrierte Alltagsgeschichte, die sich gut zum Vorlesen am Krankenbett eignet. Von Greta sind noch zwei weitere Bilderbücher erschienen: Greta will ganz viele Pflaster (2006) und Greta will baden (2007).

Maar, Paul/Dormann, Erik: **Alle meine Entchen ... lustig weitergereimt,** Oetinger Verlag, Hamburg 2007, ab 2 Jahre
Den Kinderlied-Klassiker „Alle meine Entchen schwimmen auf dem See" kennt sicher jeder, aber in diesem Bilderbuch hat Paul Maar weitere Tiere hinzugefügt wie Ferkel, Hennen oder Kühe und weitergereimt. Zum Beispiel: „Alle meine Mäuse tanzen auf dem Tisch, fressen gerne Körner, mögen keinen Fisch."
Die heiteren Strophen und bunten Illustrationen regen zum Nachsprechen, Singen und Spielen an.

Hinweis zur Erschließung und Vertiefung

Die einzelnen Strophen werden gemeinsam gesungen und durch passende Bewegungen der Tiere ergänzt.

2.4.4 Klassiker: Rundherum in meiner Stadt

Mitgutsch, Ali, Ravensburger Buchverlag, Ravensburg 2007, ab 2 Jahre
Ali (Alfons) Mitgutsch (*1935) zählt zu den beliebtesten deutschen Bilderbuchautoren. Bekannt wurde er durch seine „Wimmelbilderbücher" für Kinder, die auf jeder (Doppel-)Seite viele kleine Alltagsszenen in einem großen Bild vereinen. Damit gehörte er zu den Pionieren in der deutschen Bilderbuchlandschaft, denn diese Form von Bilderbüchern war seinerzeit vollkommen neu. Somit erklärt es sich auch, dass sein erstes Buch: „Rundherum in meiner Stadt", das bereits 1967 erschien, mit dem Deutschen Jugendliteraturpreis 1969 ausgezeichnet wurde. Die Illustrationen, durchweg Alltagsdarstellungen, zeigen z. B. eine Baustelle, eine Skipiste, einen Hafen voller Schiffe oder einen Querschnitt eines Mehrfamilienhauses.
Mitgutsch selbst bezeichnet seine Bücher übrigens nicht als „Wimmelbilderbücher", sondern „sich selbst erzählende Bilderbücher". Er findet es am wichtigsten, die Fantasie der Kinder anzuregen. „Die Fantasie wird unterdrückt und ausgedörrt durch unser Erziehungs- und Lehrsystem, durch die geringe Zeit, die Eltern für ihre Kinder aufzubringen bereit sind und durch das Fernsehen," sagt Mitgutsch. Erwachsene würden überflutet von Eindrücken und wüssten gar nicht mehr zu selektieren. Dagegen gelte es anzugehen und die eigene „Festplatte an Bildern", die man sich in seiner Kindheit angelegt habe, nicht mit Trash[1] vollzuladen.
Im eigentlichen Sinne sind seine Vielzahl seiner Bilderbücher Sachbücher. Aber nicht im Sinne trockener Wissenschaftlichkeit, sondern Mitgutsch stellt Kindern die Welt so vor, dass sie staunen können. Mit seinen Wimmelbilderbüchern, „Bei uns im Dorf", „Rund ums Rad", „Komm mit ans Wasser" u.v.m. werden Erwachsene und auch schon jüngere Kinder zum gemeinsamen Suchen und Finden angeregt. Aber auch die größeren Kinder werden nicht müde, sich gegenseitig auf lustige Einzelheiten aufmerksam zu machen: „Was mag wohl der kleine Junge am Strand in dem viel zu großen Mantel und der Krone auf dem Kopf im Schilde führen?" „Was stellt der Bräutigam da mit der Braut an, wenn er sie über die Schwelle trägt?" Antworten auf diese Fragen liefert allein die eigene Fantasie, die angesichts der Vielzahl an Möglichkeiten, die seine Bilder bieten, nicht zum Ende ihrer Kreativität kommt. Das sind gute Anlässe für Gespräche, die über das tatsächliche Bild hinausgehen.

Hinweise zur Erschließung

Der Erwachsene und das Kind spielen: „Ich seh' etwas, was du nicht siehst ...", woraufhin ein Gegenstand, eine Figur, eine Farbe oder eine Tätigkeit auf dem Bild gesucht werden muss.
Zur Fokussierung kann ein „Guckloch", ein aus Papier geschnittenes Fenster oder eine Lupe benutzt werden. Damit wird differenzierte Beobachtung als auch die „Figur-Grund-Wahrnehmung" geübt und die Benutzung eines „Bild-Detektivs" macht darüber hinaus schon jungen Kindern Spaß.

---
[1] trash: engl. Müll, Abfall

2.4.5   MeKi: Karlchen-Geschichten (CD-Hörbuch)

Berner, Rotraud Susanne, Der Hörverlag, München 2005

Karlchen hat den Kopf voll verrückter Ideen. So wünscht er sich mitten im Sommer Weihnachten, damit er nicht so lange auf Geschenke warten muss. Mal spielt er friedlich mit Cousine Käthe, mal muss er sich mit ihr streiten. Oder er möchte 1000 Freunde zu seinem Geburtstag einladen.

Liebevoll liest Juliane Köhler die ruhigen und harmonischen Geschichten von Karlchen und seinen Erlebnissen im Alltag, untermalt von entspannender Musik.

Einzelne Karlchen Geschichten gibt es auch als Bilderbücher: Guten Morgen, Karlchen (2001), Gute Nacht, Karlchen (2001), Wo ist Karlchen (2002), Karlchen geht einkaufen (2003) und als Sammelband Karlchen-Geschichten (2003), Hanser Verlag, München.

Hinweis zur Erschließung

Als erstes Hörbuch ist es für Kleinkinder evtl. vor dem zu Bett gehen geeignet, denn jede Geschichte dauert nur wenige Minuten.

Impulse zur Vertiefung

1. *Wählen Sie ein Wimmelbilderbuch aus. Schreiben Sie zu den dargestellten Szenen auf einer Doppelseite kleine Geschichten, die Sie Kleinkindern erzählen oder vorlesen können.*

2. *Betrachten Sie mit einem zweijährigen Kind ein Wimmel- oder Szenenbilderbuch ohne Text und notieren Sie die Fragen des Kindes.*

3. *Sichten Sie in der Kinderbücherei Szenenbilderbücher für Zweijährige. Stellen Sie fest, ob die Spielmöglichkeiten von der äußeren Gestaltung des Buches, der dargestellten Handlung oder von beiden ausgehen. Präsentieren Sie Ihr ausgewähltes Szenenbilderbuch in der Lerngruppe.*

2.5 Das Ich-Alter (3 Jahre)

In drei Wochen kommt Leonie (3 Jahre und 3 Monate) in den Kindergarten „Löwenzahn". Sie freut sich schon sehr darauf, denn ihr großer Bruder Jonathan (5 Jahre und 4 Monate) besucht den gleichen Kindergarten. Voller Stolz holt Jonathan sein Bilderbuch „Im Kindergarten ist es toll" (Albarello) von Julia Volmert. Er „liest" es Leonie vor, denn er kann den ganzen Text auswendig. „Guck Leonie, das ist Bärbel. Die heißt genauso wie unsere Erzieherin im Kindergarten. Die ist total nett. Hier, guck, die hilft dem kleinen Jungen, der traut sich nämlich gar nichts." „Warum?", fragt Leonie. „Der ist noch neu im Kindergarten." „Was macht der Junge da?" „Der klettert in das Baumhaus. So eins haben wir auch im Kindergarten. Das hab' ich dir doch schon mal gezeigt." Leonie hört gespannt zu.

100 cm

2.5.1 Was neu ist in der Sprachentwicklung

Wenn das Kind von sich erzählt, sagt es nicht mehr seinen eigenen Namen, sondern bezeichnet sich selbst mit „ich" und unterscheidet außerdem „meins" und „deins".

Es benutzt nun die Sprache immer mehr in seiner Funktion wie ein Erwachsener. Dabei bemüht es sich um verständliche sprachliche Erklärungen. Selbst aggressive Gefühle werden zunehmend sprachlich zum Ausdruck gebracht, z. B. durch Schimpfwörter.

Am Ende des vierten Lebensjahres hat das Kind auch schon die schwierigen Laute „s, sch, r" in seinem Programm. Hin und wieder bildet es korrekt den Plural wie „die Autos", „die Kinder" und benutzt schon Vergangenheitsformen, z. B. „Ich habe gespielt" oder „Wir haben Kuchen gegessen". Wird in der Familie viel und differenziert gesprochen, beherrscht das Kind mit vier Jahren viele verschiedene Satztypen mit sechs bis acht Wörtern. Wenn es einfache Sätze bildet, Satzbestandteile variiert und grammatikalische Formen benutzt, plappert es dem Erwachsenen keineswegs nur alles nach. Vielmehr filtert es aus der gehörten Sprache Regeln heraus, die es dann aber auch sehr strikt anwendet, wie z. B. im folgenden Comic:

In diesem Alter erzählt das Kind schon kleine Geschichten und beschreibt, was die Figuren in seinen Bilderbüchern machen. Mit vier Jahren hat sich sein Wortschatz verdoppelt. Es spricht nun ca. 1500 Wörter.

2.5.2   Allgemeine Hinweise zur Sprach- und Literaturförderung

▶ Kinder öfter dazu auffordern, den Ablauf des vergangenen Tages oder Wochenendes zu schildern und der Reihe nach zu erzählen. Dies kann am Wochenanfang in der Kita zu einem Ritual werden: Dabei wird ein „Sprechstein" im Kreis herumgegeben. Das Kind, das den „Sprechstein" in Händen hält, erzählt. Auf diese Weise lernen Kinder, Erinnerungen wachzurufen, geistig zu ordnen und sich verständlich mitzuteilen.

▶ Zur Stärkung des Kurzzeitgedächtnisses kann das Sprachspiel „Superlanger Schlangensatz" gespielt werden: Die Erzieherin beginnt z. B. „Die Katze schleicht durch das Gras." Der nächste Mitspieler ist an der Reihe und fügt ein Detail hinzu: „Die schwarze Katze schleicht durch das Gras." „Die schwarze Katze schleicht durch das hohe Gras ..." Nach mehrmaligen Wiederholungen werden die Kinder selbst „superlange Schlangensätze" erfinden.

▶ Mit den Kindern lustige Wörter erfinden und mit Lauten spielen, z. B. den (Spiel)figuren in Rollenspielen oder Bilderbuchgeschichten Namen geben, die in erkennbarem Zusammenhang stehen, z. B. erhält der Stoffhase den Namen „Wuschel", weil er so ein weiches Fell hat.

Rhythmische Klangreime, die in ihrer Vertonung zu Endlosliedern werden, kommen dem Bedürfnis des Kindes entgegen, mit seltsam klingenden Worten und Lauten zu spielen.

O money (überliefert)[1]

▶ Um die differenzierte Hörfähigkeit der Kinder zu trainieren und bestimmte Buchstabenkombinationen besser unterscheiden zu können, bieten sich insbesondere Kinderreime an, z. B.

---

[1] in: Mühlenberg, Gisela: Budenzauber, Ökotopia Verlag, 4. Auflage, Münster 1994, S. 45

Silben zum Kauen und Lutschen[2]

Banine	Meline	Marine	
und Banene	und Melene	und Marene	
und Banane	und Melane	und Marane	
und Banone	und Melone	und Marone	
Aline	Lawine	Praline	
und Alene	und Lawene	und Pralene	
und Alane	und Lawane	und Pralane	
und Alone	und Lawone	und Pralone	
Rosine	Kantine	Kanine	
und Rosene	und Kantene	und Kanene	
und Rosane	und Kantane	und Kanane	
und Rosone	und Kantone	und Kanone	
Heline	Zitrine	Sirine	
und Helene	und Zitrene	und Sirene	
und Helane	und Zitrane	und Sirane	
und Helone	und Zitrone	und Sirone	
Schabline	Karline	Simine	Chiline
und Schablene	und Karlene	und Simene	und Chilene
und Schablane	und Karlane	und Simane	und Chilane
und Schablone	und Karlone	und Simone	und Chilone

Weitere Sprachspiele dieser Art findet man z. B. in: Anger-Schmidt, Gerda/Habinger, Renate: Neun nackte Nilpferddamen, NP Buchverlag, St. Pölten 2004

▶ Mit den Kindern wirklichkeitsnahe Bilderbücher anschauen. Das Dreijährige kann jetzt schon Szenenfolgen erfassen, die in ihrem Handlungsverlauf einfach und leicht durchschaubar sind. Es versucht dabei Beziehungen zwischen einzelnen Informationen herzustellen und die Handlungsweisen der auftretenden Menschen oder Tiere zu verstehen. Es bangt und freut sich mit den Protagonisten und identifiziert sich weitgehend mit dem Geschehen. Aus diesem Grunde müssen die Bilderbuchgeschichten sorgfältig ausgewählt werden. Ein wichtiges Kriterium bei der Auswahl ist der soziokulturelle Hintergrund, die Motivation und die Handlungsweise der Akteure im Bilderbuch. Bilder und Text müssen sich an den Erfahrungen der Kinder orientieren und nicht nur einseitig aus der Sicht des Erwachsenen gestaltet sein. Auch bei Drei- bis Vierjährigen ist das Denken noch sehr an konkrete Erfahrungen gebunden. Realistische Bilderbuchgeschichten helfen Kindern dabei, sich ein Bild von der Welt machen zu können, ob es dabei um Zuhause oder Anderswo geht, um Berufe, Tiere oder den ganz normalen Kinderalltag.

▶ Nachdem die Hauptpersonen im Bilderbuch eingeführt sind und die Handlung begonnen hat, die Geschichte von den Kindern fortsetzen lassen. Dabei können eigene Gedanken entwickelt, Ängste, Befürchtungen und Zuversicht gezeigt werden. Wissen die Kinder nicht weiter, gibt die Erzieherin Hilfestellung und zeigt den tatsächlichen Schluss der Geschichte.

---

2   Spohn, Jürgen, in: Gelberg, Hans-Joachim (Hrsg.), Geh und spiel mit dem Riesen, Beltz & Gelberg, Weinheim 1971, S. 40

2.5.3   Wirklichkeitsnahe Bilderbuchgeschichten

Dros, Imme/Geelen, Harrie: **Ich will die!,** Parabel Verlag, München 2007, ab 3 Jahre

Lisa braucht neue Schuhe. Und sie weiß ganz genau, welche sie will: die roten. Zwar gibt es die nicht mehr in ihrer Größe, sondern nur eine Nummer kleiner, aber Lisa gibt nicht nach. Am nächsten Morgen zieht sie voller Stolz ihre neuen Schuhe an, aber bald schon macht sie schmerzhafte Erfahrungen.

Die liebevoll gestaltete Bilderbuchgeschichte, selbstverständlich mit einem guten Ende, zeigt realitätsnah die Auseinandersetzung zwischen der trotzigen Lisa und ihrer Mutter, jedoch ohne erhobenen Zeigefinger.

Hinweis zur Vertiefung

Im Anschluss an die Bilderbuchbetrachtung können die Kinder von ihren besonderen Wünschen erzählen.

van Leeuwen, Joke: **Hast du meine Schwester gesehn?** Gerstenberg Verlag, Hildesheim 2008, ab 3 Jahre

Ein kleiner Junge sucht seine große Schwester. Er nimmt den Betrachter mit auf seine Suche und fragt jeden, der ihm begegnet. Wo kann sie nur stecken? Vielleicht hinter der Mauer da? Hinter jeder Seite dieses preisgekrönten Pappbilderbuches verbirgt sich etwas ganz anderes, als wir zunächst zu sehen glauben.

Ein Klappbilderbuch voller Überraschungen, mit farbenfrohen, expressiven Bildern von Joke van Leeuwen und wenig Text, das einlädt zum Raten und Suchen.

Hinweis zur Erschließung

Vor dem Umblättern jeder Seite raten die Kinder, welches Tier oder Wesen sich dort versteckt halten könnte.

Damm, Antje: **Was ist das?,** Gerstenberg Verlag, Hildesheim 2006, ab 3 Jahre

„Was ist das?" Diese Frage stellt die Autorin in diesem kleinformatigen Buch gleich 22 Mal. Und so wird z. B. aus zwei Möhren, die auf Gehwegplatten liegen, auf der nächsten Seite ein Hase, indem der Rest seines Körpers mittels Kreide auf den Boden gemalt wurde. Ein gelber Gartenschlauch wird durch Hinzufügen von Kopf, Zunge und Schwanz zur zischenden Schlange usw.

Alle diese „Verwandlungsmöglichkeiten" beleuchtet das Bilderbuch, dessen detailreiche Fotos optisch sehr ansprechend umgesetzt wurden. Kinder und Erwachsene finden hier etliche Anregungen, die ihre Fantasie beflügeln können.

Hinweis zur Erschließung und Vertiefung

Alle Situationen können auch im Alltag anregen, die Dinge selbst (wieder) ein wenig anders zu sehen und Gegenstände zum Leben zu erwecken. Schließlich fördert dieses Spiel auch das assoziative Denken und Vorstellungsvermögen der Kinder – eine Fähigkeit, die beim späteren Schriftspracherwerb von Nutzen sein kann. Doch vor allem macht es Kindern einfach Spaß, die Dinge in neuer Zusammenstellung zu entdecken und zu erraten.

Kolanovic, Dubravka: **Anna und das Rotkehlchen,** bohem press, Zürich 2004, ab 3 Jahre

Anna freut sich immer sehr auf die Besuche bei ihren Großeltern. Zu jeder Jahreszeit gibt es dort etwas anderes zu erleben und zu sehen.
Im Frühjahr wandert sie mit Oma durch den Wald, der Sommer lädt ein, im Schatten eines großen Baumes auszuruhen, der Herbst beeindruckt durch seine prächtigen Farben und im Winter ist es ganz still und Anna sieht nur wenige Tiere im Wald.
Kinder können die verschiedenen Jahreszeiten und ihre Besonderheiten kennenlernen. Hauptsächlich werden Tiere und Pflanzen dargestellt. So ist auf jeder Seite des Buches Annas Rotkehlchen zu sehen, aber auch andere Waldbewohner wie Bär, Fuchs, Hase oder Reh sind auf den naturgetreu gezeichneten Aquarellbildern zu entdecken.

Hinweis zur Erschließung

Die Jahreszeiten als auch Namen von Tieren und Pflanzen können mit diesem Bilderbuch erarbeitet werden.

Künzler-Behncke, Rosemarie/Kraushaar, Silvia: **Leonie und ihre Kuscheldecke,** Carlsen, Hamburg 2006, ab 3 Jahre

Leonie liebt ihre rosa-rot-gestreifte Kuscheldecke mit aufgesticktem Herzchen über alles. Sie nimmt sie überall mit hin. Höchst unglücklich ist Leonie, als sich ihre Mutter endlich entschließt, heimlich die Decke zu waschen. Schnell muss Leonie ihre „neue" Decke wieder in den geliebten Zustand zurückversetzen.
Die Illustrationen sind farbenfroh und freundlich. Die Kinder werden sich gleich mit der Hauptfigur Leonie und ihrer kleinen Welt identifizieren. Rosemarie Künzler-Behncke erzählt die verschiedenen Umstände und kleinen Begebenheiten von Leonie und ihrer Kuscheldecke in einfacher Sprache, der Kinder gut folgen können.

Hinweis zur Vertiefung

Die Kinder erzählen von ihren Kuscheltieren oder Kuscheldecken und bringen sie mit in den Kindergarten.

Olten, Manuela: **Muss mal Pipi,** Carlsen Verlag, Hamburg 2005, ab 3 Jahre

Als der kleine Ich-Erzähler noch ein Baby war, war es einfach, denn er hatte eine Windel. Aber jetzt ist der Junge groß und geht auf die Toilette. Und das ist gar nicht so einfach, denn es gibt da Regeln, die nicht ganz einfach zu verstehen sind: Zu Hause darf er z. B. nicht im Stehen Pipi machen, im Kaufhaus soll er im Stehen Pipi machen, im Schwimmbad muss er, darf aber nicht.
Manuela Olten gelingt es durch ihre frechen Illustrationen und den pointierten, knappen Text das Thema Toilettengang auf witzige Weise kindgerecht zu vermitteln.
Die sehr bunten, aber durchgängig in sehr warmen Farben gemalten Bilder beschränken sich auf das Wesentliche, bis auf einige wenige gezielt eingesetzte Details wie z. B. die Klorolle, die an Mamas Fuß klebt. Selbst die Typographie, der stetige Wechsel zwischen Groß- und Kleinschreibung wurde offensichtlich bewusst eingesetzt, denn der kleine Junge ist gerade auf dem besten Wege „groß" zu werden!

Hinweis zur Vertiefung

Nach der Bilderbuchbetrachtung bietet sich ein Gespräch mit den Kindern über die notwendige Hygiene beim Toilettengang an.

Sams II, Carl R./Stoick, Jean/Sams, Carl R.: **Das Geheimnis im Winterwald**, Kerle Verlag, 2. Auflage, Freiburg 2004, ab 3 Jahre
Das malerische Foto-Bilderbuch über die Tiere im winterlichen Wald erzählt die Geschichte, wie die Tiere eines Morgens einen eigenartigen Fremden in ihrem Wald bemerken und schließlich herausfinden, dass es sich bei diesem weißen Wesen mit roter Mütze und köstlicher Karottennase um einen Schneemann handelt. Aber er ist nicht der einzige Fremde im Wald.
Mit wundervollen Nahaufnahmen zeigen die beiden Fotografen und Autoren Carl R. Sams II und Jean Stoick, die sonst so scheuen Waldbewohner in einer unberührten Winterlandschaft.

Hinweis zur Vertiefung

Auf dem Außengelände des Kindergartens wird mit den Kindern ein Schneemann nach Vorbild und Rezept des Bilderbuches gebaut. Vielleicht können auch Tiere, die sich dem Schneemann nähern, beobachtet werden.

Janisch, Heinz/Bansch, Helga: **Katzensprung**, Verlag Jungbrunnen, Wien 2004, ab 3 Jahre
Leo soll Herrn Borislaw Milch bringen und macht sich mit einem vollen Milcheimer auf den Weg. Herr Borislaw wohnt doch nur einen Katzensprung von zu Hause entfernt. Aber wie weit springt eine Katze? Leo probiert es einfach mal aus und meint, dass das gar nicht so weit ist. Und so werden aus dem Katzensprung ein Känguruhüpfer, ein Mäuseschritt und schließlich sogar nur noch ein Flohhüpfer. Leo probiert noch weitere Schritte und Sprünge aus, bis er schließlich bei Herrn Borislaw ankommt …
Die warmen Farbtöne der Illustrationen verleihen der Geschichte eine sehr harmonische Atmosphäre, trotz der vielen Bewegungen, die auf jeder Seite dargestellt werden.
Leo, mit dem sich viele Leser sicherlich identifizieren möchten, die tierischen Charaktere und der alte Herr Borislaw wirken alle äußerst sympathisch.
Der Text ist sehr kurz gehalten und der Altersstufe angepasst. Die kleinen verbalen Laute, z. B. „hepp" beim Katzensprung, „jaaaap" beim „Känguruhüpfer" oder „fs" beim Flohhüpfer unterstützen die Bewegungsabläufe sehr treffend.

Hinweis zur Vertiefung

Die einzelnen Tierbewegungen, die Leo in der Geschichte vormacht, können mit den Kindern gut nachgeahmt werden. Nebenbei erfahren sie auch, dass man Behälter mit Flüssigkeiten möglichst nicht in der Hand halten sollte, wenn man gerade lieber hüpfen und springen möchte.

2.5.4   Bilderbuch-Klassiker

Beskow, Elsa: **Pelles neue Kleider,** Verlag Urachhaus, Stuttgart, Neuauflage 2004, ab 3 Jahre
Elsa Beskow (1874 –1953) war eine schwedische Kinderbuchautorin, Malerin und Illustratorin. Ihre zahlreichen Kinderbücher illustrierte sie selbst. Daher wird sie als erste schwedische Bilderbuchautorin angesehen. Viele von ihnen zählen zur klassischen schwedischen Kinderliteratur und werden auch weiterhin gelesen. Einige ihrer Bilderbücher sind aber auch in Deutschland bekannt, z. B. „Hänschen im Blaubeerwald", „Die Wichtelkinder" und „Pelles neue Kleider".
In diesem Bilderbuchklassiker, der ca. 100 Jahre alt ist, erzählt Elsa Beskow den Weg, den frisch geschorene Schafswolle durchläuft, bis daraus eine passende Jacke und Hose geschneidert werden kann. Der kleine Pelle wächst nämlich immerzu und nun werden ihm sogar die Hosenbeine und Jackenärmel zu kurz. Also schert er geschwind sein Lamm und bittet seine Großmutter, die Wolle weich und flockig zu kämmen. Als Gegenleistung jätet er in ihrem Garten die Möhrenbeete und geht mit der gekämmten Wolle zu seiner zweiten Großmutter, die ihm daraus Garn spinnt, während Pelle dafür ihre Kühe hütet. Nach und nach wird auf diese Weise aus der Wolle ein schöner neuer Anzug für Pelle.

Die Texte, in der Übersetzung aus dem Schwedischen, sind ebenso wie ihre Jugendstilbilder in leichter Buntstift-Aquarell-Technik schlicht gehalten und leicht verständlich.
„Pelles neue Kleider" macht auf sehr anschauliche Weise verständlich, wie aus Wolle Kleidung wird und wie das Prinzip von „Geben und Nehmen" das geglückte Zusammenleben von Menschen regelt.

Hinweise zur Vertiefung

Nach der Bilderbuchbetrachtung kann sich ein Gespräch über das Prinzip des „Gebens und Nehmens" anschließen.

▶ Durchführung des Projektes „Vom Schaf zur Tasche": Aus Schafsrohwolle wird mithilfe einer einfachen Holzspindel ein Faden gedreht, der anschließend auf einem Webrahmen zu einem Wollvlies verwebt und einer kleinen Tasche zusammengenäht wird.

2.5.5   MeKi: Was hör ich da? Im Wald (CD-Hörspiel)

Bartholomäus, Jens-Uwe, Der Hörverlag, München 2006, ab 3 Jahre
Gemeinsam mit Tim und Lara können junge Hörer in diesem Sach-Hörspiel eine aufregende Entdeckungsreise durch den Wald machen und dem Schimpfen der Amseln lauschen, das Trommeln der Spechte verfolgen, das Rauschen der Bäume erleben und vieles Weitere mehr.
In kurzen Geschichten, lustigen Liedern und einem animierenden Geräuschequiz werden auf spielerische Weise sowohl das Wissen über die Tiere und Pflanzen des Waldes vertieft als auch das aufmerksame Zuhören trainiert.

Hinweis zur Erschließung

Mit den Kindern der Geschichte und den Waldgeräuschen lauschen und diese erraten.

Impulse zur Vertiefung

1. *Der österreichische Dichter und Schriftsteller Ernst Jandl (1925–2000) reduziert die Sprache und schafft Lautkombinationen, indem er Buchstaben von Wörtern vertauscht oder wegfallen lässt. Er wird dadurch zu einem kreativen Spracherfinder, der mit seinen „Sprachmontagen" zum Experimentieren, aber auch zum Nachdenken anregt.*
Setzen Sie ein Jandl-Gedicht in eine bildliche Szenenabfolge und präsentieren Sie es Ihrer Lerngruppe, z. B. „fünfter sein" oder „Ottos Mops".

2. *Wählen Sie ein wirklichkeitsnahes Bilderbuch für dreijährige Kinder aus. Planen Sie eine altersgerechte Vermittlungsform.*

3. *Tiere, mit menschlichen Verhaltensweisen, wecken beim kindlichen Betrachter bzw. Leser sehr häufig Mitgefühl und Verständnis und verstärken somit die emotionale Auseinandersetzung und Identifikation. Auch in wirklichkeitsnahen Bilderbuchgeschichten spielt die Vermenschlichung der Handlungsträger meist eine wesentliche Rolle. Diskutieren Sie die Frage: „Vermenschlichte Tiere als Handlungsträger im wirklichkeitsnahen Bilderbuch – ja oder nein?"*

2.6   Das Warum-Alter (4 Jahre)

110 cm

Marie (4 Jahre und 6 Monate) geht schon seit zwei Jahren in den Kindergarten „Löwenzahn". Sie weiß ganz genau, dass heute Vorlesetag ist. Denn Frau Kruschel ist schon da. Frau Kruschel ist die Vorlesepatin des Kindergartens. Marie ist schon ganz aufgeregt: „Frau Kruschel, hast du wieder das eine Bilderbuch mitgebracht? Das mit der Maschine, wo vorne das Licht und das Bild ins Dunkle rauskommt?" „Ja, Marie, ich habe wieder ein Bilderbuch-Kino mitgebracht. Aber heute erzähle ich euch eine andere Geschichte, die Geschichte von einem kleinen Piraten", antwortet Frau Kruschel. „Was ist denn ein Pirat?" Marie will alles ganz genau wissen. „Warte, wenn du gleich die Geschichte hörst, dann weißt du, was ein Pirat ist." Frau Kruschel zieht die Vorhänge zu. Es ist ganz dunkel. Die Kinder haben es sich mit Kissen auf dem Boden gemütlich gemacht. Marie ist gespannt, gleich geht's los.

2.6.1   Was neu ist in der Sprachentwicklung

Im 5. Lebensjahr hat das Kind kaum noch Schwierigkeiten, das auszudrücken, was es sagen will. Seine Sätze werden immer länger, gelegentlich sogar mit kurzen Nebensätzen, z. B. „Weißt du, wo der Paul heute morgen war?" Viele Sätze lässt es jedoch unvollendet, folgt darin aber meist dem Vorbild seiner Bezugspersonen. Die Grammatik des Kindes ist differenzierter geworden. Häufig treten jedoch Fehler auf, z. B. beim Gebrauch der Pronomen etwa wie „seine Ball" oder „unserer Auto". Bei der Benutzung der unterschiedlichen Zeitformen entstehen mitunter kuriose Ableitungen, die bisweilen von Erwachsenen als Anekdoten erzählt werden, z. B.: „Mama, eine Biene hat mich gestachelt!" oder „Da haben wir geessen, getrinken und geskifahren!"

Der Wortschatz des Kindes ist jetzt stark gewachsen. Es beherrscht Wörter wie „Schlange", „Spielplatz" oder „Straße", denn es spricht die Lautverbindungen „schl, str, ng, sp, fr" richtig aus. Es kann die wichtigsten Körperteile benennen und deren Funktion erklären, Farben richtig zuordnen, nennt Zahlen, Geld, Automarken, Tierarten u. v. m. Zur Verblüffung der Erwachsenen kann es sich komplizierte Redewendungen, Werbesprüche oder aufgeschnappte Texte fremdsprachiger Popsongs merken. Gern übernimmt es auch Schimpfwörter oder umgangssprachliche Ausdrücke der Erwachsenen. Es ist in der Lage, dialogisch zu erzählen, d. h., es kann selbst Dialoge führen und auch wiedergeben.

Mit der Frage „Warum?" stellt das Kind das Handeln des Erwachsenen häufig infrage bzw. will Hintergründe erfahren. Oftmals ist diese Fragestellung aber auch rein rhetorisch, da es das „Warum?" ständig wiederholt, die Beantwortung unwichtig erscheint und nur die Kommunikation mit dem Erwachsenen im Vordergrund steht.

Das Kind kann zwischen Fantasie und Realität unterscheiden, das bedeutet, dass es auch die Standpunkte anderer Menschen verstehen kann. Passend zu diesen Fähigkeiten werden Rollenspiele intensiviert, d. h. die Realität wird in einer vorgestellten Fantasiewelt nachgespielt.

Der Spracherwerb ist in diesem Alter in seinen Grundzügen abgeschlossen, der Wortschatz des Kindes umfasst ca. 2000 Wörter.

Grundsätzlich ist der sprachliche Entwicklungsstand jedes Kindes in engem Zusammenhang mit dem Bildungsniveau und dem sozialen Status der Familie zu sehen. Eltern, die sehr viel Wert auf Gespräche in der Erziehung ihrer Kinder legen, Sprache als Mittel der Gefühlsdifferenzierung gebrauchen und sich mit Literatur beschäftigen, tragen zur besseren Sprachförderung ihrer Kinder bei als Eltern, die an einer verbalen Kommunikation mit ihren Kindern wenig Interesse zeigen. Ein Kind, das in seiner Familie nur kurze, einfache Sätze, Imperative, Fragen oder traditionelle Redewendungen erlebt, aber nicht lernt, wie es seine Gefühle und Gedanken sprachlich zum Ausdruck bringen kann, wird auch keine gesellschaftlichen Regeln und Wertvorstellungen erfahren.

Der amerikanische Sprachforscher Basil Bernstein prägte in diesem Zusammenhang die Begriffe „elaborierter" (entwickelter) und „restringierter" (eingeschränkter) Sprachcode, die von bildungsfernen Schichten der Gesellschaft verwendet werden.

Für Kinder bildungsferner Familien werden die Schwierigkeiten in der Schule immer größer, da alle Lerninhalte sprachlich vermittelt werden und die zu erreichenden Ziele weitestgehend unverständlich bleiben.

Aufgrund dessen versuchen Kindertageseinrichtungen und Schulen sprachliche Defizite von Kindern unterschiedlicher sozialer Herkunft aufzugreifen und durch gezieltes Sprachtraining und Literaturförderungsprogramme auszugleichen.

2.6.2   Allgemeine Hinweise zur Sprach- und Literaturförderung

▶ Im Rollenspiel können Kinder verschiedene Einstellungen erfahren, durchdenken, eigene Meinungen zum Ausdruck bringen, Konfliktlösungsmöglichkeiten erproben und Toleranz entwickeln.
Geeignete Spielräume und Requisiten für Rollenspiele bereitstellen. Rollenspiele bieten einen Spielrahmen, in dem Kinder nach eigenen Bedürfnissen ihre Beobachtungen in Handlung umsetzen und so oft wiederholen können, wie sie möchten, z. B. durch Autos, Spielzeugtiere, Holzfiguren, Verkleidungsmaterialien, Arztkoffer, Frisörutensilien, Haushaltsgegenstände, Puppenhaus, Handspielpuppen, Post-, Büro-, Verkaufszubehör, Decken, Tücher.

▶ Erlebnisse schaffen, die von den Kindern durch Rollenspiele vertieft werden können, z. B. durch Bilderbücher, Geschichten, Theateraufführungen, Filme, Besuche verschiedener öffentlicher Einrichtungen wie Polizei, Feuerwehr, Krankenhaus usw.

▶ Vier- bis Fünfjährige können bereits gut über sich selbst reflektieren. Realistische und fantastische Bilderbuchgeschichten, in denen die Handlungsträger das erfahren, was sie selbst in ihrem Alltag erleben, sind dafür besonders geeignet. Die Protagonisten werden zu Identifikationsfiguren, mit denen die Kinder Grenzen überschreiten, Ängste überwinden, Probleme bewältigen oder Konfliktsituationen meistern. Im anschließenden Gespräch mit dem Erwachsenen sollten Kinder auf jeden Fall die Möglichkeit haben, über das zu sprechen, was sie gerade besonders bewegt.

▶ Geschichten oder Gedichte erzählen, in die deutliche Fehler eingebaut werden, sog. „Lügengeschichten" oder „Lügengedichte". Die Wirkung dieser „verkehrten Welt" beruht auf dem Prinzip, dass zwei widersprüchliche Begriffe (z. B. schwarzer Schimmel) miteinander verbunden werden (= „Oxymoron"). Hierbei wird insbesondere die Aufmerksamkeit und Kritikfähigkeit des Kindes gefördert.

▶ Sprachspiele, Zungenbrecher oder lustige Sätze, in denen witzige Wortzusammenstellungen, gleich lautende Anfangsbuchstaben (Alliteration) oder einzelne Laute (Phoneme) gehäuft vorkommen zur Unterhaltung anbieten. Z. B.:

Können Möpse Klöpse klauen,
meinst du, dass sie sich das trauen?
Können Möpse Klöpse fressen,
wenn sie das Besteck vergessen?[1]

Dabei verlangt das bewusste Aufnehmen mehrerer gleichklingender Wörter ein gutes Gedächtnis, aber auch eine deutliche Artikulation, sodass die Sprachwahrnehmung und Sprechfertigkeit geübt werden kann.

▶ Kindern Hörspiele bzw. Hörbücher mit interessanten Geschichten und guter sprachlicher Qualität anbieten. Das bewusste Hören differenzierter Sprachmuster erleichtert die Verständigung der Kinder untereinander, vergrößert den Wortschatz und fördert Fantasie und Kreativität, da die Kinder sich selbst Bilder zum Gehörten vorstellen müssen.
(Empfehlungen dazu finden Sie in diesem Buch bei den entsprechenden Altersstufen.)

▶ Vier- bis Fünfjährige Kindergartenkinder haben meist gelernt, sich in Gruppen zu bewegen und mitunter mindestens eine halbe Stunde ruhig zu sitzen. Aus diesem Grunde können literarische Veranstaltungen besucht werden, bei denen die Kinder sehr häufig in das Geschehen mit einbezogen werden, z. B. Kindertheater, „Kasperle-Theater", Konzerte von Kinderliedermachern, Vorlesestunden und Bilderbuchkino in Bibliotheken.

2.6.3   Fantastische Bilderbuchgeschichten

Janisch, Heinz/Leffler, Silke: **Ich hab ein kleines Problem,** sagte der Bär, Annette Betz Verlag, Wien 2007, ab 4 Jahre
Der Bär hat ein kleines Problem, aber jeder, dem er davon erzählen will, hat schon vorher eine Lösung für ihn: Vom Schneider bekommt er einen Schal, vom Erfinder Flügel und vom Arzt Tabletten – doch es interessiert niemanden, was der Bär eigentlich möchte. Bis der Bär die kleine Fliege trifft, die ihm endlich zuhört.
Die zarten Bilder treffen die Stimmung des ängstlichen Bären genau, aber auch die Angst vor der Dunkelheit, die viele Kinder kennen.

Hinweis zur Erschließung und Vertiefung

▶ Um der Stimmung nachzuspüren und die vielen Einzelheiten zu entdecken, sollte den Kindern Zeit und Ruhe bei der Bilderbuchbetrachtung eingeräumt werden.

▶ Herstellung einer Vollkörperfigur als Spielobjekt: Die Hauptfigur einer Bilderbuchgeschichte wird als Vollkörperfigur (Höhe ca. 100 cm) aus Baumwollstoff genäht und mit Schaumstoff-Flocken gefüllt. Entsprechend der Darstellung im Bilderbuch wird sie gemeinsam mit den Kindern zum Leben erweckt, d. h., sie erhält einen Gesichtsausdruck, Haare, Kleidung und weitere für sie typische Requisiten. Eine lebensgroße Figur, wie z. B. der Bär aus dem o. g. Bilderbuch, bietet Kindern die Möglichkeit, sie in ihr spielerisches Tun einzubeziehen, sich mit ihr zu identifizieren und über die Bilderbuchgeschichte hinaus neue Spiel- und Gesprächsanlässe zu finden.

---

[1]   Schwarz, Regina/Schober, Michael: Können Möpse Klöpse klauen?, Boje Verlag, Erlangen 1995

Johnson, Crockett: **Der Zauberstrand,** Hanser Verlag, München 2007, ab 4 Jahre
Ann langweilt sich: Statt am Strand zu spielen, würde sie lieber zu Hause lesen. „Aber Geschichten sind doch bloß Wörter und Wörter nur Zeichen", findet Ben und schreibt etwas in den Sand. Er ist hungrig und hat das Wort „Marmelade" geschrieben. Da geschieht ein Wunder: Plötzlich steht ein Schälchen Marmelade da. Und so geht es weiter. Alle Wünsche werden erfüllt: das Brot zur Marmelade, ein Baum zum Picknicken und eine Märchengeschichte.
Wie in den Sand gekritzelt, skizziert Johnson die Wünsche der beiden Kinder auf hellbraunem Untergrund. Das Buch zeigt, wie in der Fantasie des Kindes neue Welten erschaffen werden.

Hinweis zur Vertiefung

Die Kinder malen mit Zauberkreide ihre Wünsche auf. Dazu bunte Tafelkreide für eine halbe Stunde in einen Liter Zuckerwasser (1 l Wasser, 3 EL. Zucker) legen. Dann mit der feuchten Kreide auf dunklem Tonpapier malen. Die Farben werden beim Trocknen sehr intensiv und wischfest.
<u>Achtung:</u> Die Kreide nicht wieder auf einer Tafel verwenden!

Janisch, Heinz/Kostyukevich, Artem, **Schatten,** Bajazzo Verlag, Zürich 2007, ab 4 Jahre
Ein heißer Sommertag, alles schläft: die Eltern, das Haus, die Wiese, die Obstbäume. Sven ist es langweilig. Er beschließt, eine kleine Runde durch die Stadt zu machen. Mit ihm erwachen auf einmal Schatten, die in der hellen Mittagssonne ihren ganzen Zauber entfalten. Er geht hinunter zum Hafen, beobachtet einen riesigen Hund und eine Katze, einen Mann und eine Frau. Sein Lieblingsplatz am Leuchtturm verwandelt sich urplötzlich in eine riesige Achterbahn.
Der kindlichen Fantasie werden durch die surreal anmutenden Illustrationen keine Grenzen gesetzt.

Hinweis zur Vertiefung

Gemeinsam mit einer Bezugsperson können sich die Kinder mit ihren Ängsten, insbesondere vor großen, unheimlichen Schatten auseinandersetzen. Im Gespräch lassen sich Angstaspekte analysieren und im spielerischen Umgang mit eigenen Schattenbildern verlieren.

Spielvorschlag: Schattenfangen

Dieses Spiel ist nur draußen bei Sonnenschein möglich. Der Fänger fängt nicht durch Abschlagen, sondern indem er auf den Schatten des Verfolgten tritt. Der Spieler, dessen Schatten gefangen wurde, ist dann der Fänger.
Die Spieler können auch den Schattenumriss mit Kreide oder einer Wasserspritze nachmalen.

van Reek, Wouter: **Krawinkel & Eckstein,** Die Rettungsaktion, Sauerländer Verlag, Düsseldorf 2006, ab 5 Jahre
Es regnet in Strömen. Der krakelige Vogelmensch Krawinkel will den Ofen richtig einheizen, aber das Brennholz ist alle. Also überredet er seinen Hund Eckstein dazu, das zu erledigen. Als sein Hund aber nicht wiederkommt, macht Krawinkel sich auf die Suche, packt seine Sachen zusammen und startet zu einer dramatischen Rettungsaktion.
Eine gefühlvolle Freundschaftsgeschichte, in der van Reek seine Titelfiguren mit wenigen Strichen skizziert und mit Leichtigkeit auf das Wesentliche reduziert. Das Bilderbuch wurde 2007 für den Deutschen Jugendliteraturpreis nominiert.

Hinweis zur Vertiefung

Im anschließenden Gespräch erzählen die Kinder über ihre Freundschaften: „Hast du einen Freund oder eine Freundin?" „Kann man auch einen Hund oder ein anderes Tier zum Freund haben?" „Warum ist das dein Freund?" „Hat dein Freund schon einmal etwas für dich getan und umgekehrt?"

Pauli, Lorenz/Schärer, Kathrin: **Mutig, mutig,** Atlantis Verlag, Zürich 2007, ab 4 Jahre

Maus, Schnecke, Spatz und Frosch treffen sich am Teich und plötzlich ist die Idee für das Wettspiel da: „Wer von uns ist der Mutigste?" Dabei wird schnell klar, dass alle Vier sehr unterschiedlich sind. Wenn die Maus eine lange Strecke taucht, ist das für den Frosch überhaupt nicht mutig. Und wenn der Frosch Grünzeug frisst, ist das wiederum für die Schnecke keine besonders mutige Tat. Die Mutprobe verläuft enttäuschend, bis schließlich der Spatz an der Reihe ist: „Ich mache nicht mit!" Die Freunde sind begeistert, das ist echt mutig!

Die Illustrationen von Kathrin Schärer zeigen den verrückten Wettkampf der vier Freunde erstaunlich naturalistisch und lebendig.

Hinweis zur Vertiefung

Im anschließenden Gespräch äußern sich die Kinder zu dem Thema: Mutproben, Gewinnen und Verlieren. „Warum war der Spatz denn mutig?" „Wie fühlst du dich, wenn du verloren/gewonnen hast?"

Lakin, Patricia/Wilharm, Sabine: **Zum Strand**, Carlsen Verlag, Hamburg 2007, ab 4 Jahre

Den vier Fröschen Lutz, Butz, Mats und Fratz ist es in der Stadt zu heiß und sie machen sich: „Auf zum Strand!" Doch ganz so gradlinig verläuft die Fahrt dann doch nicht. Die amerikanische Autorin spielt in knappen Dialogen mit der Sprache und charakterisiert dabei sehr treffend die einzelnen Charaktere. Es ist beeindruckend, auf welche lebendige Weise die Buchstaben mit den Illustrationen verknüpft werden.

Hinweis zur Erschließung und Vertiefung

Mit einer Fantasiereise oder Mitmachgeschichte, die sich an der Bilderbuchgeschichte „Auf zum Strand!" orientiert, kann dem Bewegungsbedürfnis von Kindern entsprochen werden. Viele Bildgeschichten lassen sich in Bewegungsgeschichten umformen.

Hinweise zur Entwicklung einer Fantasiereise/Mitspielaktion/Mitmachgeschichte

1. **Vorüberlegungen:**
   ▶ Welche Kenntnisse bestehen über die Gruppe?
   (Größe, Interessen, Vorlieben, Defizite, Probleme)
   ▶ Über welche Vorerfahrungen verfügt die Gruppe bezüglich der Spiele/ des Themas?
   ▶ Welche räumlichen und zeitlichen Möglichkeiten sind gegeben?

2. **Zielvorstellungen:**
   ▶ In welchem pädagogischen Kontext steht die Spielaktion/das Thema?
   ▶ Welche Ziele werden mit dem Thema, den einzelnen Spielen, dem Ablauf erreicht?

3. Überlegungen für eine konkrete Spielplanung:

► Wie werden die Mitspieler motiviert und eingestimmt? „Leichte" Spiele, bei denen mehrere gleichzeitig etwas tun, bauen anfängliche Spielhemmungen ab.

► Wahl geeigneter Spiele, Spielinhalte und Spielformen

► Welche Reihenfolge erscheint sinnvoll für den Spielablauf, auch im Hinblick auf das Spielende? (Nach einfachen Simultanspielen die Schwierigkeiten steigern, damit ein Spannungsbogen entsteht. Durch gute Spieldramaturgie bleibt auch Spielfreude erhalten.)

► Wie führe ich die Spiele ein? Gebe ich Anregungen?

► Sind auch spontane Entscheidungen möglich?

Alternative Planung:

► Welche Störungen könnten auftreten?

► Sind mögliche Gefahren (physisch/psychisch) mit den Spielen verbunden?

► Was ist zu tun, wenn ein Spiel nicht akzeptiert wird?

► Welche Reaktionen erfolgen, wenn die Spiele nicht so verlaufen wie geplant?

► Welche Reservespiele stehen zur Verfügung?

4. Zum Spielleiterverhalten:

► gründliche Vorbereitung (Material, Reservespiele, Merkzettel)

► von Anfang an Blickkontakte herstellen

► sicher auftreten, Zeit einplanen

► Spielregeln knapp erklären, gegebenenfalls vorspielen, mitspielen, nicht beobachtend außen vor bleiben

► wenn ein Freiwilliger beginnen soll, gegebenenfalls selbst anfangen

► Spielfreude durch Mimik, Gestik, Tonfall verdeutlichen, aber niemanden „an die Wand spielen"

► von vorgeschlagenen Spielen selbst überzeugt sein

► Spielverhalten der Gruppe verbal/nonverbal positiv unterstützen und bestärken; Außenseiter respektieren

Rassmus, Jens: **Der wunderbarste Platz auf der Welt**, Residenz Verlag, St. Pölten (A) 2007, ab 4 Jahre
Frosch Boris wird durch einen Storch von seinem Lieblingsplatz am Teich vertrieben. Er macht sich auf die Suche nach einer neuen Bleibe. Aber das ist gar nicht so einfach. Denn im Karpfenteich verteidigen die Kröten und Enten ihren Besitzanspruch. Kurzerhand verkleidet sich Boris als Erpel, doch der Schwindel fliegt auf und er muss erneut fliehen. Zum Glück findet er in doch noch einen Freund, den Molch. Gemeinsam besiegen sie den Storch und kehren glücklich zu ihrem Froschteich zurück.
Jens Rassmus ist ein Meister der Perspektiven und Stimmungen. Der kräftige Einsatz von Farben, das starke Ausarbeiten von Licht und Schatten lässt eine surrealistische Atmosphäre entstehen.

Hinweis zur Erschließung

Das Bilderbuch eignet sich besonders gut für eine Präsentation als Bilderbuch-Kino oder Kamishibai.

Kamishibai ist Teil einer langen japanischen Bilder- und Erzähltradition. Mit dem mobilen Koffer wurden zu Beginn des 20. Jahrhunderts auf den Straßen von Japan Geschichten erzählt.

Das tragbare Bühnenmodell aus Holz besitzt eine seitliche Öffnung, in die Tafeln mit Illustrationen einer Geschichte geschoben werden. Während des Erzäh-lens wird das aktuelle Bild herausgezogen. Darunter kommt eine weitere Illustration zum Vorschein. Die Zuschauer sitzen vor dem Koffer, hören die Geschichte und können sich gleichzeitig die dazu passenden Bilder ansehen.

Kamishibai wird heute in der Spracherziehung, bei der Förderung von Erzählkompetenz, in der Schulung der Kreativität und bei vielen anderen Gelegenheiten erfolgreich genutzt.

Falconer, Ian: **Olivia haut auf die Pauke**, Oetinger Verlag, Hamburg 2007, ab 4 Jahre

Die ganze Familie freut sich schon auf das Feuerwerk, nur das Schweinemädchen Olivia murrt. Denn ohne Musik macht der Raketenzauber ihr keinen Spaß. Weil Mama, Papa und ihre Geschwister nicht mitspielen, gründet sie eben selbst eine Band. Mit Trillerpfeife, Topfdeckeln u. ä. Geräuschinstrumenten macht sie nun zum Schrecken ihrer Familie „Krach für fünf". Als Mama Schwein nachts ausgerechnet über Olivias Schlagzeug stürzt, veranstaltet sie nun selbst einen Heidenlärm.

Die geräuschvolle Musik des Schweinemädchens Olivia wird durch große lautmalerischen Buchstaben auf eindrucksvolle Weise visualisiert.

Hinweis zur Vertiefung

Die Kinder ahmen zunächst mit körpereigenen Instrumenten eine Rakete bzw. ein Feuerwerk nach (auf die Oberschenkel klatschen, in die Hände klatschen, aufstehen, stampfen, Hände nach oben strecken und rufen „Ah, eine roooote!"). Später können auch selbsthergestellte Rasseln (z. B. mit Reis gefüllte Überraschungseier) zum Einsatz kommen.

2.6.4   Bilderbuch-Klassiker

Sendak, Maurice: **Wo die wilden Kerle wohnen**, Diogenes Verlag, Neuauflage, Zürich 1992, ab 4 Jahre

Mit dem Erscheinen seines Bilderbuchs „Where the wild things are" (1963) in Amerika begründet Maurice Sendak seinen eigenen Ruf als „enfant terrible" der amerikanischen Kinderliteratur.

Max, der kurz vor dem Zubettgehen in seinem weißen Wolfsanzug durch die Gegend tobt und auch noch seine Mutter mit „Ich fress dich auf!" attackiert, wird ohne Abendessen ins Bett geschickt. Hier mobilisiert er seine ganze Wut, verwandelt sein Zimmer in einen Wald, der sich an den Bildrändern auflöst und ihn mit dem Segelboot auf das Meer hinaus trägt. Er kommt zu den wilden Kerlen, zähmt sie und wird ihr König. Doch Königsein ist auf Dauer anstrengend und langweilig. Und so sehnt er sich zurück nach Hause, wo stillschweigend das noch warme Abendessen auf ihn wartet.

Für Kinder stellt sich nicht die Frage, ob das alles nur ein Traum ist. Sie durchleben die Geschichte genauso wie Max. „Wirkliche Realität ist immer unrealistisch", behauptete Sendak einmal. Max verkörpert die typischen Eigenschaften eines starken Kindes, denn er wandelt die in jeder Kindheit erlebten Kränkungen und Verlassenheitsängste in fantastische Stärke um.
Die kolorierten Federzeichnungen mit vielen Schraffuren und Schattierungen verstärken die Imagination. Je träumerischer und fantastischer die Szenen werden, desto eindringlicher werden die Bilder und verdrängen den ohnehin sehr sparsamen Text.

Hinweis zur Vertiefung

Nach der Bilderbuchbetrachtung können sich folgende Gesprächsthemen entwickeln, die dann auch von den Kindern kreativ umgesetzt werden:

▶ „Als ich nach einer unliebsamen Handlung bestraft wurde!"

▶ „Was ich mir schon immer gewünscht habe!"

▶ „Wovor ich schon einmal Angst gehabt habe!"

2.6.5 MeKi: Leon Pirat (DIA-Reihe, Bilderbuch-Kino)[1]

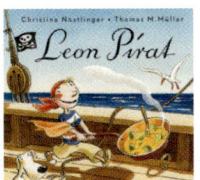

Nöstlinger, Christine (Autorin)/Müller, Thomas M. (Illustrator), Beltz & Gelberg, Weinheim 2007, ab 4 Jahre
Wie man eigene Träume bewahrt, ohne familiäre Traditionen außer Acht zu lassen, erzählt Christine Nöstlinger in der Geschichte von Leon und seinem Vater, der Kapitän eines Piratenschiffes ist. Leons Vater möchte natürlich, dass auch sein Sohn einmal Piratenkapitän wird, doch Leon wäre viel lieber Koch. Eigentlich überfallen Piraten Schiffe mit Schätzen, aber dort wo das Piratenschiff segelt, gibt es nur Fischkutter. Deshalb sucht Leons Vater nach dem Schiff mit Kisten voller Gold. Auch Leon hält jeden Tag Ausschau, schleicht sich aber viel lieber zu dem Koch in die Kombüse. Als eines Tages die ganze Mannschaft über Bord geht und Leons Vater Hunger bekommt, wird Leon Pirat zum ersten Koch im Kapitänsrang ernannt. Die starke emotionale Bedeutung dieser Einigung zwischen Vater und Sohn zeigt sich nicht zuletzt daran, dass sie fröhlich, ohne es zu bemerken, an dem lange gesuchten Schiff mit dem Schatz an Bord vorbeisegeln. Der Illustrator Thomas M. Müller entwirft farbenfrohe comicartige Bilder zur Geschichte. Die Perspektive des tiefblauen, schäumenden Meeres ist manchmal bewusst verzogen, was uns als Betrachter ein Gefühl für die Wellenbewegungen gibt. Die Bilder voller Schwung, Humor und vielen Details sind stimmig und werden durch den fröhlichen Text Christine Nöstlingers ergänzt.

Hinweise zur Vertiefung

Nach dem Bilderbuch-Kino kann sich ein Gespräch anschließen, indem die Kinder über ihre Berufsvorstellungen erzählen.

▶ Mit den Kindern Bilderbuchkino selber machen:
Auf eine Papierrolle (Tapete) malen Kinder in chronologischer Bildfolge eine Bilderbuchgeschichte. Der Anfang und das Ende des Papierstreifens werden beide an einer stabilen Papprolle festgeklebt. In einen Karton wird eine Öffnung in der Größe eines Einzelbildes geschnitten, sodass der Bilderstreifen langsam vorbeigezogen werden kann und ein Kino-Effekt entsteht.

---

[1] Unter www.matthias-film.de werden weitere Diaserien als Bilderbuch-Kino angeboten, die durch didaktisch-methodische Hinweise und praktische Anregungen ergänzt wurden. Auch diese Dia-Reihen können gemeinsam mit Kindern vertont werden.

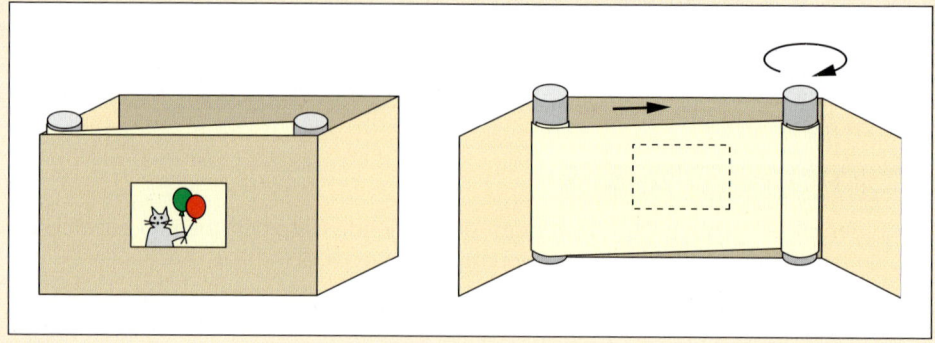

Varianten:

Bilderbuch-Kino als Dia-Schau

Die Kinder malen einzelne Szenen einer Bilderbuchgeschichte. Der Erwachsene fotografiert diese Bilder als Dias. Die Kinder können auch die kleinen Glasflächen der Diarahmen bemalen (Overheadfolienstifte, Glasmalfarben) oder Kleinteile dazwischen legen. Beim späteren gemeinsamen Betrachten in der Gruppe erzählt ein Erwachsener oder auch ein Kind die dazu passende Geschichte. Zusätzlich könnte die Dia-Schau noch mit (selbst erzeugter) Musik bereichert werden. Die Kindergartenkinder hätten auf diese Weise ihr eigenes Kinder-Kino.

Bilderbuch-Kino mit Overhead-Folien

Die Kinder malen auf Folien mit farbigen Overhead-Stiften einzelne Szenen einer Bilderbuchgeschichte, die dann auf einen Overhead-Projektor (OHP) gelegt und auf einer weißen Wand projiziert werden. Zusätzliche Effekte können durch das Auflegen von transparenten Stoffen, z. B. Gardinen, Spitzen, Tüll, Transparentpapier und anderen durchscheinenden Objekten, z. B. Federn, Luftballons, Glas erzielt werden.

Impulse zur Vertiefung

1. *Wählen Sie ein Bilderbuch für die Altersgruppe 4–5 Jahre aus und stellen Sie mit oder ohne Kinder ein Bilderbuch-Kino oder Kamishibai her. Präsentieren Sie es Ihrer Lerngruppe.*

2. *Wählen Sie ein Bilderbuch für die Altersgruppe 4–5 Jahre aus und inszenieren Sie es als Schattenspiel. Präsentieren Sie es Ihrer Lerngruppe.*

3. *Welche Wirkung erzielt Marice Sendak in „Wo die wilden Kerle wohnen" durch Wortwiederholungen und bewusster Lautgestaltung des Textes?*
Inwiefern mag die Geschichte von den wilden Kerlen den Wunschvorstellungen eines Kindes entsprechen?

4. *Stellen Sie fest, von welchen Bilderbüchern Anreize für Bewegungsspiele ausgehen können. Finden Sie inhaltliche, textliche und gestalterische Merkmale dieser Bücher.*

5. *Warum sind fantastische Bilderbücher eher für Bewegungsspiele geeignet als realistische? Begründen Sie Ihre Aussage.*
Wählen Sie ein Bilderbuch aus und planen Sie dazu schriftlich eine Fantasiereise. Berücksichtigen Sie dabei die methodischen Hinweis auf Seite 111.

2.7   Das Fabulier-Alter (5 Jahre)

Zurzeit beschäftigen sich die Kinder im Kindergarten „Spatzennest" mit dem Thema: Märchen. Anna (5 Jahre und 3 Monate) gefällt das sehr. Sie kennt schon einige Märchen, denn sie hat ein Märchenbuch von den Brüdern Grimm zu Hause, aus dem Mama ihr öfter vorliest. In der letzten Woche haben sie in der „Sternengruppe" schon kleine Hexenhäuschen gebacken, genau wie bei „Hänsel und Gretel". Gemeinsam haben sie einen Königsthron gebaut und das Lied „Dornröschen war ein schönes Kind" gesungen. Heute hat Frau Müller das Märchen vom tapferen Schneiderlein erzählt. Da gab es Riesen in einer Höhle, die wollten das Schneiderlein töten. Das war ganz unheimlich und ein wenig musste Anna sich fürchten. So fragte sie am Ende der Geschichte: „Du, Frau Müller, Riesen gibt es doch nicht in echt, oder?" Ehe Frau Müller antworten konnte, fuhr Marius (5 Jahre und 8 Monate) dazwischen: „Nö, aber Erwachsene, die sind manchmal wie Riesen!"

120 cm

2.7.1   Was neu ist in der Sprach- und Leseentwicklung

Im 6. Lebensjahr kann das Kind nicht nur fehlerfrei sprechen, sondern auch anderen Begriffe erklären. Hat es ein Wort nicht verstanden oder ist es ihm unbekannt, so fragt es nach dessen Bedeutung. Es kann problemlos Bilder in Büchern und Zeitschriften beschreiben und für die Altergruppe konzipierte Rätsel und Suchbilder lösen. Es kennt inzwischen bis zu 3000 Wörter. Auch wenn es nicht alle verwendet, so weiß es doch um deren Bedeutung.

Die meisten Kinder sind in diesem Alter in der Lage, ihren Namen zu schreiben und bis zehn zu zählen. Überhaupt ist das Interesse an Zahlen und Buchstaben sehr hoch. Ein Beispiel dafür bringt Gareth Matthews in seinem Buch „Die Philosophie der Kindheit"[1]: Eine Fünfjährige, die versucht lesen zu lernen, erklärt ihrem Vater: „Ich bin richtig froh darüber, dass wir Buchstaben haben. Wenn es nämlich keine Buchstaben gäbe, gäbe es auch keine Laute, und gäbe es keine Laute, dann gäbe es auch keine Wörter. Gäbe es keine Wörter, könnten wir auch nicht denken, und wenn wir

nicht denken könnten, gäbe es keine Welt." Diese Erkenntnis einer Fünfjährigen kann durchaus als philosophische Weisheit bezeichnet werden.

Fünfjährige haben jetzt sehr viel Freude an erzählender Lektüre. Sie verstehen bereits recht komplizierte Texte und sind zu langer Konzentration fähig, insbesondere beim Vorlesen. Bei Märchen und Klassikern, wie „Pinocchio" oder „Peterchens Mondfahrt" können sie durchaus bis zu einer Stunde zuhören, vorausgesetzt es ist spannend.

---

[1]   Matthews, Gareth: Die Philosophie der Kindheit. Wenn Kinder weiter denken als Erwachsene, Beltz Quadriga Verlag, Weinheim-Berlin, 1995 S. 95

Außerordentlich empfänglich sind Kinder dieser Altersgruppe für lyrische Texte. Anthologien, die bestimmten Themen oder Erlebnissen gewidmet sind, in denen sich Gedichte, Rätsel, Lieder, Erzählungen, Märchen und farbige Illustrationen abwechseln, kommen diesem Fabulier-Alter sehr entgegen. Anthologien sind bestens geeignet, Kinder nicht nur an Gedichte heranzuführen, sondern auch an Literatur für Erwachsene, denn zum Selberlesen wären sie erst sehr viel später geeignet.

2.7.2   Allgemeine Hinweise zur Sprach- und Literaturförderung

▶ Dem Kind Zeit beim Sprechen lassen und ihm geduldig zuhören.

▶ Das Kind nicht unterbrechen und in seinem Erzählstil kritisieren.

▶ Die Sprache ist das wichtigste Kommunikationsmittel. Aus diesem Grunde ist es wichtig, das Kind dazu anzuhalten, seine Wünsche und Ziele zu äußern und diese möglichst auch zu begründen.

▶ Sprachspiel zur Unterscheidung von Satzstrukturen und Wortarten: „Sätze verzaubern". Einzelne Wörter oder Satzglieder müssen wechselseitig geändert werden, z. B.: „Emil fährt mit dem Fahrrad zu Lilli." Das Kind verzaubert den Satz in „Emil fährt mit dem Bus zu Lilli."

▶ Sprachspiel zum Training des Kurzzeitgedächtnisses: „Ich packe meinen Koffer ..." Reihum nennt jeder Mitspieler einen Gegenstand, der in den Koffer gepackt wird, wobei er den jeweils vorher genannten Gegenstand wiederholen muss.

▶ Um den Sprechrhythmus und die Sprechmelodie ausgewählter Wörter zu erfassen, rhythmisieren die Kinder ihre Vornamen durch Klatschen und unterschiedliche Tonhöhen, z. B. „An-to-ni-a!" „Ju-li-us!"
Kurze Reime oder Sprüche aus Geschichten und Märchen können ebenfalls rhythmisch gesprochen werden, z. B. „Knus-per, knus-per, knäus-chen, wer knus-pert an mei-nem Häus-chen?"

▶ Angefangene realistische und fantastische Geschichten weitererzählen lassen, z. B. „Als ich heute morgen am Kindergarten ankam, stand vor der Tür ein großes Paket ..." oder „In dem alten Apfelbaum, der hinter unserem Haus steht, wohnt das Apfelmännchen ..."

▶ Geschichten erfinden. Dazu werden aus verdeckten Bildkarten (z. B. Memory-Spiel) 3 Karten gezogen, aus denen eine Geschichte erzählt werden soll, z. B. Katze – Hut – Flugzeug.

▶ Den Verlauf einer Geschichte oder eines Ereignisses in zeitlicher Reihenfolge erzählen lassen. Dazu wird eine Bildserie (eigene Fotos oder Abbildungen aus Bilderbüchern) durcheinandergebracht, anschließend von den Kindern chronologisch geordnet und die passende Geschichte dazu erzählt.

▶ Feste Vorlesezeiten im Kindergartenalltag und in der Familie einrichten. Nur so kann eine „Gesprächskultur" entwickelt werden, die zur intensiven Kommunikation beiträgt.

▶ Märchen in einer gemütlichen Atmosphäre erzählen oder vorlesen. Dabei weitestgehend auf Bebilderungen verzichten. Illustrationen beeinflussen die kindliche Vorstellungskraft bzw. legen sie auf eine bestimmte Richtung fest. Märchenbilderbücher sollten nur dann eingesetzt werden, wenn die Kinder diese Märchen bereits durch Erzählungen kennengelernt haben. Bei der Auswahl von Märchenbilderbüchern ist darauf zu achten, dass die Illustrationen sich auf das Wesentliche beschränken und Bild und Text genau aufeinander abgestimmt sind.

▶ Beim Vorlesen von Bilderbüchern, Märchen und Geschichten den ganzen Text Wort für Wort vortragen. Aufgrund des erweiterten Sprachschatzes verstehen Kinder in diesem Alter bereits die meisten Texte. Finden sie Gefallen an den Inhalten, wollen sie diese Geschichten immer wieder hören, mitunter so oft, bis sie den Originaltext selbst erzählen können.

▶ Einrichtung einer Literaturecke, dazu gehören: Realistische und fantastische Bilderbücher, Sachbilderbücher – Nachschlagewerke, Kinderlexika, Kinderzeitschriften, evtl. auch verschiedene Kataloge zu bestimmten Themen, z. B. über Gärten bzw. Pflanzen, Werkzeuge, Briefmarken, Reisen. Kinder lernen auf diese Weise verschiedene Druckerzeugnisse kennen, erfahren, wo man Informationen bekommen kann und wie unterschiedlich sie in Wort und Bild sein können.

2.7.3   Märchen und Vorlesebücher

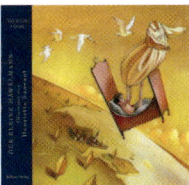

Storm, Theodor/Sauvant, Henriette: **Der kleine Häwelmann**, Aufbau Verlag, Berlin 2006, ab 5 Jahre
Schon oft diente die klassische Erzählung Theodor Storms als Vorlage für Bilderbuchillustrationen. Ein kleiner Junge, der in seinem Bett liegt und seine Mutter mit seinem Geschrei und seiner Unruhe nervt, geht mithilfe des „guten alten Mondes" auf eine abenteuerliche Reise.
Die doppelseitig gestalteten Illustrationen bekommen durch den Wechsel verschiedener Perspektiven eine große Dynamik und Lebendigkeit.

Hinweis zur Vertiefung

Guck-Kasten-Märchen basteln
Ausgehend von dem Bilderbuch gestaltet jedes Kind eine kleine Fantasiewelt in das Innere eines Schuhkartons. In die schmale Vorderseite wird ein Guckloch und in den Deckel werden Lichtschlitze geschnitten. Als Kulissen dienen Naturmaterialien oder ausgeschnittene, bemalte Objekte, die hineingelegt, eingeklebt oder an dem Deckel aufgehängt werden. Die Figuren können an einem Führungspappstreifen seitlich hineingeschoben werden. Die Kinder erzählen und spielen dann ihre eigene Geschichte des kleinen Häwelmann.

Andersen, Hans Christian/Dusíková, Maja: **Die Prinzessin auf der Erbse**, Nord-Süd Verlag, Gossau Zürich 2007, ab 5 Jahre
Es war einmal ein Prinz, der wollte eine Prinzessin heiraten. Aber das sollte eine wirkliche Prinzessin sein. Als eines Nachts bei strömendem Regen ein junges Mädchen vor dem Königsschloss steht und behauptet eine Prinzessin zu sein, muss sie sich zunächst einer Prüfung unterziehen: eine Erbse unter der Schlafmatratze ...
Das liebevoll gestaltete Andersen-Märchen wird Vorschulkindern sicher ein märchenhaftes Vorlesevergnügen bereiten.

Hinweis zur Vertiefung

Basteln eines Würfelspieles „Die Prinzessin auf der Erbse" (für 4 Spieler)
Material: 1 Pappscheibe in der Größe eines Esstellers mit 10 aufgezeichneten Segmenten, auf denen 3-mal eine Waschmaschine und 7-mal ein Bett mit Kissen und Matratzen abgebildet sind. 1 Puppenbett, 4 Puppenmatratzen, 4 Puppendecken, 4 Puppenkissen, 1 Erbse oder grüne Perle, 1 Spielpüppchen als Prinzessin, 1 Spielwürfel.
Spielregel: Vor dem Spiel erhält jeder Spieler eine Matratze, eine Decke und ein Kissen. Die Erbse wird auf das Bett gelegt. Reihum wird gewürfelt. Landet ein Spieler mit der Prinzessin auf einem „Bettfeld", so muss er, den Würfelpunkten entsprechend, die gleiche Anzahl an Bettzubehör auf das Puppenbett legen. Landet er auf einem „Waschmaschinenfeld", so muss er diese wieder entfernen. Schaffen die Mitspieler es, alle Teile auf das Bett zu stapeln, ohne dass der Turm umfällt, so haben sie gemeinsam gewonnen.

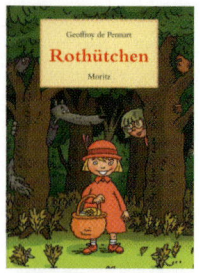

de Pennart, Geoffroy: **Rothütchen**, Moritz Verlag, Frankfurt 2005, ab 5 Jahre
Mit Kuchen und Marmelade macht sich Rothütchen auf den Weg zur Großmutter. Dann wartet auf einmal der mächtige Wolf am Wegesrand! Doch Rothütchen ist keineswegs ängstlich und vertreibt ihn mit ihrer Kindertröte. Um seine Wolfsehre zu retten, macht er sich auf den Weg zur Großmutter, um Rothütchen zu fressen. Der Wolf zieht dabei wieder den Kürzeren, aber immerhin bietet ihm die Großmutter an, seinen Lebensabend mit ihr zu verbringen, denn nach dieser Geschichte ist sein Ruf als böser Wolf natürlich dahin.
Eine erfrischende und turbulente Rotkäppchen-Parodie im Comicstil, die märchenerfahrenen Kindern großen Spaß bereiten wird.

Hinweis zur Vertiefung

Basteln eines Bauchladen-Märchen-Theaters
Zu der Märchenadaption von Rothütchen gestalten die Kinder Flachfiguren aus dünner Pappe. Als Bühne dient ein Bauchladen, der aus einem Pappkarton gefertigt und durch Halteschnüre rechts und links oben um den Hals des Kindes gehalten wird (siehe Skizze). Zur Halterung der Figuren und Teilkulissen wird ein Streifen aus Zeichenkarton an der Oberkante des Kartons mit Klebestreifen angebracht.

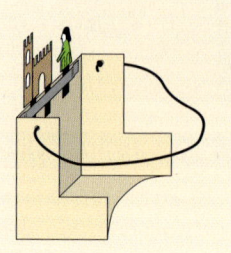

Maar, Paul/Muggenthaler, Eva: **Paulas Reisen**, Tulipan Verlag, Berlin 2007, ab 5 Jahre
Die kleine Paula geht auf eine Traumreise durch fantastische Welten, in denen strenge Gesetze herrschen: So wird sie im bunten Land der Kreise sofort von der Kugelpolizei ergriffen und der kugelrunden Landschaft angepasst. Es gelingt ihr zwar zu fliehen, doch auch den Bewohnern des Tausend-Ecken-Landes passt sie überhaupt nicht ins Konzept. Ebenso ergeht es ihr im Land der roten Töne und im Land „Kopfunter". Aber zum Glück findet Paula stets einen Ausweg.
Ein märchenhaftes Bilderbuch mit geschliffenen Reimen von Paul Maar über Toleranz und Mut zum Anderssein. Eva Muggenthaler hat dazu fantasievolle Bilder mit vielen witzigen Details geschaffen.

Hinweis zur Vertiefung

Die Kinder gehen gemeinsam auf eine Traumreise, die sie durch Paulas fantastische Welten führt. (siehe Hinweise zur Entwicklung einer Fantasiereise/Mitspielaktion/Mitmachgeschichte, S. 111)

Rogers, Gregory: **Der Bär im Zauberwald,** Moritz Verlag, Frankfurt am Main 2007, ab 5 Jahre
Eines Morgens entdeckt der Bär tief im Wald eine verzauberte Welt. Gleichzeitig ist dort Verrat am Werk und so wird er in eine düstere Geschichte gezogen, die ihn in einem Burgverlies landen lässt. Aber mit neuen Freunden gelingt ihm die Flucht und später der Triumph über das Böse. Ein textloses Buch, das sich aber keineswegs an die Kleinsten richtet, sondern durchaus an Vorschulkinder, denn es bedarf schon gewisser Übung, um den Verlauf der Handlung zu verfolgen.

Hinweis zur Erschließung

Die Bilder bieten Kindern vielfältige Möglichkeiten, eigene Überlegungen zum Handlungsrahmen der Geschichte anzustellen, um so aktiv Texte zu gestalten.

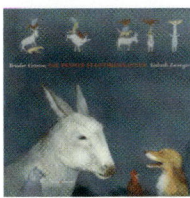

Brüder Grimm/Zwerger, Lisbeth: **Die Bremer Stadtmusikanten,** Michael Neuge-bauer Verlag, Gossau Zürich 2006, ab 4 Jahre
Das grimmsche Märchen von Esel, Hund, Katze und Hahn ist sicher jedem bekannt. Da die Tiere alt und für ihre Besitzer unbrauchbar geworden sind, werden sie davon-gejagt. Sie tun sich zusammen, um in Bremen Stadtmusikanten zu werden.
Lisbeth Zwergers Bilder machen das Märchen zu einem besonderen Seh-Erlebnis.

Hinweis zur Vertiefung

Nach der Bilderbuchbetrachtung werden die Tierrollen verteilt, die Kinder bilden einen Kreis und singen das Lied „Die Bremer Stadtmusikanten" (Melodie und Text von Hans Poser)[1] mit passender pantomimischer Begleitung.

Heidelbach, Nikolaus: **Märchen der Brüder Grimm,** Beltz & Gelberg Verlag, Wein-heim 2007, ab 5 Jahre
Der Grimm-Märchenband mit 101 Märchen und über 150 Bildern ist längst zum Klassiker avanciert und erscheint nun mit neuem Einband. Die Illustrationsarbeit zu den Märchen stellt nach eigener Aussage Heidelbachs den Höhepunkt seines Schaffens dar. Durch seine präzise Wahrnehmung und detailgetreue Bearbeitung der Zauber-, Tier- oder Schwankmärchen werden die wesentlichen Züge des Volksmärchen klar zum Ausdruck gebracht. Seine Bildsprache ist sparsam. Er schweift nicht ab, sondern gibt bildliche Informationen, die immer aus dem Text hervorgehen. Seine Bildgegenstände sind naturalistisch, deuten auf bevorstehende Situationen hin und fordern den Betrach-ter zu eigenen Interpretationen und fantasievollen Lösungsmöglichkeiten heraus. Durch diese wundervoll gestaltete Märchensammlung werden ältere Kindergartenkinder Freu-de an Märchen der Brüder Grimm entwickeln und in den Heidelbachschen Bildern immer wieder neue Entdeckungen machen.

Hinweis zur Erschließung

Märchennacht im Kindergarten

Am frühen Abend bringen die Vorschulkinder (ca. 20) Luftmatratze, Schlafsack und Taschenlampe in den Kindergarten mit und machen es sich in ihrem Gruppenraum gemütlich. In einem großen Koffer oder einer geheimnisvollen Kiste befindet sich der Märchenschatz (ca. 25 Bücher). Die Erzieherin erzählt zu Beginn eine selbst erdachte Geschichte, in der die Hauptfiguren aus den Märchen eingebaut sind, z. B „Stellt Euch einmal vor, gestern traf ich einen alten Esel, er erzählte mir, dass er sich verlaufen hätte. Eigentlich ist er in einem Märchen zu Hause, aber er kann es nicht wiederfinden. Ich versprach, ihm zu helfen und wir gingen gemeinsam weiter. Da kamen wir auf eine Wiese, auf der ein Riese lag. Der Riese war traurig, denn auch er hatte sein Märchen verloren ..." Die Kinder öffnen dann den geheimnisvollen Bücherschatz und begeben sich auf die Suche nach den verlorengegangenen Wesen, um diese wieder in ihr Märchen zurückzuführen. Nach einem kleinen Imbiss werden nun einzelne Wunschmärchen vorgelesen. Kurz vor dem Zu-Bett-Gehen ertönt eine kleine Nachtmusik und es erscheint die Erzählerin der Nacht (evtl. in einer besonderen Verkleidung). Sie erzählt zum Ab-schluss eine Gute-Nacht-Geschichte. Die Kinder erhalten einen Wunschstein, Schlafsand oder eine Traumperle, die ihnen zu besonderen Traumreisen verhilft. Mit ihren Taschen-lampen können die Kinder noch weitere Bilderbücher anschauen, auch wenn die ande-ren bereits schlafen. Am nächsten Morgen beim gemeinsamen Frühstück erzählen sie sich ihre Traumgeschichten.

---

[1] aus: Klein, Richard Rudolf: Willkommen lieber Tag, Band 2, Diesterweg, 3. Auflage, Frankfurt, 1972, S. 136

van Loon, Paul: **Fuxia, die Minihexe,** Fischer Taschenbuch Verlag, Frankfurt am Main 2008, ab 5 Jahre
Der Zauberer Kwark ist ganz schön erstaunt, als die winzige Fuxia sich plötzlich bei ihm einnistet und ihn sogar einfach „Papa" nennt. Sie ist so klein, dass sie eine Zahnbürste als Hexenbesen benutzen kann, und außerdem höchst eigensinnig. Doch obwohl sie Kwarks geregeltes Zaubererleben gründlich durcheinander bringt, möchte er sie schon bald nicht mehr missen.
Frische, originelle Hexengeschichten, die ohne Klischees auskommen und sich hervorragend zum Vorlesen eignen.

Hinweis zur Vertiefung

Gestaltung der Minihexe Fuxia

Eine Spielfigur mit einem spitzen Papierhut und einem Umhang aus Krepppapier versehen und mit einer Heißklebepistole auf einer ausgedienten Kinderzahnbürste befestigen.

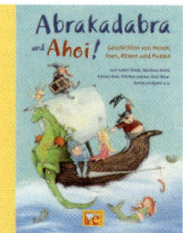

Küpper, Corinna (Hrsg.): **Abrakadabra und Ahoi!,** Ellermann Verlag, München 2007, ab 5 Jahre
25 Vorlesegeschichten entführen die Kinder in zauberhafte, aufregende und überraschende Welten. Da gibt es Nixen in der Badewanne, Piraten im Urlaub, eine Gespensterfamilie auf Wohnungssuche, Aufregung auf der Ritterburg oder eine verpatzte Walpurgisnacht-Party. Mit dabei: Geschichten von Astrid Lindgren, Kirsten Boie, Isabel Abedi, Erhard Dietl, Elisabeth Zöller sowie zahlreiche Originalgeschichten. Magische und abenteuerliche Geschichten mit farbenfrohen Bildern von Barbara Korthues, in perfekter Vorleselänge.

Hinweis zur Erschließung

Im Kindergarten bekommen die Kinder zum Geburtstag eine Vorlesegeschichte geschenkt, die entweder der oben genannten Sammlung entnommen oder selbst erfunden wurde. Sie kann auf besonderem Papier geschrieben, gedruckt oder von den Kindern bebildert sein. Für Eltern bedeutet dieses Geschenk darüber hinaus eine Anregung, ihren Kindern zu Hause wieder einmal etwas vorzulesen.

2.7.4   Vorlese-Klassiker

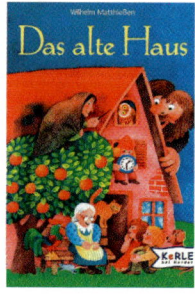

Matthiessen, Wilhelm: **Das alte Haus,** Kerle Verlag, Freiburg 1998
Die zauberhaften kleinen Geschichten aus dem „alten Haus" sind schon 1923 erschienen. Alle Geschichten spielen in dem Haus der lieben Großmutter. Sie wohnt dort mit ihren Tieren: dem alten Hund Bautz, dem uralten Hahn Krahks, der ururalten Katze Murks und den freundlichen Kindern Peter und Gretel, die das alte Haus und seine Umgebung in Märchen und Abenteuern entdecken. Die Sequenzen, die von Peter und Gretel und von den Märchen erzählen, wechseln sich ab, sodass besonders für jüngere Kinder eine gewisse Regelmäßigkeit im Erzählfluss entsteht.
Die Geschichten beginnen oftmals mit den typischen Märchenanfängen, wie: „Es war einmal" und enden stets mit einer abschließenden Formel: „…und nun ist unser Märchen aus." Die Sprache ist schlicht und orientiert sich am Sprachschatz jüngerer Kinder. Häufig werden Wörter verwandt, die dem heutigen Sprachgebrauch nicht mehr entsprechen, aber durchaus zu dem märchenhaften Charakter des Buches passen. Beim Erzählen können sie dann möglicherweise erklärt oder durch aktuelle Begriffe ersetzt werden.

Die schwarz-weißen Illustrationen von Tamara Ramsay sind der Ausgabe von 1936 entnommen und unterstreichen den Märchen-Klassiker.
Trotz der märchenhaften Ansätze sind die Geschichten aus dem „alten Haus" nicht mit den symbolhaltigen Volksmärchen der Brüder Grimm zu vergleichen. Es sind freundliche Märchen, die eine heile Welt anbieten und in denen die Konflikte harmlos verlaufen.

Hinweis zur Erschließung

Basteln einer Märchenhöhle

Aus Pappe oder Holz stellen Eltern eine Märchenhöhle für die Kinder her. Die Planung, die Beschaffung der Materialien, der gemeinsame Aufbau und die Gestaltung durch die Kinder bietet die Möglichkeit, Eltern auf die Bedeutung literarischer Früherziehung aufmerksam zu machen, eigene Leseerfahrungen auszutauschen und zu neuen Leseerlebnissen anzuregen.

2.7.5   MeKi: Märchen und Fabeln (DVD-Set)

Reiniger, Lotte, absolut medien/arte edition, Berlin 2006, ab 5 Jahre
Lotte Reiniger (1899-1981) schuf 1919 ihren ersten Silhouettenfilm. Inspiriert vom altchinesischen Schattenspiel übertrug sie dieses in das Medium Film und konnte eine Welt der Wünsche, Träume und Wunder mit seltener Grazie und traumhafter Leichtigkeit darstellen. Sie war lange Jahre beim Filmpublikum nahezu unbekannt. Dabei sind ihre Werke so fantasievoll, vielseitig und ausdrucksstark, dass sie Erwachsene und Kinder gleichermaßen faszinieren. Die Märchen leben von der Anmut der bewegten Figuren und der passend komponierten und arrangierten Musik.
Auf dieser Doppel-DVD finden sich die Märchenfilme und Fabeln von Lotte Reiniger in neuer, digitaler Abtastung, in schwarz-weiß und Farbe: „Aschenputtel", „Hänsel und Gretel", „Kalif Storch", „Die drei Wünsche", „Der Froschkönig", „Däumelinchen", „Der Heuschreck und die Ameise" und viele andere Arbeiten aus den Jahren 1922 bis 1961.
Das Set besteht aus 2 DVDs (ca. 369 Min.) und einem ausführlichen Booklet mit Erläuterungen zu jedem der 17 Filme.

Hinweise zur Vertiefung

Durch die einzelnen Märchenfilme werden Kinder angeregt, sich eigene Geschichten auszudenken und als Schattentheater umzusetzen.

Basteln eines Schattentheaters
Als Spielmittel eignet sich alles, was Schatten wirft:

▶ der menschliche Körper (evtl. mit markanten Kopfbedeckungen, Profilmasken)

▶ Gegenstände des täglichen Lebens (Spielzeuge, Werkzeuge, Küchengeräte)

▶ Flach- und plastische Figuren

▶ Transparentfarben und -folien (Glas, Plexiglas, Kunststoff-Folien)

Für das Menschenschattenspiel werden weiße Stoffbahnen über eine Holzstange gehängt und durch eine zweite Holzstange unten beschwert. Für das Figurenschattentheater eignet sich das Tischtheater, bespannt mit weißem Seidenpapier als Bühnenfront. Als Kulissen dienen Silhouetten aus Pappe, an der Spielleiste befestigt, Projektionen (Diarähmchen oder Folien für OHP mit Transparentfarben), Mehrfachprojektionen (Überblendungen: Diaprojektor und OHP) und bemalte Rollenfolien als laufendes Band für den OHP.

Das Schattentheater als darstellende Spielform ist für Kinder ab 5 Jahren geeignet. Die Geschichten werden pantomimisch dargestellt und mit Geräuschen und Musik ausgestattet. Ebenso kann ein Erzähler durch die Geschichte führen, während die direkte Rede, Musik und Geräusche per Kassette eingeblendet werden.

Impulse zur Vertiefung

1. *Erinnern Sie sich an Märchen Ihrer Kindheit:*
In der Mitte des Raumes liegen verschiedene „märchenhafte" Gegenstände, z. B. Kamm, Spiegel, Apfel, Spindel, Brezel, Krone, Zwergenmütze, Stiefel, Ball. Die Spielteilnehmer suchen sich je einen Gegenstand aus, von dem sie meinen, dass er zu einem Märchen passt. Jeder erzählt sein Märchen. Eine märchenhafte Atmosphäre durch Kerzenlicht, Kissen und Tücher erhöht die Einstimmung.

2. *Bilden Sie mehrere Kleingruppen und wählen gemeinsam ein Märchen aus, das sie in fünf Standbildern der Gesamtgruppe ohne Sprache präsentieren. Die anderen müssen erraten, um welches Märchen es sich handelt.*

3. *Erfinden Sie eigene Märchen oder Geschichten:*

   a) *Elfchen-Geschichte: Aus 11 erfundenen Wörtern wird ein Märchen oder eine Geschichte erzählt oder geschrieben: Name einer (Märchen-)Figur (1 Wort), Beschreibung der Figur (2 Wörter), Ort des Geschehens (3 Wörter), Ereignis/Konflikt (4 Wörter), Ausgang (1 Wort).*

   b) *Geschichten-Lotterie: Es werden 3 Lostöpfe mit Zetteln vorbereitet, auf denen stehen: (Märchen-)Figuren, Schicksalsschläge, Orte. Jeder zieht aus jedem Topf ein Los und schreibt aus diesen Vorgaben ein Märchen oder eine Geschichte.*

4. *Dramatisieren Sie den Text eines Märchens oder einer Geschichte. Treffen Sie eine Auswahl der szenischen Darstellungsmöglichkeiten, z. B. Figurenspiel, Schattenspiel, Theaterspiel, Fantasiereise. Präsentieren Sie Ihr „Theaterstück" vor Publikum.*

5. *Sie wollen in Ihrer Tageseinrichtung für Kinder eine kleine Bücherei einrichten. Stellen Sie Kataloge, Verlagsverzeichnisse und -prospekte von Bilderbüchern zusammen, um sich einen Überblick zu verschaffen. Diese Materialien beinhalten sowohl informative als auch appellative Elemente, da sie nicht nur über die Produktion informieren, sondern gleichermaßen um Kunden werben.*

Vergleichen und bewerten Sie anhand folgender Kriterien die informativen Aussagen von Verlagsbroschüren:

> **Hinweise zum Dramatisieren eines Textes**
> ▶ Die Erzählung verstehen
> ▶ Handlungsschritte bestimmen und benennen (evtl. Überschriften geben)
> ▶ Personen festlegen und bestimmen (charakteristische Eigenarten der Personen)
> ▶ Zeit und Ort festlegen (Zeit, in der das Stück spielt, Spielzeit, Bühne, Kulisse, Requisiten)
> ▶ Spielform absprechen (festgelegter Rollentext/ Improvisation)
> Inhalte der Erzählung können in der Inszenierung verschiedene Formen annehmen:
> ▶ als Szenenanweisung
> ▶ als Äußerung im dramatischen Dialog
> ▶ als Botenbericht
> ▶ als Lied oder Kommentar einer Person von außen

   a) *Wie ist die Broschüre gestaltet (Farbe, Bild, Text, Layout)?*

   b) *Wie ist die Broschüre aufgebaut bzw. gegliedert?*

   c) *Welche Inhalte/Informationen werden gegeben?*

   d) *Welche Zielgruppen werden angesprochen?*

   e) *Welche Bücher würden Sie kaufen?*

   f) *Begründen Sie Ihre Meinung.*

6. Außer der Buchwerbung sind Buchrezensionen wichtige Informationsträger, die bei der Auswahl von Büchern helfen können.

Vergleichen Sie die beiden folgenden Texte über **Die Torte ist weg** von Thé Tjong-Khing, Moritz Verlag, Frankfurt am Main, 2006, unter den Gesichtspunkten „Buchrezension" oder „Buchwerbung"? Welche Absichten verfolgen beide Texte?

a) Ein Buch ohne Worte, das Kinder lieben werden! Denn sie dürfen darin nicht nur der Torte nachjagen, die zwei freche Ratten stibitzt haben, sondern erfahren auch, warum das Hasenkind ständig plärrt oder das Chamäleon einen roten Hintern hat. Ganz spielerisch dient dies der frühen Sprachförderung und ist obendrein „super-spannend!"

b) Eine hochdramatische Verfolgungsjagd erwartet einen in diesem wimmeligen Bilderbuch. Sie dreht sich um eine leckere Schokoladentorte, die zwei vernaschte Räuber entwendet haben. Die Betrachtenden dieses außergewöhnlich verspielt-detailreich ausgestatteten Bilderbuchs können auf verschiedensten Erzählebenen die wilde Hatz atemlos über die Seiten mitverfolgen. Daneben fesseln einen andere, ebenso spannend inszenierte Handlungsstränge, wie die abenteuerliche Jagd nach einem Luftballon. Bei diesem textlosen Bilderbuch übernehmen die klug komponierten Illustrationen die erzählerische Funktion, wobei es Thé Tjong-Khing auf faszinierende Weise gelingt, in seinen traditionellen Illustrationsstil Elemente modernen Bild-Erzählens zu integrieren. Das Buch bietet eine süße „Sehschlacht" für Detail-Liebhaber und eine Fundgrube für Entdeckungsfreudige.

7. Lesen Sie den Zeitungsartikel und nehmen Sie Stellung zu der Experten-Aussage: „Vorlesen fördert die Entwicklung des Gehirns schon bei Babys."

Vorlesen fördert die Entwicklung schon bei Babys
Kinder sind besser in der Schule

(AP) Schon wenige Wochen nach der Geburt lasen die Eltern von Alexander Abrego ihrem Söhnchen Abend für Abend etwas vor. 15 Monate später vergeht kaum ein Tag, an dem er nicht ein Buch in die Hand nimmt und ruft: „Mama, Mama! Buch, Buch!"

Vorlesen fördert die Entwicklung des Gehirns, behaupten Fachleute. Die Kinder lernen früher sprechen und sind besser in der Schule.

Alexanders Eltern gehören einer Gruppe in den USA an, die das Vorlesen fördert. Sie glauben, dass das Erzählen von Geschichten sich günstig auf die Entwicklung der Kleinen auswirkt.

Studien haben gezeigt, dass die Stimulierung durch Vorlesen schon bei Babys den Aufbau von Gehirnmasse unterstützt. Untersuchungen legen nahe, dass die emotionale und soziale Entwicklung der Kinder gefördert wird. Ihr Vokabular und ihre späteren schulischen Leistungen werden positiv beeinflusst. Zudem tut es dem Baby gut, die Stimme der Eltern zu hören.

„Wichtig ist die Liebe zu Wörtern, der Klang Ihrer Stimme, die Begeisterung, die sich überträgt", sagt die Amerikanerin Susan Roman, die ein staatliches Förderprogramm mit dem Namen „Born to Read" (zu deutsch: Zum Lesen geboren) entwickelt hat. Die wenigsten Eltern wüssten, dass man mit dem Vorlesen am besten schon im

Babyalter anfangen sollte, sagt Roman. Nur die Hälfte aller Eltern in den USA lesen ihren Kindern täglich etwas vor.

Eine Studie der US-Universität Pittsburgh zeigt, dass Babys, die regelmäßig Geschichten hören, später in der Schule besser abschneiden. Dana Madison, ehrenamtlich als Vorleserin im Einsatz: Kinder, denen regelmäßig vorgelesen werde, könnten besser stillsitzen und sich besser konzentrieren.

In einer Lesegruppe lernte Alexanders Mutter während des Vorlesens auf Bilder und Wörter zu zeigen, damit ihr Sohn die Verbindung herstellen kann. Die Gruppenleiter empfahlen besonders geeignete Bücher wie „Die kleine Raupe Nimmersatt" von Eric Carle. Als Alexander vier Monate alt war, lächelte er bei einigen Wörtern. Mit neun Monaten konnte er Vogel und Eis sagen und Bilder in Beziehung zu den wirklichen Gegenständen setzen.

Und wann soll mit dem Vorlesen begonnen werden? „Es gibt kein Alter, in dem nicht vorgelesen werden sollte", sagt eine Expertin. Auch in der Schwangerschaft sei es nicht zu früh.

(aus: Iserlohner Kreis-Anzeiger, 30.11.1995)

8. *Unter dem Motto „Lesen macht Spaß" wird seit 1959 alljährlich der Vorlesewettbewerb des deutschen Buchhandels durchgeführt. Er möchte Kinder anregen, sich mit Büchern zu beschäftigen, die Lust am gemeinsamen Lesen und Vorlesen fördern und auf die Vielfalt der Kinder- und Jugendbücher aufmerksam machen. Da Fachschulen sich an diesen Wettbewerben nicht mehr beteiligen können, veranstalten Sie in Ihrer Fachschule einen eigenen Vorlese-Wettbewerb. Erstellen Sie zuvor die Teilnahmebedingungen, wählen Sie eine Jury und planen Sie die Preisverleihung.*

9. *Richten Sie ein Geschichten-Café ein und lesen Sie Ihre Lieblingsgeschichten vor. Stellen Sie durch entsprechende Requisiten eine den Geschichten adäquate Atmosphäre her.*

10. *Bauen Sie aus Holz, Maschendraht und Pappmaschee eine „Lies-Was-Säule", auf der ihre selbst geschriebenen Geschichten evtl. zu einem bestimmten Thema mit Bildern oder anderen Materialien den Mitschülern auf dem Schulflur präsentiert werden. Nach der Ausstellung kann die nächste Klasse mit einer neuen Thematik wieder alles überkleben.*

2.8   Das Leselern-Alter (6–7 Jahre)

Nele (7 Jahre und 3 Monate) geht seit einem Jahr zur Schule. Sie erledigt ihre Hausaufgaben schnell, hat aber keine Lust zusätzlich zu lesen. Am liebsten spielen sie und ihre Freundin Luisa (6 Jahre und 9 Monate), die auch in die 2. Klasse geht, mit Barbiepuppen.
Bei schlechtem Wetter spielt Nele gerne mit ihrer jüngeren Schwester Sina am Computer. Papa hat ihr schon gezeigt, wie man interessante Suchmaschinen für Kinder im Internet anklicken kann, z. B. www.blinde-kuh.de. Heute gehen Nele und Sina mit den „Olchis" auf Unterwasserjagd. Dabei hat Sina ihre Taucherbrille aufgesetzt. Gemeinsam müssen sie die Kartenteile wiederfinden, die der Olchivater zerrissen hat. Das macht echt Spaß![1]

130 cm
–
–
–
–
—
–
–
–

2.8.1   Wie Kinder lesen lernen

Mit der Einschulung beginnt für die meisten 6- bis 7-jährigen Kinder der aktive Leselernprozess. Am Anfang erscheint alles Geschriebene oder Gedruckte noch wie ein Buch mit sieben Siegeln. Kinder, die schon vor der Schule den Umgang mit Büchern geübt haben, werden die Buchstaben leichter zu sinnvollen Wörtern zusammensetzen und gleichzeitig den Sinn der Texte schneller erfassen können.

Lesen lernen ist ein überaus komplizierter Vorgang, der sich stufenförmig vollzieht, wobei alle Leseanfänger die aufbauenden Phasen durchlaufen. In jeder Phase gibt es typische Strategien, die im Umgang mit der Schrift nützen.

Im Zusammenhang mit ihren Erfahrungen erkennen Leseanfänger zunächst Worte mit speziellem Schriftzug (z. B. auf Schokoriegeln) und erfassen Logos (z. B. auf Schildern). Sie benennen Schriftzüge in ihrer Umwelt, obwohl sie die Buchstaben und Buchstabenkombinationen noch nicht lesen können. Die Bedeutungen der Schriftzeichen werden zunächst nur erfasst, wenn sie im Original erscheinen. Das Symbolverständnis muss sich noch weiterentwickeln.

Im weiteren Verlauf benennen Leseanfänger zwar einzelne Buchstaben und erkennen Wörter anhand visueller Merkmale, wie den eigenen Namen oder Wörter wie Papa, Oma, Auto. Sie orientieren sich an charakteristischen Details der Worte, wie Wortlänge, auffällige Buchstaben, Stellung der Buchstaben im Wort. Für die Unterscheidung ähnlicher Wörter reicht das Worterkennen noch nicht aus.

Die Lautorientierung der Schriftsprache entdecken Leseanfänger nach und nach, indem sie lernen, dass Buchstaben und Buchstabenkombinationen (Grapheme) einen bestimmten Lautwert haben. Zunehmend sind sie in der Lage, Laute aus einem Wort herauszuhören und die

[1] Dietl, Erhard: **Die Olchis CD-Rom,** Schleime – Schlamm – und Käsefuß, Oetinger Verlag, Hamburg, 2002

einzelnen Buchstaben wiederzugeben. Dieses Zusammenziehen der Buchstaben ist aber noch kein wirkliches Lesen. Die Kinder orientieren sich immer noch an Zeichen, Wortlängen und Anlauten (siehe Anlauttabelle Seite 11).

Schließlich sind Leseanfänger in der Lage, Grapheme in Laute zu übersetzen und zusammenzuziehen. Das ist nun ein sehr mühsamer, langwieriger Lesevorgang, bei dem auch bekannte Wörter so erlesen werden, als ob sie unbekannt wären, (z. B. das Lesen des eigenen Namens). Ganz allmählich werden auch unbekannte Wörter selbstständig erlesen. Eine hohe Abstraktionsfähigkeit ist für diese Leistung nötig, denn einzelne Laute klingen in zusammengezogener Form anders oder ihr Klang verändert sich im Wortzusammenhang (z. B. P-füt-ze), zudem stört der Buchstabenname oft beim Zusammenfügen z. B. Buch = Be-u-ch.

Nach dieser Phase gelingt es dem Leseanfänger immer mehr, Buchstaben nicht mehr einzeln zu sprechen, sondern die Wörter in Phoneme, d. h. in kleine Buchstabengruppen und Sprechsilben zu gliedern. Das Lesen geht bereits schneller und leichter, die Speicherungs-, Merkfähigkeit sowie die Ganzworterfassung nehmen zu.

Das richtige Lesen beherrschen Leseanfänger erst, wenn sich Erkennen und Zusammensetzen der Buchstaben automatisch vollzieht, wenn sie sich ganz auf den Inhalt des Textes konzentrieren können.

Das folgende Gedicht von Matthias Duderstadt[1] macht deutlich, welche Schwierigkeiten es Leseanfängern bereitet, lange unbekannte Wörter zu lesen:

Mit anderen Augen

KAR – ST – ADT

CA – FÉ – EN – GEL

MÖ – BEL – KLIN – GEN – BERG

FL – EI – SCH – KÖN – NEC – KE

CO – MET

HUM – BOLDT – BU – CH – HAND – LUNG

SP – ORT – STU – DIO

RE – AL – KA – UF

BÄC – KE – REI – CHR – IST

SEL – BST – BAU – MAR – KT

FLEI – SCHE – REI – SAFT

(Meine Tochter lernt lesen)

---

[1]   Duderstadt, Matthias: Mit anderen Augen, aus Gelberg, Hans-Joachim (Hrsg.), Oder die Entdeckung der Welt, 10. Jahrbuch der Kinderliteratur, Beltz & Gelberg, Weinheim 1997, S. 22

2.8.2   Allgemeine Hinweise zur Lese- und Literaturförderung

Auch wenn die Kinder in der ersten Klasse lesen lernen, so sind die meisten doch noch nicht in der Lage, selbstständig ein Buch zu lesen. Eltern und Erzieher sind daher gefordert, das Lesen anzuregen und die Lesemotivation der Kinder zu erhalten:

▶ den Kindern weiterhin regelmäßig vorlesen, wenn sie es wünschen

▶ Kindern weiterhin Bilderbücher zur Verfügung stellen, die anfangs wenig Text aufweisen, aber klar und deutlich lesbar sind mit klar zu erkennenden Drucktypen

▶ bei Lesefortschritten Bilderbücher mit unterschiedlichen Textlängen und Drucktypen anbieten

▶ bei größerer Sicherheit im Lesen, die Häufigkeit des Vorlesens verringern. Dazu gibt es mehrere Möglichkeiten:
  – den ersten Teil einer Geschichte vorlesen und dann das Kind weiterlesen lassen
  – an einer spannenden Stelle das Vorlesen unterbrechen und das Kind auffordern, selbst weiterzulesen
  – der Erwachsene und das Kind lesen abwechselnd jeder einen Satz

▶ um das Selberlesen anzuregen, aus Erstlesereihen vorlesen

▶ Kinder beim Selberlesen möglichst nicht unterbrechen und umsichtig korrigieren, da sonst die Leselust geschmälert wird

▶ macht das Kind beim Lesen wiederholt die gleichen Fehler, sollte ggf. ein Gespräch mit der Lehrerin erfolgen

▶ unterschiedliche Lesefähigkeiten der Kinder nicht miteinander vergleichen

▶ den Kindern Sachbilderbücher zur Verfügung stellen, die ihren besonderen Interessen, Neigungen oder Hobbys entsprechen

▶ Kinder an der Auswahl passender Medien, wie Bücher, Kinderzeitschriften, Comics, Hörkassetten, Videokassetten, CD-ROMs beteiligen

▶ Computerspiele sind bereits bei Sechsjährigen beliebt. Zur Förderung der Lese- und Medienkompetenz sollte der Erwachsene sich daher über gute Software informieren und mit den Kindern klare Nutzungsregeln aufstellen. Edutainment-CD-ROMs, eine Mischung aus Spielen und Lernen, sind gut geeignet, Kinder mit dem PC vertraut zu machen. Sie sind von Bilderbuchillustratoren gezeichnet, von ausgebildeten Stimmen gesprochen und gewaltfrei. Kinder in diesem Alter sollten keinesfalls allein am Computer sitzen und nicht länger als 30 Minuten.

▶ bei CD-ROMs, Hörspielen und Filmen Stoffe bevorzugen, die die Kinder bereits als Buch kennen

▶ Kindern, die übermäßig Fernsehen, mit einer gezielten Auswahl qualitativ hochwertiger Videos oder DVDs ein Alternativangebot machen

▶ Kinder, die große Schwierigkeiten haben lesen zu lernen, mit Schreibspielen am Computer motivieren

▶ Kindern, die bereits vor der Einschulung lesen können, zusätzliche Bücher bzw. Arbeitsmaterialien zur Verfügung stellen, da sie sich sonst langweilen und die Leselust evtl. schnell verloren geht.

2.8.3   Lesereihen für Anfänger

Loewe-Leseleiter mit vier Stufen für Kinder zwischen fünf und acht Jahren.
von Vogel, Maja/Voigt, Silke: Der **kleinste Ritter der Welt**, Loewe Verlag, Reihe „Bilderdrache", Bindlach 2008, Lesestufe 1, ab 5 Jahre
Gunter hat ein Schwert aus Holz und einen großen Wunsch: Er will ein tapferer Ritter werden. Seine Mama hat gesagt, dafür muss er schlau wie ein Fuchs und mutig wie ein Löwe sein. Und eine Prinzessin retten. Alles kein Problem für Gunter. Nur – wo bekommt er jetzt eine Prinzessin her? Eine Prinzessin, die auch noch gerettet werden muss! Vielleicht ist es doch nicht so leicht, ein tapferer Ritter zu werden.
Unter dem Motto „Mit Bildern lesen lernen" werden Begriffe bildlich dargestellt. Im Unterschied zum Bilderbuch steht das Bild für ein Hauptwort, das in der Schriftzeile verwendet wird. Eine zusätzliche Ergänzung bieten die Erzählbilder, die nach jeder Geschichte das Geschehen noch einmal optisch zusammenfassen.

Hinweis zur Erschließung

Der Erwachsene liest den Text, das Kind nennt die Wörter für die Bilder. Beim Anschauen der Szenarien nennt der Erwachsene einen Begriff und das Kind sucht das passende Bild – oder umgekehrt. Bei diesem Lesespiel wird das vorausschauende Mitdenken geübt, das den späteren Lesevorgang erleichtert und Anreiz schafft, die Geschichte selbst zu entziffern.

Känguru-Lesespaß in drei Stufen für „Leseminis" (ab 5 Jahre), „Leseanfänger" (ab 7 Jahre) und „kleine Leseprofis" (ab 8 Jahre). Das unterschiedliche Wackelbild des Kängurus auf jedem Cover kennzeichnet die jeweilige Lesestufe.
Färber, Werner/Puth, Klaus: **Kleine Pausenhofgeschichten**, Ars Edition, München 2008, Leseanfänger ab 7 Jahre
Laura ärgert sich. Schon wieder hat ihre Mama ein Käsebrot und einen Apfel eingepackt. Aber wer will schon jeden Tag das Gleiche essen? Sie beschließt, eine Tauschaktion mit Pausenbroten zu starten.
Die große Fibelschrift und bunte Illustrationen auf jeder Seite machen die vier Geschichten von Erlebnissen auf dem Pausenhof zum unterhaltsamen Lesevergnügen.

Hinweis zur Erschließung und Vertiefung

Der Erwachsene liest die erste Geschichte vor, das Kind liest weiter oder der Erwachsene und das Kind lesen abwechselnd jeder einen Satz. Anschließend kommt es zu einem Gespräch über Pausenhoferlebnisse.

Edition Bücherbär – die fünfstufige Reihe für Erstleser mit einer kleinen Sachbuchreihe für Leseneulinge
Clarke, Catriona/Relf, Adam/West, Ian: **Haie**, Arena Verlag, Reihe „Der Bücherbär – Sachwissen für Erstleser", Würzburg 2007, ab 6/7 Jahre
Was fressen Haie? Wie kommen ihre Jungen zur Welt? Warum schwimmen manche Haie sogar im Schlaf? Sind alle Haie gefährlich?
Kurze Texte in großer Schrift auf farbig gestalteten Seiten machen diese Sachbuchreihe im kleinen Format gerade für Leseneulinge attraktiv, die mit Geschichten vielleicht noch nicht so viel anfangen können. Die Informationen sind übersichtlich gestaltet und mit zahlreichen Fotos und Zeichnungen angereichert.

Hinweis zur Vertiefung

Die Kinder sprechen über Haifische und stellen ein Lesezeichen in Haiform her.

Reihe „Erst ich ein Stück, dann du" – für Vorleser und Leseanfänger

Schröder, Patricia/Krause, Ute (2007), **Ein Drachenfreund für Linus**, Gütersloh Bertelsmann, ab 7
Fumo, der kleine Drache, schämt sich fürchterlich: Er kann kein Feuer spucken. Nicht das kleinste Rauchwölkchen kringelt sich aus seinen Nüstern, als er den großen Drachen seine Künste vorführen soll. Untröstlich flieht Fumo und läuft direkt Linus in die Arme. Linus kann auch kein Feuer spucken, denn Linus ist ein Menschenjunge. Bald sind die beiden dicke Freunde und als Fumo das Menschendorf vor einem Unglück bewahrt, ist ihm klar: Man muss kein Feuer spucken können, um ein großer Held zu sein.

Hinweis zur Erschließung

Groß ist der Schritt vom Vorlesebuch zum Erstlesebuch, wenn man Leseanfänger ist und das Lesen noch anstrengend und mühsam ist. Extra für das gemeinsame Lesen konzipiert ist die neuartige Reihe „Erst ich ein Stück, dann du" für Leseanfänger und erfahrene Leser. Damit wird erstmals in Deutschland ein Typ Buch angeboten, der wie ein Puzzlestück die Lücke zwischen dem klassischen Vorlesebuch und dem Erstlesebuch schließt. Jeder Band bietet: längere, komplexere Textpassagen für den erfahrenen Vorleser, kurze, einfache Abschnitte in großer Fibelschrift für den Leseanfänger, darüber hinaus großzügige farbige Illustrationen. Gemeinsam lesen ist aktive Leseförderung.

Leserabe-Reihe für die erste, zweite und dritte Lesestufe aus dem Ravensburger Buchverlag (außerdem **Leserabe. So macht Lesen lernen Spaß.** – eine von der „Stiftung Lesen" empfohlene Zeitschrift für Leseanfänger, s. S. 50)

Ondracek, Claudia/Rieger, Anja: **Dinosauriergeschichten**, 3. Auflage, Ravensburger Verlag, Ravensburg 2008, ab 6 Jahre, aus der Reihe „Leserabe, 1. Lesestufe"
Als Gummi-Dino mit Lea ein Museum besucht, ist der kleine Spielzeugdinosaurier von seinen Verwandten aus der Urzeit schwer beeindruckt – bis die riesigen Echsen nachts zum Leben erwachen.
Drei spannende Dinosauriergeschichten, bei denen Dinofans garantiert auf ihre Kosten kommen!

Hinweis zur Vertiefung

Die Kinder lösen das Leserätsel am Ende des Buches, senden es per Internet an www. leserabe.de und nehmen damit an einem Gewinnspiel teil.

Dinofans können außerdem Dinos aus Ton formen. Nachdem die Tonform gebrannt ist, bekommt der Dino in sein geöffnetes Maul eine brennende Wunderkerze und kann dann auch noch Feuer speien.

2.8.4   Sachbilderbücher

Tordjman, Nathalie/Mühle, Jörg: **Alle deine Zähne**, Hanser Verlag, München, 2007, ab 5 Jahre
Zähne sind wichtig. Von Anfang an sollte man sich gut um sie kümmern, denn unsere Zähne haben heimtückische Feinde: Bakterien, die ihnen an den Zahnschmelz und im schlimmsten Fall an die Wurzeln wollen. Und wir füttern die Bakterien mit Süßkram und Limo und all den anderen Sachen, die sie lecker finden. Vom Leben der Zähne, der richtigen Pflege bis hin zu Berufen mit Zähnen: ein wissenschaftlich fundiertes Zahnkunde-Buch – mit witzigen Illustrationen von Jörg Mühle.

Hinweis zur Erschließung

Vier Rätsel zum Thema: Zahngesundheit (überliefert)

Komplett da sind wir 32. *Wir sind zwar klein, doch ziemlich fleißig.* *Zu jeder Mahlzeit sind wir dabei.* *Ohne uns gibt's nur noch Brei.* *Wer sind wir?* *(Die Zähne)*	*Man zeigt uns beim Essen,* *beim Sprechen, beim Lachen* *und um jemand Beine zu machen.* *Wer sind wir?* *(Die Zähne)*
Der Zahnarzt sagt, man soll uns meiden, *weil alle Zähne durch uns leiden.* *Der schöne Zahnschmelz wird zerfressen,* *wenn Kinder häufig von uns essen.* *Gegen uns kann nur noch nutzen,* *alle Zähne gut zu putzen!* *Wer sind wir?* *(Süßigkeiten)*	*Wir beide sind aus gutem Grund* *für Sauberkeit in jedem Mund.* *Nach dem Essen gibt's kein Ruh'n,* *sondern Wichtiges zu tun,* *und erst recht nach süßen Sachen* *müssen wir uns Arbeit machen:* *Wir schäumen alle Zähne ein* *und putzen sie dann gründlich rein.* *Bleibt kein Rest von Speis' und* *Trank,* *werden Zähne selten krank.* *Wer sind wir?* *(Zahnbürste und Zahnpasta)*

Damm, Antje: **Alle Zeit der Welt**, Moritz Verlag, Frankfurt am Main 2007, ab 4 Jahre

Mal haben wir zuviel, mal haben wir zuwenig davon – und dann gibt es Momente, da möchten wir sie am liebsten anhalten: Es ist schon seltsam mit der Zeit. Nach ihren erfolgreichen Gesprächs-Bilderbüchern „Frag mich!" und „Ist 7 viel?" widmet sich Antje Damm auf gewohnt kreative Weise einem großen Thema. Wie durch ein Kaleidoskop sind kostbare, beiläufige, lustige, traurige, wichtige und scheinbar unbedeutende Augenblicke zu sehen, die alle zu unserem Leben gehören. Daher ist dies ganz gewiss kein Bilderbuch nur zum Durchblättern, sondern eines, mit dem man beim Betrachten und Erzählen die Zeit auch schon mal vergessen kann.

Hinweise zur Vertiefung

▶ Mit Kindern eine Uhr herstellen: Auf einem Pappteller 12 Ziffern aufmalen. In der Mitte zwei Zeiger mit einer Musterklammer befestigen, sodass sie beweglich sind.

▶ Besuch bei einem Uhrmacher

▶ Eine Uhrenausstellung organisieren: von der Sonnenuhr bis zur Digitaluhr.

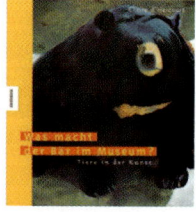

d'Harcourt, Claire: **Was macht der Bär im Museum?** Tiere in der Kunst, Knesebeck Verlag, München 2006, ab 5 Jahre

Dieses Bilderbuch beherbergt einen ungewöhnlichen Zoo: Pablo Picasso schenkte ihm eine Katze, Oskar Kokoschka einen Affen, Albrecht Dürer steuerte ein Walross bei und der Krebs ist von Vincent van Gogh. Spannend ist, dass von jedem Tier jeweils zwei Exemplare vorgestellt werden, die von unterschiedlichen Künstlern und aus verschiedenen Epochen stammen – so kann man nach Lust und Laune vergleichen. Dieses wundervolle Bilderbuch lädt Kinder und Erwachsene dazu ein, einen ganz besonderen Tierpark zu entdecken. Und wer neugierig genug ist, wird bemerken, dass die Tiere die Geschichte der Kunst erzählen.

Hinweise zur Vertiefung

▶ Mit Kindern ein Kunstmuseum besuchen und Tierbilder betrachten.
▶ Die Kinder malen ihr Lieblingstier.

Lange, Monika/Steinig, Andreas: **Wo Regenwurm und Igel wohnen,** Mein Tierbuch vom Garten, 2. Auflage, Sauerländer Verlag, Düsseldorf 2007, ab 6 Jahre
Viele Tiere wohnen im Garten: Es raschelt und flattert in Büschen und Bäumen, es kribbelt und krabbelt im Gras und sogar in der Erde ist einiges los. Beim Spaziergang durch den Garten kann man zahlreichen Vögeln begegnen und beobachten, wie die Bienen Honig sammeln oder wie der Igel auf die Jagd geht.
Da lohnt es sich, einmal genau hinzuschauen! Die Ausklappbilder erlauben uns einen Blick ins Meisennest, in den Ameisenbau oder in die Maulwurfshöhle.

Hinweise zur Vertiefung

▶ Besuch bei einem Imker
▶ Bau von Nistkästen
▶ Bau einer Regenwurmfarm
▶ Besuch einer Igelschutzstation

Dellafosse, Claude/Fuhr, Ute/Sautai, Raoul: **Licht an! Schätze und Wracks,** 2. Auflage, Bibliographisches Institut, Mannheim 2007, ab 5 Jahre, aus der Reihe „Licht an! Meyers kleine Kinderbibliothek"
In der spannenden Sachbilderbuchreihe „Meyers kleine Kinderbibliothek – Licht an!" entdecken Kinder, was normalerweise im Dunkeln liegt. Im Urwald sind die Ruinen einer alten Mayastadt versteckt, tief unter der Erde kann man Überreste von Dinosauriern entdecken und am Meeresgrund liegen alte Schiffe mit Reichtümern an Bord.

Hinweis zur Erschließung

Mit der beiliegenden „Taschenlampe" aus Papier können die kleinen Forscher unter den Entdeckerfolien gezielt bunte Szenen „beleuchten" und in verborgene Welten eintauchen.

Meine Autowerkstatt, Basteln, Spielen Wisse, ars edition, München 2008, ab 5 Jahre
Es gibt jede Menge Autos, Lastwagen und andere Fahrzeuge, mit denen man zur Tankstelle oder durch die Waschanlage fahren kann.
Die Fahrzeuge und Figuren werden ausgeschnitten und angemalt, man stellt sie in ein Panorama und kann schon losspielen.

Hinweis zur Vertiefung

Brettspiel „Autowerkstatt" (für 4 Mitspieler)
Auf 4 Plakaten werden vier verschiedene Fahrzeuge aufgeklebt. Alle wichtigen Fahrzeugteile werden aus dem Buch kopiert, ausgeschnitten und mit Zahlen von 1–6 versehen. Durch Würfeln werden nun die einzelnen Fahrzeugteile in oder an den Fahrzeugen platziert. Wer als Erster sein Fahrzeug „fahrbereit" erwürfelt, hat gewonnen.

2.8.5   Klassiker der Leselernreihen

Der Kinder- und Jugendbuchverlag Friedrich Oetinger führt seit 25 Jahren Kinder mit geeigneten Texten ans Lesen heran. Renommierte Autoren wie Christine Nöstlinger, Kirsten Boie, Paul Maar, aber auch junge Erzähler setzen das gekonnt um. Für Leseanfänger gibt es in der Reihe Laterne, Laterne reich illustrierte farbige Geschichten, dazu große Buchstaben und einen übersichtlichen Text. Für Lesefortgeschrittene ab dem 2. Schuljahr ist die Reihe Sonne, Mond und Sterne mit einem umfangreicheren Textteil konzipiert.

Maar, Paul/Bofinger, Manfred: **Der Buchstabenfresser,** 2. Auflage, Friedrich Oetinger Verlag, Hamburg 1996, ab 6 Jahre, aus der Reihe „Sonne, Mond und Sterne"

Es fing damit an, dass Claudia im Garten ein Ei fand. Das war himmelblau und ungefähr so groß wie ein Autoreifen. Klar, dass sie es nicht einfach so liegen lassen konnte. Vielleicht war ja ein Saurier drin oder ein Krokodil. Wenn Claudia geahnt hätte, dass in dem Ei ein Buchstaben-Fresser war, hätte sie es bestimmt nicht angerührt.

Kinder, die über den ersten Leseanfang hinaus sind, werden Spaß an dieser witzigen Geschichte von Paul Maar haben, der hier auf fantasievolle Weise mit Buchstaben und Wörtern spielt.

Spielhinweise zur Vertiefung

▶ **Buchstabentauscher-Spiel:** Aus einem Wort mit max. vier Buchstaben wird ein Buchstabe verändert, sodass ein neues sinnvolles Wort entsteht, z. B.: BALL – BALD – BAND – BUND – HUND. Wie wird nun DOSE zu HAUT; LAUS zu MIST oder SAFT zu HEXE?

▶ **Buchstabenfresser-Fangen:** Jedes Kind trägt einen Buchstaben sichtbar auf dem Rücken. Zu einer Musik bewegen sich alle im Raum. Bei Musik-Stopp kommt der **Buchstabenfresser.** Die Buchstaben können sich nur vor ihm retten, indem sie sich zu einem Wort gruppieren. In der nächsten Runde werden die gefangenen Buchstaben zu **Buchstabenfressern.** Tipp: Mehr Vokale als Konsonanten verteilen.

▶ **Buchstabenfresser-Galgen:** 3–4 Kinder denken sich ein Wort aus und schreiben dabei die Anzahl der Buchstaben in dieser Weise auf: _____ . Reihum werden nun von den anderen Kindern möglich vorkommende Buchstaben genannt. Sind diese Buchstaben nicht im Wort enthalten, wird der **Buchstabenfresser** nach und nach aus insgesamt 10 Strichen gehängt.

2.8.6   MeKi: Janosch – Meine große Vorschulbox (2 CD-ROMs)

Lesen, Schreiben, Erstes Englisch, Terzio Verlag, München 2007, ab 5 Jahre

Mit diesen zwei liebevoll gestalteten Lernspiel-CD-ROMs von Janosch können Vorschulkinder spielerisch Lesen, Schreiben und erstes Englisch trainieren. In der fantastischen Panama-Welt zeigen Tiger und Bär den jungen Spielern ihre Lieblingsplätze, treffen Freunde und helfen ihnen bei der Arbeit. Die Übungen beginnen ganz einfach und werden dann zunehmend schwieriger. So werden die Kinder nicht überfordert und bauen Schritt für Schritt ihre Fähigkeiten aus. Auf der CD 1 können die Kinder Buchstaben und Laute kennenlernen und zuordnen, mit Silben Wörter bauen, Reime bilden, Gegensatzpaare zuordnen, Bildergeschichten anschauen und das Hörverstehen trainieren.

Auf der CD 2 lernen die Schulanfänger spielerisch und intuitiv einen Grundwortschatz, der sich mit ihren Erfahrungsbereichen und ihren Kommunikationsbedürfnissen deckt, z. B. zu Hause, im Wald, auf der Wiese oder am Meer.

Der große Elternratgeber informiert über einen optimalen Schulstart und die Fördermöglichkeiten darüber, was Kinder in diesem Bereich können sollten, wie die Übungen dieser CD-ROM aufgebaut sind und was mit ihnen gefördert wird. Außerdem gibt er Fördertipps über die CD-ROM hinaus.

Hinweise zur Erschließung

Die Installation und technische Handhabung der CD-ROMs sind einfach. Einmal vertraut mit der Vorgehensweise, kann ein Kind ganz nach seinem Geschmack und individuellem Tempo üben. Die teilanimierte Illustration der CD-ROMs ist für Kindergarten- und Grundschulkinder sehr schön gestaltet. Es können Bilder ausgedruckt werden und die originellen Spiele laden nicht nur Kinder zum Mitmachen ein.

Der Einsatz der Software ersetzt literarische Vorlagen nicht, sondern sollte den Leselernprozess ergänzen und unterstützen. Es ist daher empfehlenswert, den Kindern zu den CD-ROMs auch Janosch Bücher zur Verfügung zu stellen, z. B. „Oh, wie schön ist Panama". Die Verbindung von Buch, interaktiver Darstellung und gezielt abrufbaren Audiodateien regt so die Neugierde an und steigert die Lust am Lesenlernen.

Impulse zur Vertiefung

1. *Untersuchen und vergleichen Sie einige Erstlesebücher unter folgenden Kriterien[1]:*

Ausstattung
▶ *Hat das Buch ein ansprechendes Titelbild?*
▶ *Passt der Titel zum Text?*

Inhalt
▶ *Ist er eindeutig, interessant, lustig, spannend?*
▶ *Ist er in den Einzelszenen zusammenhängend?*
▶ *Gibt es eine kindliche Identifikationsfigur?*
▶ *Werden Problemlösungen angedeutet?*

Sprache/Stil
▶ *Werden kindgemäße Wörter verwendet?*
▶ *Sind die Sätze überschaubar und nicht zu lang?*
▶ *Wird durchgängig linear – ohne Rückblenden – erzählt?*
▶ *Wird durchgehend aus einer Perspektive erzählt?*
▶ *Gibt es Reime und Wiederholungen?*

Layout
▶ *Ist der Zeilenbeginn linksbündig?*
▶ *Sind die Zeilen nach Sinnschritten gegliedert?*
▶ *Werden Worttrennungen vermieden?*
▶ *Gibt es Absätze und eingestreute Bilder?*
▶ *Sind die Seiten übersichtlich gestaltet?*

Typografie
▶ *Hat die Schrift die richtige Größe?*
▶ *Gibt es genügend Zeilenabstand?*

Illustrationen
▶ *Sind sie ansprechend gestaltet?*
▶ *Unterstützen sie den Leseprozess?*
▶ *Regen sie zum Verweilen und Nachdenken an?*
▶ *Weisen sie über den Text hinaus?*

---

[1] Vgl. www.lbz-rlp.de, Buchempfehlungen für die ersten Lesejahre – Verlagsreihen und Tipps zur Buchauswahl

2. *Schreiben und bebildern Sie selbst eine Geschichte für Leseanfänger.*

3. *Entwickeln Sie Kriterien zur Beurteilung von Sachbilderbüchern. Berücksichtigen Sie dabei den Entwicklungs- und Erfahrungsstand, die Bedürfnisse und Interessen der Kinder. Stellen Sie fest, welche Sachbilderbücher für die Altersstufe 6–7 Jahre geeignet sind.*

4. *Planen Sie mit Kindern einen Besuch in einem Kunstmuseum.*
Berücksichtigen Sie dabei die Prinzipien einer Bildbetrachtung[1]:

Prinzipien einer Bildbetrachtung

1. Zur Auswahl des Gemäldes
Originale, Dias, Kunstdrucke aus der Lebenswelt des Kindes auswählen, die als solche für das Kind dieser Altersstufe begreifbar sind.

2. Pädagogische Ziele setzen
Hinführung zur Kunst, Wissenserweiterung, einen tieferen Sinn des Gemäldes (Bildaussage) erarbeiten.

3. Prinzip der Teilschritte
Gemälde in vielen kleinen Schritten und mit vorbereiteten Fragen erarbeiten und dabei geschickt und passend die Spontanität der Kinder einbeziehen.

4. Prinzip der Identifikation
Die Kinder identifizieren sich mit den abgebildeten Menschen, Tieren, Pflanzen, Gegenständen und geben, dadurch angeregt, dem Bild eine Handlung.

5. Prinzip der Aktivität
Die Kinder werden nicht nur verbal aktiv, sondern sie lassen das Bild lebendig werden, indem sie Geräusche nachahmen, sich bewegen wie die Personen und Tiere im Gemälde, mitagieren, sodass eine angedeutete Handlung fortgesetzt wird.

---

5. *Planen Sie mit einer Kindergruppe ein Naturprojekt, z. B. Weidentipi, Anlage eines Teiches, Kräutergartens, Aquariums, einer Trockenmauer, Regenwurmfarm.*
Erstellen Sie dazu eine Reportage, die nach Beendigung des Projektes in der sozialpädagogischen Einrichtung oder in Ihrer Klasse präsentiert wird.

Hinweise zur Reportage

▶ ein aus der unmittelbaren Situation gegebener Augenzeugenbericht über ein Ereignis

▶ Vermittlung der Atmosphäre, die am Schauplatz eines Ereignisses herrscht

▶ verwendete Zeitform: Präsens oder Perfekt

▶ Aufbau: Benennung des Ereignisses, um das es geht, Beschreibung der beteiligten Personen, Meinungen, Äußerungen und Eindrücke der Beteiligten werden festgehalten

▶ Durchführung von Interviews

▶ Einzelheiten und Hintergrundinformationen werden angeboten

▶ je nach Medium (Fernsehen, Zeitung usw.) Unterstützung der Reportage durch Bild- und Tonmaterial

---

[1]   Vgl. Pertler, Cordula: Kinder erleben große Maler, Don Bosco Verlag, München 2006, S. 23–24

6. *Entwickeln Sie ein Würfelspiel, das ein technisches Gerät aus dem Alltag eines Kindes zum Thema hat, z. B. Fahrrad. Schreiben Sie die dazu erforderliche Spielanleitung (siehe Vorgangsbeschreibung).*

Vorgangsbeschreibung

▶ Vorgänge genau beobachten, alle Einzelheiten berücksichtigen und die zeitliche Abfolge beachten.

▶ Mit richtigen Fachbegriffen einzelne Arbeitsschritte beschreiben.

▶ Den zu beschreibenden Vorgang in einzelne Abschnitte gliedern, damit der Leser den Ablauf nachvollziehen kann.

▶ Als Zeitformen können das Präsens (Gegenwart) oder das Passiv (Leideform) gewählt werden. (Das Passiv wird häufig in Regeln, Spielanleitungen, Gebrauchsanweisungen oder Rezepten verwendet. Das Passiv mit „sein" oder „werden" bilden. Zum Beispiel: „Das Spiel ist für Kinder ab sechs Jahren geeignet. Es wird mit vier Personen gespielt.")

2.9   Das Selbstlese-Alter (8/9 Jahre)

140 cm

Sina (8 Jahre und 9 Monate) ist Frühaufsteherin. Sie liebt es, schon morgens zum Frühstück in „ihrer Zeitung" zu schmökern. Nach der Schule am Nachmittag trifft sie sich oft mit ihren Freunden Marie (8 Jahre und 11 Monate) und Leo (8 Jahre und 7 Monate). Oft unternehmen die drei etwas zusammen, sie sind dann mit dem Fahrrad oder auf ihren Inlinern unterwegs. Manchmal gehen sie auch ins Schwimmbad und treffen dort ihre anderen Freunde. Gelegentlich lesen die drei auch zusammen in ihren Lieblingscomics. Asterix ist im Moment ihr Favorit. Sie zeigen sich dann gegenseitig die witzigen Stellen. Einmal im Monat verabreden sie sich zum Besuch in der Bücherei. Dann schmökern sie in den Regalen und leihen sich ein paar Bücher oder auch Hörbücher aus. Sina mag vor dem Einschlafen gerne noch eine Geschichte hören. Selten noch liest die Mutter ihr eine Geschichte vor, meistens stöpselt sie die Hörer ins Ohr und lauscht einem Hörbuch oder Hörspiel, sie hört oft wochenlang den gleichen Titel.

2.9.1   Was neu ist in der Leseentwicklung

Kinder im Alter von 8–9 Jahren grenzen sich allmählich von den Bezugspersonen ab. Sie werden zunehmend selbstständiger und sind auf der Suche nach ihrer Identität. Sie orientieren sich an Gleichaltrigen und sind bereit, verbindliche Freundschaften einzugehen und suchen ihren Platz in der Gruppe. Schulisches Lernen und das Handeln im Alltag werden bestimmter.

Im Mittelpunkt der Leseentwicklung 8- bis 9-jähriger Kinder steht nun die Automatisierung und Verbesserung der bereits erworbenen Lesefertigkeiten. Wenn das Kind flüssig liest, ist der Prozess des Lesenlernens weitestgehend abgeschlossen. Nach und nach konzentriert es seine Aufmerksamkeit auf den Inhalt des Geschriebenen.

Selbstleser greifen nun zu Büchern, die weniger Abbildungen enthalten, kleinere Schrifttypen und längere Kapitel haben. Die Leseinteressen erweitern sich, und Kindern, die viel lesen, reichen die Erstlesebücher nun nicht mehr. Wenn ihnen das Lesen Spaß macht, wollen sie bald reichhaltigere Kinderbücher lesen. Die bevorzugten Themenbereiche stammen aus dem erlebten Umfeld der Kinder und die Protagonisten der Geschichten, häufig Kinder im Alter der Leser, dienen als Vorbild. Individuelle Vorlieben für realistische oder fantastische Geschichten, die aus der Ich-Perspektive erzählt werden, bilden sich aus. In dieser Altersgruppe lesen die Mädchen lieber und mehr als Jungen, wobei die Jungen eher zu Detektivgeschichten greifen.

In dieser Lesephase lernen die Kinder viele Klassiker der modernen Kinderliteratur kennen, oft aber als Film oder Hörspiel. Nach einem Seh- oder Hörerlebnis greifen sie dann zur Originallektüre und können so das mediale Erlebnis selbstlesend nachempfinden und vertiefen. Die Kinderbuchklassiker lassen sie sich aber auch weiterhin gerne vorlesen und die meisten Erwachsenen kennen sie ja auch aus ihrer eigenen Kindheit und berichten beim Vorlesen von ihren eigenen Leseeindrücken.

Die Kinder zeigen nun auch Interesse an den Buchautoren, sie finden bald einen Lieblingsautor oder eine Lieblingsautorin und wollen etwas über deren Biografie wissen.

Favorisierte Hörspiele oder Hörbücher, auf CD oder Kassette, können Kinder zu vielen Gelegenheiten selbstbestimmt einsetzen und ungestört hören. Nach vielen Wiederholungen sprechen sie häufig ganze Passagen auswendig mit.

Bei spontanen Umfragen ist festzustellen, dass Kinder, Jugendliche und Erwachsene die Titel vieler Kinderbücher oder Comics zwar kennen, aber nicht weil sie das Buch gelesen haben, sondern weil sie die Geschichte als Spielfilm oder Zeichentrickfilm angesehen haben. Kinderbücher oder Comicgeschichten erscheinen vielfach zunächst als Kinofilm und zu einem späteren Zeitpunkt im Fernsehen oder auf DVD. Da ein Kinobesuch für Kinder immer ein großes Erlebnis darstellt, sollte zunächst immer ein Erwachsener das Kind begleiten, bevor es alleine oder besser noch, gemeinsam mit Freunden ins Kino geht. Im Anschluss an den Kinobesuch greift das Kind dann gerne nach dem Buch, weil ihm das Sujet (Thema, Motiv, Inhalt) nun bekannt ist, es kann sein emotionales Filmerlebnis vertiefen.

Kinder wollen verstehen, wie die Welt um sie herum funktioniert. Dabei können ihnen die vielfältigen und aktuellen Sachbücher helfen, Antworten auf ihre Fragen und Erfahrungen zu finden sowie Wissensdrang, Interesse und Neugierde zu befriedigen. Die Themenbereiche reichen von der Entstehung der Erde, von Urtieren, vom Rittertum bis zur Weltraumerkundung und umfassen die neuen Technologien, Medien, Politik, Religion, Philosophie und andere wissenschaftliche Bereiche.

Comics und Kinderzeitschriften kommen dem Leseinteresse der Grundschulkinder sehr entgegen. In ihrer bunten, bisweilen grellen Aufmachung sind sie leicht konsumierbar. Je nach Zielgruppe liefern sie: Informations- und Literaturtexte, Anreize zum Schreiben, Raten, Malen, Basteln und Experimentieren. Der Textanteil ist dabei meist überschaubar gehalten.

2.9.2   Hinweise zur Lese- und Literaturförderung

▶ Kinder, die in der Grundschulzeit viel lesen, werden sich voraussichtlich auch zum lesenden Erwachsenen entwickeln. Das vorhandene Leseinteresse sollten Bezugspersonen aktiv unterstützen und begleiten, auch oder gerade dann, wenn das Lesen im Freundeskreis der Kinder nicht zur Hauptaktivität gehört.

▶ Lesewünsche der Kinder sollten weitestgehend erfüllt werden, auch wenn der Bezugsperson ein Buch nicht gefällt oder sie es nicht kennt. Finden Gespräche über das gelesene Buch statt, erfährt die Bezugsperson welche Themen und Lektürearten vom Kind bevorzugt werden. Sie kann dabei über die eigenen Leseerfahrungen berichten.

▶ Spätestens im Grundschulalter sollte Kindern ein eigener Bibliotheksausweis zur Verfügung stehen, damit der selbstständige Zugang zu vielfältigem und abwechslungsreichem Lesestoff garantiert ist. Selbst in kleineren Wohnorten befindet sich meistens eine gut sortierte Kinder- und Jugendbibliothek.

▶ Auch wenn das 8–9-jährige Kind flüssig lesen kann, möchte es gelegentlich noch vorgelesen bekommen. Diesem Wunsch sollte man auf jeden Fall entsprechen, denn über das Vorlesen bleibt die Lesefreude erhalten und motiviert Kinder selber zu lesen. Die Texte können ja auch im Wechsel laut gelesen werden.

▶ Mit den Grundschulkindern können zahlreiche informativ-kreative Aktionen rund um das Buch stattfinden, wie

– nach Literaturvorgabe ein Theater- oder ein Hörspiel erstellen,

– Lese- oder Vorlesetage einführen,

– das Buch des Monats auswählen,

– Internetrecherche zu Lieblingsautoren durchführen,

– ein Literaturquiz planen und durchführen,

– Geschichten erfinden, aufschreiben und illustrieren,

– gemeinsam ein Buch anfertigen,

– eine Geschichte in einen Comic umwandeln,

– eine Buchdruckerei oder Buchbinderei besichtigen,

– ein Fest mit ausgewählten Kinderbuchfiguren durchführen,

– Comics in der Einrichtung präsentieren,

– Tauschbörse für Kinderzeitschriften und Comics einrichten.

▶ Viele Kinderbücher sind inzwischen als Hörbuch oder Hörspiel adaptiert. Grundschulkindern bereitet es großen Hörgenuss, wenn sie gemeinsam mit einer Freundin oder Freund oder in einer kleinen Gruppe den Kassetten oder CDs lauschen können. Im Anschluss verarbeiten sie das Medienerlebnis in Gesprächen, Diskussionen oder spontanen Rollenspielen.

▶ Kinder und Erwachsene schauen verfilmte Kinderliteratur an und stellen sie dem Original-buch gegenüber. Gemeinsam suchen sie Übereinstimmungen und Veränderungen und vergleichen sie auf ihre Wirkung hinsichtlich der Gesamtaussage.

▶ Wenn die Kinder sicher lesen können, wenden sie sich auch gerne dem Internet zu. Viele Buch- und Zeitschriftenverlage sowie Anbieter des Kinderfernsehens bieten eigene Webseiten an. Zwei allgemein anerkannte Internetadressen für Kinder sind die Suchmaschine www.blindekuh.de, die Spiele und Links zu weiteren Seiten enthält, und das Internetportal www.internet-abc.de, das Kinder und Erwachsene über den sicheren Umgang mit dem Internet vertraut macht.

2.9.3   Kinderbücher

Mierswa, Annette/Harjes, Stefanie(Illustration): **Lola auf der Erbse**, Tulipan Verlag, Berlin 2008, ab 8 Jahre
Lola Lachmann wohnt mit ihrer Mutter auf der „Erbse", einem Hausboot unten am Fluss. Seitdem sich ihr Vater in Luft aufgelöst hat, lebt Lola in einer Fantasiewelt, weigert sich zu wachsen und wäscht sich nicht mehr den Hals, um die Erinnerung an Papas Abschiedskuss zu bewahren. Ihr sonderbares Verhalten macht sie zur Einzelgängerin. Zum Glück gibt es noch den alten Fischer Solmsen und seine märchenhaften Geschichten. Eines Tages jedoch droht Lolas Traumwelt aus den Fugen zu geraten: Ihre Mutter hat einen neuen Freund! Kurt ist Tierarzt und eigentlich gar nicht so übel. Lola versucht dennoch mit allen Mitteln, den Eindringling zu vertreiben. Als Lolas Mutter erzählt, warum ihr Vater die Familie verlassen hat, beginnt Lola schließlich zu akzeptieren.

Hinweis zur Vertiefung

Lolas Fantasiewelt kann mit eigenen wichtigen Erinnerungs- und Sammlungsstücken zu einer persönlichen Schuhkartongeschichte nachgebaut werden.

Goscinny, René/Sempé, Jean-Jacques (Illustration)/Lenzen, Hans Georg (Übersetzer): **Der kleine Nick ist wieder da**, Diogenes Verlag, Zürich 2006, ab 8 Jahre
Nick ist ein Junge, der nichts Besonderes an sich hat. Seine eigenen Eltern haben sehr viel Geduld mit ihm, weil er ständig etwas anstellt. In der Schule und auch sonst erlebt Nick lustige Sachen und die erzählt er atemlos, ohne Punkt und Komma.
Nicks Abenteuer spielen in der Gegenwart, zu Hause oder in der Schule. René Goscinny (1926–1977, Autor der Asterix-Comics) denkt sich dabei Situationen aus, in denen sich die Erwachsenen auch nicht besser verhalten als die Kinder. Die Zeichnungen von Sempé begleiten die Geschichten auf hervorragende Weise. Illustrationen und Geschichten stecken voller Situationswitz und Ironie, sie werden deshalb auch gerne von Erwachsenen gelesen.
Anfang 2005 hat Goscinnys Tochter in einer Kiste 80 neue Nick-Geschichten entdeckt. Auch diese alten Geschichten des kleinen Nick erfahren zurzeit ein Comeback.

Hinweis zur Vertiefung

Die Figuren der Illustrationen aus dem Bild isolieren (zeichnen oder fotokopieren), farbig gestalten. An einem Holzstab befestigt können eigene Geschichten mit den Stabpuppen gespielt werden und als Kartontheater vor Publikum aufgeführt werden. (siehe auch Bauchladentheater, S. 119)

Hacks, Peter/Eberhard Binder (Illustration): **Geschichten von Henriette und Onkel Titus**, Eulenspiegel Verlag, Berlin 2008, ab 8 Jahre
Henriette und Onkel Titus sind ein tolles Team, sie hat mehr Fantasie, er mehr Verstand, „aber jeder hat genug von beidem". Weil das so ist, erleben sie gemeinsam die abenteuerlichsten Dinge: Sie bauen einen Schneemann, der ihre Weihnachtspakete versteckt, befreien einen weinenden Stein von seinem Liebeskummer, erfinden eine Denkmaschine und fangen im Stadtpark einen mittelgroßen, hübschen Affen, der natürlich sprechen kann. Denn, so sagt einmal Herr Mopp alias Onkel Titus: „Nichts ist verwirrender als das normale, alltägliche Leben." Peter Hacks Märchengeschichten von Henriette und Onkel Titus sind irgendwo zwischen Traum und Wirklichkeit angesiedelt und von einer verblüffenden Zeitlosigkeit.

Hinweis zur Vertiefung

In der Runde wird von einer ganz normalen Alltagssituation berichtet, z. B. *„Heute morgen bin ich eine Haltstelle früher aus dem Bus gestiegen, weil ich mir vor der Schule beim Bäcker noch ein Brötchen kaufen wollte. Vor mir warteten noch fünf Kunden. Ich dachte schon, ich komme zu spät zum Unterricht. Aber pünktlich mit dem Klingelzeichen war ich in der Klasse."* Die nächsten Erzähler wiederholen immer die Geschichte des Vorgängers und verändern immer eine Stelle im Ablauf.

Parvela, Tim/Wilharm, Sabine (Illustration): **Ella in der Schule**, Carl Hanser Verlag, München 2007, ab 6 Jahre
Heute war wieder ein lustiger Schultag: Der Lehrer hat selbst gesagt, Pekka dürfe die Seife nicht mit ins Schwimmbecken nehmen. Da hat Pekka sie eben an den Beckenrand gelegt. Natürlich ist der Lehrer darauf ausgerutscht. Und weil nirgendwo sonst so komische Sachen wie in der Schule passieren, gehen Ella und ihre Freunde richtig gern zur Schule. An guten Tagen findet sogar der Lehrer, dass es in der Schule wirklich lustig ist. Das Buch ist für die Schultüte!

Hinweis zur Vertiefung

Die einzelnen Geschichten sind in kurze Kapitel unterteilt und eignen sich zum Vorlesen und Selbstlesen. Alle drei Rahmengeschichten können als kleine Stegreifspiele von den Kindern nachgespielt werden.

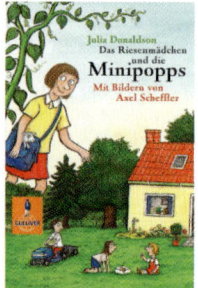

Donaldson, Julia/Scheffler, Axel (Illustration): **Das Riesenmädchen und die Mini-popps,** aus dem Englischen von Mirjam Pressler, Beltz & Gelberg, Weinheim 2007, ab 8 Jahre

Eines Tages klettert Megalilli, das Mädchen aus dem Riesenland hoch über den Wolken, an einer Bohnenranke hinunter auf die Erde. Dort entdeckt sie lauter süße kleine Mini-popps für ihr Puppenhaus. Doch die Jones-Kinder wollen auf keinen Fall lebendiges Spielzeug sein. Und so beginnt ein wildes Abenteuer. Erst nach vielen überstandenen Gefahren gelingt den Kindern die Flucht.

Ein Kinderroman mit viel Sprachwitz, „Oggel di umma, oggel di uma. Dube? Mini-popps kum Wimmusch, Schoffelschopper wa Bilobitsch". Mit einem Wörterbuch für alle, die schon immer magrolonisch lernen wollten.

Hinweis zur Vertiefung

Ein eigentlich ausrangiertes Puppenhaus weckt neue Spielfreude, wenn an ihm eine Blumentopf-„Pimpelronka" (übersetzt Bohnenranke) hoch wächst. Die Kinder erfinden für ihr Puppenhaus neue Geschichten aus dem Land der Minipopps und Riesen-menschen.

Bauer, Insa/Pawle, Margit (Illustration): 4 City Agents – **Die Erpresser von London,** Coppenrath Verlag, Münster 2007, ab 8 Jahre

City Agents, das sind die Geschwister Laura und Moritz und ihre Freunde Marie und Alexander. Die vier reisen nach London und während die Mutter von Laura und Moritz dort arbeitet, erkunden sie die Stadt und ein geheimnisvoller Erpresserbrief fällt ihnen in einem Londoner Bus in die Hände. Sie setzen sich mit Scotland Yard in Verbindung und erfahren von weiteren Drohbriefen. Kurzentschlossen nehmen die vier Freunde selber die Ermittlungen auf und haben schon bald eine heiße Spur. Eine aufregende Verfolgungsjagd durch London beginnt und so ganz nebenbei lösen sie einen echten Kriminalfall.

Auf dem beigefügten Stadtplan Londons sind alle Stationen der vier Hobbydetektive vermerkt. So quasi am Rande erfährt der Leser Wissenswertes über die touristischen Sehenswürdigkeiten Londons. Dies ist der erste Band der neuen Krimireihe.

Hinweis zur Vertiefung

Unter Verwendung eines Ortsplanes der eigenen Stadt kann mit Kindern eine Stadt-erkundung oder Stadtrallye geplant und durchgeführt werden.

Janisch, Heinz/Artem, Kostyukevich (Illustration), **Auch die Götter lieben Fußball,** Bajazzo Verlag, Zürich 2008, ab 8 Jahre

Im Hinblick auf die Europameisterschaften 2008 hat der Autor Heinz Janisch nachge-forscht, wie das Fußballspiel entstanden sein könnte. So fand er heraus, dass schon die Götter Griechenlands dieses Spiel kannten. Den Dribbelkönig nannten sie den Gott der Umwege und der Gott des Richtigen Augenblicks versenkte den Ball am Gott des Flugs vorbei ins Tor. Nach einer wiederholten Niederlage, schoss der Gott aller Götter zornig den Ball weit übers Stadion hinaus in den Weltraum. So wurde aus dem leuchtend blauen Ball die Erde. Viel später gab es die Menschen und irgendwann, noch viel später, erfanden die Menschen die Europa- und Weltmeisterschaft und andere Fußballtur-niere.

Hinweis zur Vertiefung

Ein Fußballspiel aufzeichnen, anschließend die einzelnen Spieler und Spielerpositionen mit Götternamen ausstatten. Beim wiederholten Anschauen des Spiels den Ton ausschalten und „Das Spiel der Götter" live kommentieren.

Karimé, Andrea/von Bodecker-Büttner, Annette (Illustration): **Nuri und der Geschichtenteppich**, Picus Verlag, Wien 2007, ab 8 Jahre
„Liebe Tante, ich weiß zwar nicht, wo du bist …", so beginnt der erste Brief, den die sechsjährige Nuri an ihre Tante Marwa richtet, die sie zurücklassen musste, als sie mit ihren Eltern vor dem Krieg aus dem Irak nach Deutschland geflohen ist. In der Schule ist Nuri eine Außenseiterin, die Kinder nennen sie „Stinkprinzessin" und werfen ihr Pausenbrot in den Müll. In zahlreichen Briefen vertraut Nuri ihrer Tante ihre Ängste und Sorgen, aber auch ihre Geheimnisse an. Eines Tages schenkt Nuris Vater ihr einen Geschichtenteppich. Mit dessen Hilfe kann sie nun die Kinder in der Schule auch mit ihren Erzählungen verzaubern. Bald kann sie die ganze Klasse damit begeistern. Dann erhält Nuri endlich einen Brief von ihrer Tante Marwa.

Hinweis zur Vertiefung

Die Kinder richten ein persönliches Ereignisbuch oder Gruppenwochenbuch ein, um zur Erinnerung besondere Situationen, Begegnungen, Erlebnisse, Erfahrungen aufzuschreiben, zu illustrieren oder als Collage festzuhalten. Darüber hinaus wird eine regelmäßige Erzählstunde eingerichtet, in der jedes Mal ein anderes Kind eine Geschichte erzählt.

Duffe, Thomas/Schatz, Monika/Schatz, Thorsten: **Kauf mir ein Krokodil!** Ein Ratgeber für die Wahl deines Haustiers, Berlin Verlag, Berlin 2008, ab 8 Jahre
In fünf Kapiteln erhalten die Leser Informationen über Hunde, Katzen, Nagetiere, Fische und Vögel und können anschließend für sich die richtige Wahl treffen. Sie zeigen auf, was bei Haltung, Pflege, Fressgewohnheiten, Beschäftigung, Eingewöhnung und Erziehung eines Tieres zu bedenken ist, welche Aufgaben auftauchen. Dadurch werden Kinder verantwortlich in die Entscheidung für ein bestimmtes Haustier mit einbezogen. Bezugspersonen erhalten zudem viele nützliche Hinweise zu Fragen wie: Welche Bedürfnisse hat das Kind? Welche Verantwortung kann es übernehmen? Wie wird seine Entwicklung gefördert? Welches Tier passt zu welchem Alter? Ebenso werden Fragen zu Anschaffungs-, Folgekosten und andere Fragen rund um das Tier behandelt. Die vielen Informationen und Tipps sind in verständlicher Sprache formuliert. Fotos und Seitengestaltung unterstützen den Sachbuchcharakter und Sprechblasen-Tierwitze lockern den Sachtext auf.

Hinweis zur Vertiefung

Fast jedes Kind wünscht sich ein Haustier. Begleitend zur Buchlektüre kann der Besuch eines Tierheimes, einer Tierhandlung oder eines Tierarztes geplant und durchgeführt werden. Die Kinder erfahren auf diese Weise weitere konkrete Entscheidungshilfen bei der Wahl eines Haustieres. Vielleicht entsteht ja auch die Überlegung, für die Kindertageseinrichtung ein Tier in Pflege zu nehmen. Ein gemeinsam erstellter Organisationsplan erleichtert dann die verantwortliche Übernahme der Versorgungsaufgaben.

Didier, Claire/Garrigue, Roland (Illustration): **Die Welt ist voller Löcher,** Oetinger Verlag, Hamburg, 2007, ab 8 Jahre
Franz von Loch ist ein Löchersammler. Wortgewandt und ausdauernd präsentiert er die Lieblingsstücke seiner Sammlung. Es ist ein Marktplatz der Löcher zu sehen, mit einer Lochmünze aus dem 7. Jahrhundert, mit Löchern in Nahrungsmitteln wie bei Donuts oder Käse. Es werden große Löcher der Erde vorgestellt wie Höhlen, Gletscherspalten, Vulkane, Tierbauten und kleine Löcher bei menschlichen und tierischen Körpern. Künstliche Löcher wie Baustellenrohre oder Grabstätten werden gezeigt. Wie und warum Löcher entstehen wird in kurzen klaren Texten erläutert. Das Buch ist in Kapitel gegliedert, die immer mit einem Reim eingeleitet werden. Neben der ansprechenden Kombination aus Fotos und Illustrationen wird nützliches, ausgefallenes Wissen durch Sprechblasen vermittelt. Zudem geben in die Seiten gestanzte Löcher effektvolle Einblicke.

Hinweis zur Vertiefung

Löcher suchen und zu ihrer Herkunft und Bedeutung Geschichten erfinden, aufschreiben, ausprobieren …

2.9.4   Kinder-Comics

Herge, Georges Remi: **Tim in Tibet,** Carlsen Verlag, Hamburg 2007 (gebundene Neuauflage), ab 8 Jahre
In dieser Ausgabe suchen Tim und Kapitän Haddock nach ihrem Freund Tschang in der lebensfeindlichen Gebirgswelt des Himalajas. Auf dem Weg nach Europa war dessen Flugzeug an einem Berggipfel zerschellt und abgestürzt. Aber obwohl es keinerlei Anzeichen gibt, dass irgendjemand diesen tragischen Unfall überlebt haben könnte, glaubt Tim an die Gegenwart seines Freundes. Für diese innere Gewissheit setzt er fast sein Leben aufs Spiel. Schließlich entdeckt er in der Höhle des Yeti den schwerkranken Tschang und begleitet ihn zurück nach Nepal.

Hinweise zur Vertiefung

Verkleidungen/Requisiten zu Figuren herstellen, Rollen verteilen und das Abenteuer nachspielen. Figuren ausschneiden, Umrisse des Himalajas aufzeichnen und die Reise durchs Gebirge nachstellen oder ein neues Reiseabenteuer erfinden.

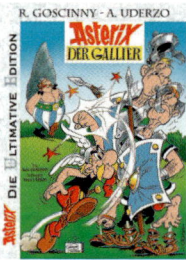

© Les Editions
Albert-René

Goscinny, René/Uderzo, Albert (Illustration) **Asterix der Gallier,** gebundene Neuauflage, Die ultimative Asterix Edition, Band 1, Ehapa Comic Collection, Köln 2006, ab 8 Jahre
„Wir befinden uns im Jahre 50 v. Chr. Ganz Gallien ist von Römern besetzt. Ganz Gallien? Nein! Ein von unbeugsamen Galliern bevölkertes Dorf hört nicht auf, dem Eindringling Widerstand zu leisten." So startet die erste Geschichte des ersten Bandes, indem alle Protagonisten des Gallierdorfes vorgestellt werden. Die kompletten Asterix-Abenteuer präsentieren sich hier in neuen gebundenen Ausgaben. Neben der aufwendigen Überarbeitung (neue Kolorierung, die Überarbeitung des Strichs, großzügige Seitengestaltung) wird nun auch auf Eigenheiten des jeweiligen Abenteuers und auf seine Entstehungsgeschichte eingegangen und das Buch erscheint im Großformat.

Hinweise zur Vertiefung

▶ Comic-Elemente und Figuren mit anderem Bildmaterial ergänzen und zur dekorativen Bild-Collage ausstatten.
▶ Ein Daumenkino herstellen

Das **Daumenkino** ist eine alt bekannte Möglichkeit, schnell eine eigene Zeichnung zu animieren und spielerisch einen kleinen Trickfilm herzustellen. Dazu werden etwa 30 weiße dünne Pappkarten etwa 6 x 9 cm benötigt. Die Kärtchen so legen, dass man die Zeichnungen sofort in den Veränderungsstadien überblicken kann. Die Zeichnung wird dabei in einzelne Bewegungsphasen aufgelöst, z. B. ein Strichmännchen grüßt mit einem Hut, ein Fisch springt aus dem Brunnen. Die fertigen Bilder an einer Seite/Ecke zusammenheften, festhalten und die Zeichnungen mit dem Daumen auffächern.

Schulz, Charles M.: **Charlie Brown und die Peanuts,** Carlsen Verlag, Hamburg 2006 (gebundene Neuauflage), ab 8 Jahre
Die Peanuts, Linus, Lucy, Schröder und natürlich die Hauptfigur Charlie Brown, sind eigentlich ganz normale Kinder: Charlie Brown liebt das kleine, rothaarige Mädchen, sein Hund Snoopy liebt die Unabhängigkeit, Lucy liebt es, Charlie Brown zu sticheln, Sally, Charlys Schwester, hasst die Schule und liebt Linus und dieser kann nirgends ohne seine geliebte Schmusedecke glücklich sein. Natürlich tauchen in den einzelnen Geschichten noch weitere Figuren auf. Es werden schräge, lässige, kratzbürstige oder philosophische Alltagsgeschichten erzählt. In den Comicstrips zeigen die vier Peanuts, was sie lieben, verabscheuen und erträumen, wer ihre Freunde und Feinde sind. In den Eigenarten der stark typisierten Figuren kann sich fast jeder Leser wiederfinden.

Hinweise zur Vertiefung

▶ Einzelne Figuren ausschneiden, aufkleben und mit eigenen Zeichnungen ausschmücken, dazu eine Geschichte erzählen.
▶ Ein Thaumatrop herstellen:

Das **Thaumatrop** (1826 von John Ayrton in Paris konstruiert) kann mit einfachen Mitteln angefertigt werden. Dazu auf beide Seiten einer Pappscheibe Motive zeichnen, die sich ergänzen. Band zum Zwirbeln anbringen. Durch schnelles Drehen vereinigen sich die Bilder der Vor- und Rückseite.

Kauka, Rolf/Kauka, Alexandra: **Fix und Foxi,** Jubiläumsausgabe, Pabel Moewig Verlag, Rastatt 2003, ab 8 Jahre
Die Zwillingsfüchse Fix und Foxi sind die beiden Hauptfiguren. Sie sind aufgeschlossen, enthusiastisch und sozial engagiert und dienen als Identifikationsfiguren. Fix mit gelber Latzhose, Foxi trägt eine blaue. Fix ist der „fixere" von beiden, während Foxi eher vorsichtig auftritt. Als weitere Protagonisten, neben anderen Figuren, gibt es den Wolf Lupo, der als liebenswerter Überlebenskünstler mit Hang zur Kleinkriminalität dargestellt wird und Knox der zerstreute Professor und geniale Erfinder. Meist spielen die Geschichten in der Stadt Fuxholzen. Die ersten Abenteuer von „Fix und Foxi" erschienen 1953. Sie entwickelten sich zu einer international bekannten Unterhaltungsmarke, die es auch als Trickfilmserie gibt. Diese gebundene Jubiläumsausgabe erscheint mit Artikeln und Interviews und den besten Comics aus fünfzig Jahren.

© Rolf Kauka/Kauka Promedia. Kauka Offical: Andromeda Central

Hinweise zur Vertiefung

Unterschiedliche Episoden zerschneiden und zu neuen Geschichten zusammensetzen. Figuren ausschneiden, mit leeren Sprechblasen versehen, reihum die Sprechblasen neu beschriften. Einzelne Episoden in Prosa wiedergeben.

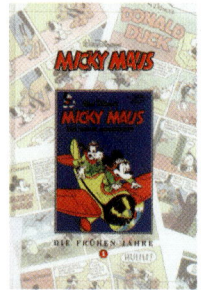

Disney, Walt: **Micky Maus – Die frühen Jahre Bd. 1,** Ehapa Comic Collection, Köln 2000 (Gebundene Ausgabe mit sechs Heften), ab 8 Jahre
Mickey Mouse oder in der deutschen Schreibweise Micky Maus ist die wohl bekannteste Zeichentrick- und Comic-Figur neben Donald Duck. Sie lebt mit Hund Pluto in Entenhausen, ist der Freund von Minnie Maus und Goofy. Die komischen Geschichten und Abenteuer der Freunde und weiterer eigenartiger Bewohner in und um Entenhausen handeln von alltäglichen wie außergewöhnlichen, kuriosen Situationen und Begebenheiten. Zusätzlich zu den nachgedruckten Heften enthält der Band einen Artikel, der sich mit der jeweiligen Zeitepoche und ihren wichtigsten Errungenschaften beschäftigt.

Hinweise zur Vertiefung

Abgenutzte Comicseiten in Form schneiden, mit den einzelnen Teilen Schachteln, Kartons oder andere Aufbewahrungsbehälter tapezieren, anschließend mit Klarlack versiegeln.

2.9.5   Kinderbuch-Klassiker

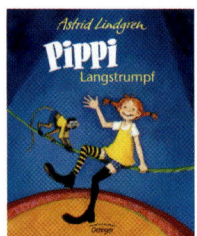

Lindgren, Astrid/Engelking, Kathrin (Illustration): **Pippi Langstrumpf**, Neuauflage, Oetinger Verlag, Hamburg 2007 (Erstauflage 1946)
„Am Rand der kleinen, kleinen Stadt lag ein alter verwahrloster Garten. In dem Garten stand ein altes Haus und in dem Haus wohnte Pippi Langstrumpf. Sie war neun Jahre alt und wohnte ganz allein da. Sie hatte keine Mutter und keinen Vater und eigentlich war das sehr schön, denn so war niemand da, der ihr sagen konnte, dass sie zu Bett gehen sollte, gerade wenn sie mitten im schönsten Spiel war, und niemand, der sie zwingen konnte, Lebertran zu nehmen, wenn sie lieber Bonbons essen wollte".
So beginnt eines der berühmtesten Kinderbücher. Seine Protagonistin, „Pippilotta Viktualia Rollgardina Pfefferminz Efraimstochter Langstrumpf", genannt Pippi Langstrumpf, wohnt mit ihrem Pferd „Kleiner Onkel" und dem kleinen Affen „Herr Nilsson"
in der Villa Kunterbunt. Sie besitzt zwar einen Koffer voller Geldstücke, aber rechnen kann sie nicht. Dafür kann sie Pferde hochheben und ganze Torten verschlingen. Sie kann machen, was sie will und lässt sich nichts gefallen – erst recht nicht von Erwachsenen. Sie ist das stärkste Mädchen der Welt und hat vor nichts und niemandem Angst. Für ihre Freunde Tommy und Annika steckt jeder Tag mit Pippi voller Abenteuer und aufregender Erlebnisse.
Die Schwedin Astrid Lindgren erfand die Geschichten zunächst für ihre kranke Tochter Karin. Und erst später schrieb sie diese auf und das Buch wurde sofort ein großer Erfolg. Viele Erwachsene waren schockiert und fürchteten, dass die rotzfreche Göre ein schlechtes Vorbild für die kindlichen Leser sein könnte, denn sie trug keine hübschen Kleider, ärgerte Erwachsene, war unordentlich, faul und verführte auch noch die braven Nachbarskinder Thomas und Annika. Aber bis heute lieben Kinder auf der ganzen Welt die berüchtigte Pippi. 1968 wurde der gleichnamige Film mit Inger Nilsson in der Hauptrolle gedreht und das nachfolgende Lied wurde sehr vielen Kindern bekannt:

Pipi-Langstrumpf-Lied

*//: 2 x 3 macht 4
Widde widde witt und Drei macht Neune!!
Ich mach' mir die Welt,
Widde widde wie sie mir gefällt.
Hej – Pippi Langstrumpf
trallari trallahey tralla hoppsasa
Hej – Pippi Langstrumpf,
die macht, was ihr gefällt. ://*

*//: 2 x 3 macht 4 . . . ://
3 x 3 macht 6 – widde widde
Wer will's von uns lernen?
Alle groß und klein –
trallalala lad' ich zu uns ein.*

*Ich hab' ein Haus,
ein kunterbuntes Haus,
ein Äffchen und ein Pferd,
die schauen dort zum Fenster raus.
Ich hab' ein Haus,
ein Äffchen und ein Pferd,
und jeder, der uns mag,
kriegt unser 1 x 1 gelehrt.*

*//: 2 x 3 macht 4 . . . ://
Ich hab ein Haus . . .*

Hinweise zur Vertiefung

Zunächst wollen die Kinder den Film sehen, fordern wahrscheinlich Wiederholungen und wollen in der Nachlese erst einmal von Pippis Streichen erzählen, um ihre Eindrücke loszuwerden. Wenn sie dann etwas später das Buch gelesen haben, bietet es sich an, gemeinsam eine Spielgeschichte zu inszenieren, eine Spielaktion durchzuführen oder ein Pippi-Langstrumpf-Fest zu veranstalten.

Weitere Klassiker von Astrid Lindgren sind auf einer CD-ROM enthalten:

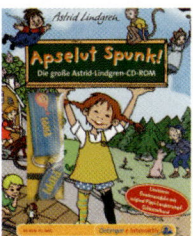

Apselut Spunk! Die große Astrid Lindgren CD-Rom, Oetinger Verlag, Hamburg 2007, USK: Freigegeben ohne Altersbeschränkung, Deutscher Kindersoftwarepreis TOMMI 2007
„Apselut Spunk!" eignet sich für einen spielerischen ersten Umgang mit dem Computer. Mit den bekannten Figuren von Astrid Lindgren kann man jetzt auch auf einer CD-ROM spielen. Die Spiele orientieren sich an den Episoden aus den Büchern bzw. Filmen. Sie erfordern Geschicklichkeit, Reaktionsschnelle, Merkfähigkeit und logisches Denken. Es gibt auch einen Multiplayermodus für bestimmte Spiele. Die gesamte Anwendung ist sehr liebevoll gestaltet. Wer die Geschichten vor den Spielen noch nicht kannte, liest nachher in dem Buch noch mal nach.

Computerspiele/Beurteilungskarte:[1]
Name des PC-Spiels:
Hersteller:
Kategorie:
Systemvoraussetzung:
Empfehlung: ① ② ③ ④ ⑤ ⑥
Konzeption:
Benutzerführung
Idee
Spielziel
Navigation
Aufbau
Grafik:
Qualität der Illustrationen
Qualität der Videos
Sound:
Qualität der Musik
Qualität des/der Sprecher
Qualität der Geräusche
Text:
Altersentsprechende Textsprache
Quantität
Pädagogisches Konzept:
Voraussetzende Fähigkeiten
Intentionen
Feed-back
Spielzeit:
Preis-Leistungs-Verhältnis:

---

[1] Vgl. Feibel, Thomas: Multimedia für Kids – Spielen und Lernen am Computer, rororo, Reinbek, 1997.
   Weitere umfassende und aktuelle Informationen zu Kindersoftware sind im Internet zu finden unter: www.feibel.de

2.9.6   Junge Dichter und Denker – Rap trifft Goethe & Co

Buch + Audio-CD (ca. 45 Min. Spielzeit), Edelkids Verlag, Hamburg 2007, ab 8 Jahre

Kinder rappen zusammen mit Thomas D. (Sänger der Gruppe „Die Fantastischen Vier") deutsche Gedichte und zeigen, wie viel Spaß der kreative Umgang mit Literatur machen kann. Diese Produktion bietet einen literarischen Hörgenuss mit modernen Interpretationen deutscher Klassiker: Der Zauberlehrling – Johann W. von Goethe, Herr von Ribbeck auf Ribbeck – Theodor Fontane, Er ist's – Eduard Mörike, u. a. Die Texte sind im Booklet abgedruckt und eine Musik-CD ohne Sprechgesang ist beigefügt.

JDD (Junge Dichter und Denker), das sind über 20 Kinder zwischen 8 und 14 Jahren aus dem Hamburger Süden. In Form eines offenen Projektes singen und rappen sie auf unterschiedlichen Produktionen mit Frontrappern. Sie verstehen und interpretieren Gedichte als spannende Story mit Unterstützung von Profi-Musikern. Mittlerweile sind einige CDs entstanden, so auch mit Reimen von Wilhelm Busch, Bert Brecht, Ernst Jandl. Ausführliche Informationen über das Projekt gibt es unter der Internetadresse: www. jdd-musik.de.

Hinweise zur Vertiefung

Unter Einbeziehung der Karaoke-Playback-CD können Kinder selber die Gedichte und Balladen aus dem Booklet nachsingen, grooven und rappen. Vielleicht kennen sie aber andere Gedichte, haben Lieblingsgedichte oder reimen eigene Gedichte zu der Musik. Zudem lohnt es sich in Anthologien nach geeigneten Werken zu suchen. Vielleicht gibt es ja in der Gruppe auch Kinder, die bereit oder in der Lage sind, eigene Songs zu entwickeln.

Impulse zur Vertiefung

1. *Mit welchem Lesestoff befassen sich die Kinder vorwiegend? Erstellen Sie mit den Kindern eine monatliche Bestsellerliste.*

2. *Veranstalten Sie in der Einrichtung Vorlesenachmittage, an denen Kinder aus ihrem Lieblingsbuch vorlesen können.*

3. *Nehmen Sie Kontakt zu einem Lieblingsautor/einer Lieblingsautorin der Kinder auf. Formulieren Sie gemeinsam Interviewfragen. Laden Sie zu einer Autorenlesung ein.*

4. *Wählen Sie mit der Kindergruppe ein klassisches Kinderbuch aus. Erstellen Sie gemeinsam ein Porträt des Autors/der Autorin. Recherchieren Sie gemeinsam, ob das Buch als Film oder Hörspiel adaptiert wurde. Vergleichen Sie die Adaptionen mit dem Original.*

5. *Welche Sachbücher werden von den Kindern bevorzugt! Erstellen Sie gemeinsam eine gegliederte Übersicht nach Themenbereichen.*

6. *Analysieren Sie mit den Kindern eine Kinderzeitschrift aus dem Medienverbund.*

7. *Welche Erwartungen verbinden Kinder mit einem Büchereibesuch? Besuchen Sie mit Kindern die Kinderbücherei. Führen Sie eine Bücherei-Rallye durch.*

8. *Welche Comics/Zeitschriften werden von den Kindern regelmäßig gelesen? Richten Sie eine wöchentliche Tauschbörse ein.*

2.10   Das geübte Lesealter (ab 10 Jahre)

Luisa (10 Jahre alt) und ihre Freundin Julia (11 Jahre alt) verbringen gerne ihre Freizeit miteinander und jeden Nachmittag treffen sie sich nach den Hausaufgaben. Wenn sie nicht durch die Geschäfte der Innenstadt streifen oder bei Regenwetter in die Stadtbücherei gehen, hören sie am liebsten Musik. Deutscher Pop-Rap ist im Moment angesagt, dabei blättern sie dann in ihrer Musikzeitschrift. Luisas älterer Bruder Sascha (14 Jahre alt) tut das als „Weiberkram" ab und präsentiert seinen Action-Comic: „Das ist spannend, das müsst ihr lesen." Aber die Freundinnen lassen sich nicht stören. Sie überlegen vielmehr, welche Bücher sie sich aus der Bücherei ausleihen sollen, denn diese schließt für drei Wochen wegen Renovierungsarbeiten. „Am besten machen wir uns mal eine Bücherliste. Ich frag dann auch Sascha, ob ich ihm wieder das Autolexikon mitbringen soll", sagt Luisa.

150 cm

2.10.1   Was neu ist in der Leseentwicklung

Gegen Ende des Grundschulalters stabilisiert sich die individuelle Persönlichkeit des Kindes, sodass es häufiger zu opponierendem Verhalten gegenüber Erwachsenen kommt. Das Kind lehnt die abstrakte Erfahrungs- und Wertevermittlung der Erwachsenen ab. Sie wollen eigene Erfahrungen sammeln und sie mit ihren selbstgewählten Freunden verarbeiten. Aufgrund bisheriger unterschiedlicher Sozialisationserfahrungen entstehen Spielgruppen mit eigenen Regeln, Werten und mit ausgeprägtem Gefühl für Gruppenzugehörigkeit. Die Banden oder Cliquen sind meist geschlechtshomogen und bei der Auswahl der Mitglieder spielen neben der äußeren Erscheinung und materiellem Besitz auch die Schulleistungen eine Rolle. Zudem gewinnen formelle Freizeitgruppen an Einfluss. In den Kindergruppen festigen sich geschlechtsspezifisches Rollenverhalten und soziale Einstellungen. Der Ablösungsprozess vom Elternhaus beginnt.

In der körperlichen und kognitiven Entwicklung befindet sich das Schulkind ebenfalls in einer Übergangsphase. Ein zweiter Gestaltwandel vollzieht sich, das Kind wächst und nimmt an Körpermasse zu. In seinem Denken und seinen Wahrnehmungen löst sich das Kind vom konkreten, personenbezogenen Anschauungslernen. Es ist zunehmend zu abstrakten Denkprozessen fähig. Seine Kompetenzen im Lesen, Schreiben, Rechnen sind, entsprechend seiner psychosozialen Lebensbedingungen, ausgebildet.

Aus seiner gezielten Neugier an Sport, Natur, Technik und weiteren Sachbereichen entfalten sich Hobbys, die häufig mit der späteren Berufswahl in Verbindung stehen.

Das Lesen fällt nun leicht und wird wesentlich bestimmt durch das Leseinteresse und Lesebedürfnis. Ab dieser Entwicklungsstufe unterscheidet es sich allerdings bei Jungen und Mädchen deutlich. Während die Mädchen mehr lesen und reale oder fantastische Geschichten mit emotional-sozialem Hintergrund bevorzugen, favorisieren Jungen eher Sachbücher, Action-, Fantasygeschichten. Sie nutzen auch vermehrt technisch-elektronische Medien.

Während früher die Kinder ihre Lesefertigkeit überwiegend im Umgang mit Büchern (Printmedien) einsetzten, sind heutige Kinder mit einer Medienvielfalt konfrontiert: Kino, Fernsehen, Videos, DVDs, CDs, Hörbücher, Hörspiele, Computer. Und um all diese Medien zu bedienen und sinnvoll nutzen zu können, müssen Kinder nicht nur lesen können, sondern auch in der Lage sein, den Sinn der Bilder, Symbole, Filme und Texte zu erkennen und zu verstehen.

2.10.2   Allgemeine Hinweise zur Leseförderung

▶ Die Bedeutung der Kinderbücher für 10-jährige liegt nun darin, Erfahrungen und Erlebtes in der Lektüre wiederzufinden, nach Zusammenhängen zu suchen und Empathie zu entwickeln, um Gefühle bei sich und anderen gewahr zu werden. Mithilfe der Lesestoffe verfolgen sie eigene Interessen und eignen sich Wissen an. Bücher gehören zur kulturellen Identität, sie gilt es durch das Lesen zu erhalten. Aber vor allem sollte bei Kindern der Spaß am Bücherlesen da sein, damit sie auch im Erwachsenenalter das Lesen noch genießen.

▶ Bezugspersonen bleiben bei der Leseförderung bis ins Erwachsenenalter wichtig. Das Vorlesen empfinden die Kinder zwar noch als angenehm, aber leider wird das Vorlesen mit „klein sein" in Verbindung gebracht. Daher verzichten ältere Grundschulkinder eher darauf, weil es ihnen von Gleichaltrigen als Schwäche ausgelegt werden könnte.

▶ Das Gespräch über das gelesene Buch nimmt dagegen an Bedeutung zu. Viele lesenswerte Kinderbücher sind auch für erwachsene Leser spannend und nicht nur für die Zielgruppe. Im Austausch über das Gelesene erleben die Kinder dann die Akzeptanz durch den Erwachsenen.

▶ Bei der Auswahl der Bücher stehen natürlich die Interessen und Vorlieben des Kindes im Mittelpunkt. Denn nur, wenn das Kind sich durch das Buch angesprochen fühlt, wird es dieses auch lesen. Die Aufgabe des Erwachsenen liegt darin herauszufinden, womit sich das Kind gerade stark beschäftigt, damit er die richtigen Lektürehinweise geben kann. Es lohnt sich auch nach Taschenbuchausgaben zu forschen, sie sind in der Anschaffung preiswerter und leichter zu transportieren.

▶ Das unterschiedliche Leseinteresse bei Jungen und Mädchen in diesem Alter spiegelt sich auch im Buchmarkt wieder. Das Angebot für Mädchen ist eindeutig größer, zumal Mädchen auch zu „Jungenbüchern" greifen. Dagegen tun sich Jungen schwer, Bücher zu lesen, die nicht aus dem Grusel- oder Actionbereich kommen. Natürlich gibt es neben den Sachbüchern auch Buchtitel mit Erzählungen, von denen sich beide Geschlechter angesprochen fühlen.

▶ Mit den Kindern ab 10 Jahren können weiterreichende Aktionen rund um das Lesen und Schreiben durchgeführt werden, wie:

    – Ausbildung zum Lesepaten (www.stiftunglesen.de)

    – Ausrichtung von Vorlesewettbewerben

    – Besuch von ausgesuchten Theateraufführungen

    – Schreib- und Literaturwerkstatt einrichten

    – Sponsoren zum Aufbau einer hausinternen Kinderbücherei finden

– Film-, Hörspieladaptionen mit dem Original vergleichen

– Rezensionen zu Lieblingsbüchern schreiben und veröffentlichen

– „Steckbrief" zu bekannten Buchhelden schreiben und gestalten.

– Porträts eines/einer aktuellen Kinderbuchautors/-autorin erstellen

– ein fiktives Interview mit dem/der Lieblingsautor/-autorin führen

– selber ein Hörbuch erstellen

– Sachbilderbücher zu gleichen Themen gegenüberstellen

> **Buchrezension**
>
> Die Buchrezension enthält neben den bibliografischen Angaben (Autor, Titel, Verlag, Preis, Umfang) und der Beschreibung äußerer Merkmale (Einbandart, Druckbild, Illustrationen, usw.) eine Vorstellung von Aufbau, Inhalt und Zielsetzung des Werkes, sowie eine kritische Würdigung und Beurteilung der Qualität des Textes sowie der Illustrationen. Bei Kinderbüchern wird zusätzlich das mögliche Lesealter angegeben.

– Lexika und Nachschlagewerke prüfen und vergleichen

– Kontakte zur örtlichen Tageszeitung herstellen, Artikel für den Lokalteil schreiben. Das Projekt ZeuS (= Zeitung und Schule) gibt auf der Homepage viele Tipps und Tricks sowohl für Schüler als auch für Lehrer. Hier können die „ZeuS-Kids" auch ihre eigenen Artikel schreiben und veröffentlichen: www.zeuskids.de

– Für die Internetrecherche gibt es zwei Adressen empfehlenswerter Suchmaschinen für Kinderseiten im Internet:
www.grundschulmarkt.de/kinder.htm
www.blinde-kuh.de

▶ Weitere Hinweise zur Leseförderung sind auch im Kapitel 2.9 nachzulesen. Die dort vorgestellten kreativen Aktionen können entsprechend den Interessen und Fähigkeiten des älteren Kindes erweitert und ergänzt werden.

2.10.3   Kinder- und Jugendbücher

van de Vendel, Edward/Kerstin Meyer (Illustration): **Twice oder Cooler als Eis**, Carlsen Verlag, Hamburg 2007, ab 10 Jahre
*„Merkt euch das, es gibt Rippen und Rappen,
Merkt euch das, es gibt Zippen und Zappen,
Merkt euch das, wir sind cooler als Eis,
Merkt euch das, wir sind Twins, wir sind Twice."
Warum müssen sie auch ausgerechnet die alte Frau Breedwisch als Vertretungslehrerin bekommen, die absolut keinen Spaß versteht und sie alle als Nichtsnutze beschimpft, als Terroristen sogar? Die Zwillinge Cal und Gus und die anderen aus der Klasse finden, dass die Lehrerin mit ihrer Schimpfkanonade eindeutig zu weit gegangen ist. Also organisieren sie eine Demonstration vor ihrem Haus mit Transparenten und einem selbst geschriebenem Rap. Aber das ist wie ein Eigentor und so müssen sie die ganzen Herbstferien damit zubringen, einen Ausweg aus dem Dilemma zu suchen.*

Hinweis zur Vertiefung

Um für das Buch zu werben und potenzielle Leser neugierig zu machen, den Inhalt in weitere Reime fassen und vortragen.

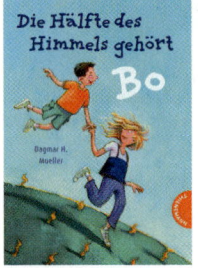

Mueller, Dagmar H./Bayer, Michael (Illustration): **Die Hälfte des Himmels gehört Bo,** Thienemann Verlag, Stuttgart 2006, ab 10 Jahre
Marthas kleiner Bruder Bo ist eine echte Nervensäge: Immer will er recht haben und immer behauptet er Sachen, die gar nicht stimmen können. Zum Beispiel, dass er den Himmel für drei Zitronenbonbons und zwei Himbeerlutscher gekauft hat. Und was das Schlimmste ist: Marthas Eltern lassen Bo all das auch noch durchgehen! Nie bekommt er Ärger, sondern immer seinen Willen. Doch dann erfährt Martha die Wahrheit und sie begreift: Die Hälfte des Himmels gehört tatsächlich Bo und das ist ein schöner Gedanke. Ein tief bewegendes und zugleich unbeschwertes Buch über den Tod und das Leben.

Hinweis zur Vertiefung

Nach dem Lesen äußern die Kinder sicher Gesprächsbedarf, um über ihre Eindrücke zu sprechen. Neben dem verbalen Meinungsaustausch den Kinder die Möglichkeit aufzeigen, ihre Gedanken in ein Tagebuch zu schreiben oder zu zeichnen.

Ani, Friedrich: **Meine total wahren und überhaupt nicht peinlichen Memoiren mit genau elfeinhalb,** Hanser Verlag, München 2008, ab 10 Jahre
Ein einfühlsames Buch über die erste Liebe des elfeinhalbjährigen Simon Kesselbeck. Seitdem er Annalena gesehen hat, ist nichts mehr wie vorher: Simon fällt ins Schwimmbecken und rennt gegen eine Glastür. Seine Stimme ist weg, sein Presslufthammerherz wummert bis zum Kopf. Was können Jungs tun, wenn sie verliebt sind? Simon selbst weiß nur eines: Herzklopfen im Kopf ist das Schönste.

Hinweis zur Vertiefung

Das Buch eignet sich zum gemeinsamen Vorlesen in der Gruppe, es umfasst nur 128 Seiten. Die einzelnen Episoden sind komisch und ehrlich zugleich, die Umgangssprache lässt sich gut vortragen. Solch ein Gruppenleseerlebnis verbindet und bietet Jungen wie Mädchen eine Plattform, um sich zum Thema „Verliebtsein" zu äußern – wenn man will!

Dierks, Martina: **Zauber der Johannisnacht,** Arena Verlag, Würzburg 2007, ab 10 Jahre
Auf einem Gut in der Mark Brandenburg, etwa im 19. Jahrhundert, wachsen zwei ungleiche Schwestern auf. Florentine, die jüngere, sanft und von allen geliebt und Tessa, die ältere, trotzig und voller Eifersucht. Heimlich wünscht sich Tessa, ihre Schwester wäre nie geboren worden. Am magischen Feuer in der Johannisnacht erfüllt sich Tessas Wunsch: Florentine verschwindet spurlos. Auf der Suche nach ihr gerät Tessa in den Bann dunkler Mächte und taucht in ein Reich voller Zauber und Fantasie ein, bevor sie Florentine letztendlich wieder umarmen kann. Ein außergewöhnliches Buch voll unheimlicher Magie, spannend erzählt bis zum Schluss.

Hinweis zur Vertiefung

Die Johannisnacht ist die Nacht vom 23. auf den 24. Juni. Mit der Sommersonnenwende sind viele Bräuche und Mythen verbunden. Mit den Kindern in der Einrichtung oder im Zeltlager eine Übernachtung planen und durchführen.

Bauer, Michael G.: **Nennt mich nicht Ismael!,** Hanser Verlag, München 2008, ab 10 Jahre

Der 14-jährige Ismael Leseur wird fast täglich von dem Mitschüler Barry Bagsley gemobbt. Ismael, der die ständige Verdrehung seines Namens mittlerweile einfach hinnimmt, die Beleidigungen überhört und zusieht, dass er möglichst unsichtbar bleibt, ist davon überzeugt, dass eine Krankheit dafür verantwortlich ist. Und zwar eine Krankheit, die ihm eine Peinlichkeit nach der anderen beschert: Das Ismael-Leseur-Syndrom. Erst als einem Freund Ähnliches wiederfährt, wehrt sich Ismael und zeigt Zivilcourage.

Hinweis zur Vertiefung

Gemeinsam mit den Kindern individuelle Anti-Mobbing-Strategien entwickeln. Informationen über Streitschlichter-Kurse einholen und sich ausbilden lassen, z. B. bei auf der Internetseite: www.sich-vertragen.de

Doherty, Berlie: **Das Mädchen, das Löwen sah,** Arena Verlag, Würzburg 2008, ab 10 Jahre

Die 9-jährige Abela lebt in Tansania. Sie fürchtet sich nie, nicht vor Löwen, nicht vor der verrückten Mzee, der alten Frau. Nur vor dem Tod der Mutter (sie hat Aids) hat Abela Angst. Rosa wohnt mit ihrer Mutter in England. Beide Mädchen wurden in Afrika geboren, aber ihre Lebenswelten könnten nicht unterschiedlicher sein. Dann geschieht das Unfassbare für Abela. Und Rosas Mutter spricht von Adoption. Rosa hat Angst, dass sich jemand zwischen sie drängt.

Das Nachwort von Johanna Jansen erweitert die Geschichte um die notwendigen Hintergrundfakten, die sich zum einen auf die Ausbreitung des HIV-Virus in Afrika beziehen und zum anderen auf die Kinderrechte.

Hinweis zur Vertiefung

In der Bibliothek oder im Internet weitere Kinder-/Jugendliteratur zum Thema HIV und AIDS recherchieren. Bei Bedarf Experten einladen, die über vorbeugende Maßnahmen aufklären.

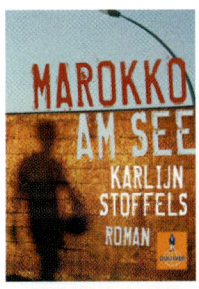

Stoffels, Karlijn: **Marokko am See,** Beltz & Gelberg, Weinheim 2008 (broschiert), ab 10 Jahre

Issa, 12 Jahre, kommt aus Marokko und lebt in Amsterdam ein Leben in zwei Welten. Mit seinen Eltern spricht er marokkanisch, den Koran liest er auf Arabisch und in der Schule reden alle niederländisch. Wie soll man sich da zurechtfinden? Die neue Schule, auf die Issa schließlich kommt, ist sein Glück, denn zum Unterricht gehört auch Kampfsport. Den kann Issa gut gebrauchen, als er Farah, dem Mädchen mit den großen, schwarzen Augen, bei einer Schlägerei zu Hilfe kommt. Das hebt sein Selbstvertrauen, ebenso die Entdeckung, was er wirklich gut kann: Geschichten und Witze erzählen.

Hinweise zur Vertiefung

Das Leben zwischen den Kulturen erfassen, Neugier auf fremde Lebensverhältnisse entwickeln, von einem besseren Leben träumen, Tradition hinter sich zu lassen, ohne sie zu verleugnen. Mit ihren vielseitigen kreativen Fähigkeiten können Kinder diese Statements darstellen akustisch (hörend), visuell (sehend), gustatorisch (schmeckend) oder olfaktorisch (riechend).

Flannery, Tim/Brandau, Birgit: **Wir Klimakiller** – Wie wir die Erde retten können, Fischer Schatzinsel, Frankfurt 2007, ab 10 Jahre

Verheerende Hurrikans verwüsten das Land, es gibt Frühlingswetter im November und die Sommer werden immer heißer. Was ist los mit der Erde? Tim Flannery ist es ein wichtiges Anliegen, dass seine jungen Leser über die drohende Klimakatastrophe sehr detailliert aufgeklärt werden. Er will sie in die Lage versetzen, die Dringlichkeit zu beurteilen und persönliche Schlüsse daraus zu ziehen. Rasch kommt er zum Punkt seiner Aussage: Wenn sich nicht sehr schnell etwas ändert, werden wir die Erde nicht retten können. Er bleibt aber nicht bei theoretischen Überlegungen oder der düsteren Vorschau stehen, sondern zeigt ganz korrekte Handlungsmöglichkeiten auf, mit denen jeder aktiv werden kann, sei es beim Stromverbrauch oder Autokauf. Die vielen Anregungen, auf spannende Weise präsentiert, bieten weitere Diskussionsgrundlagen und münden in die Aufforderung: „Ich habe mein Bestes getan, um eine Gebrauchsanleitung für das Klima des Planeten Erde zusammenzustellen. Jetzt bist du an der Reihe.“

Hinweis zur Vertiefung

In der Kindergruppe können spezielle Maßnahmen für die Einrichtung und Handlungsmöglichkeiten für das individuelle Verhalten erörtert und präsentiert werden.

Roß, Helmut/Lötscher, Susanne: **Tiere, die große visuelle Enzyklopädie**, Verlag Cbj, München 2007, ab 10 Jahre

Die 6 großen Tierklassen Säugetiere, Amphibien, Reptilien, Fische, Vögel und Insekten werden in brillanten Farbillustrationen von großartiger Genauigkeit abgebildet. Zudem führen anatomische Querschnitte und selbsterklärende Grafiken systematisch in die anziehende Welt der Tiere ein. Eindrucksvolle Bildfolgen veranschaulichen auf doppelseitigen Panoramabildern die Lebensräume unterschiedlichster Arten. Ein klug konzipiertes Nachschlagewerk für Kinder und Erwachsene.

Hinweis zur Vertiefung

Bei einem Besuch im Zoo oder Tierpark kann das erworbene Wissen auf die Tiere übertragen werden. Gleichzeitig stellt sich den Kindern sicherlich die Frage nach Lebensraumbedingungen der Wildtiere.

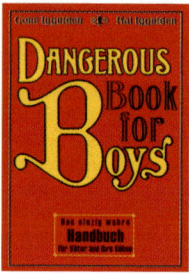

Iggulden, Conn/Iggulden, Hal/Martin Kliche (Übersetzung): **The Dangerous Book for Boys** – Das einzig wahre Handbuch für Väter und ihre Söhne, Verlag cbj, München 2007, ab 10 Jahre

Wer kann Kindern heute noch verraten, wie man Steine ditscht? Wie man eine Kastanienschleuder baut? Sein eigenes Gokart baut und fährt und all die Dinge, die in der Erinnerung eine Kindheit früher so abenteuerlich und einfach großartig machten? Die Autoren haben das fast schon verloren gegangene Wissen zusammengetragen. Entstanden ist ein einzigartiges Sammelwerk mit lebendigen, nachvollziehbaren Informationen. Es finden sich Fußballregeln, Flaggencodes, das Sonnensystem und vielerlei mehr, was fast jedes Kind begeistert und es selbst und die Eltern von Computer und Playstation weglockt.

Hinweis zur Vertiefung

In dem Titel der Buchausgabe werden ausdrücklich zwar nur männliche Interessenten genannt, aber sicherlich entwickeln auch Mädchen ihr Interesse an dem Handbuch. Also kann sich die ganze Familie wie auch eine Kindergruppe mit den praktischen Vorschlägen auseinandersetzen und sich gemeinsam altes Wissen neu aneignen.

2.10.4 Kinderbuchklassiker: Wir pfeifen auf den Gurkenkönig

Christine Nöstlingers fantastischer Kinderroman aus dem Jahr 1972 erscheint jetzt bei rororo rotfuchs, Reinbek 2007 in der 38. Auflage und ist ab 10 Jahre geeignet. Das Buch wurde 1973 mit dem Deutschen Jugendbuchpreis ausgezeichnet.

Mit Majestät will dieses Kürbis-Gurken-Kronen-Ding angeredet werden, das da plötzlich in der Küche der Familie Hogel-

> **Kurzporträt**
>
> *Christine Nöstlinger, 1936 in Wien geboren, lebt als freie Schriftstellerin und schreibt Kinder- und Jugendbücher, ist für Zeitungen, Rundfunk und Fernsehen tätig und erhielt für ihr Werk die Hans-Christian-Andersen-Medaille sowie den Astrid-Lindgren-Gedächtnispreis.*

mann sitzt und behauptet, König Kumi-Ori der Zweite zu sein. Seine empörten Untertanen haben ihn verjagt und nun bittet er bei Hogelmanns um politisches Asyl. Eigentlich sind die Hogelmanns ja eine ganz normale Familie. Aber diese sonderbare Mischung aus Gurke und Kürbis mit Armen und Beinen sowie seiner höchst eigenwilligen Sprache löst bei den Hogelmanns viel Verwirrung und Streit aus, nicht zuletzt auch durch die listige und durchtriebene Art des Königs. Zum Schluss sind sich die Hogelmanns einig, dass diese Gurkenabart verschwinden muss.

Eine fantasievolle, hintergründige Erzählung für Kinder und Erwachsene greift Fragen zum zwischenmenschlichen Umgang und zur Machtausübung auf. Es wird fiktiv über die Verwicklungen des Gurkenkönigs mit seinem Volk berichtet. Daneben schildert der Sohn Wolfi Hogelmann aus seiner Perspektive die Ereignisse. Kindliche Leser können sich von einer erdachten Welt verzaubern lassen, aber auch ihre eigenen Probleme, Sorgen und Ängste darin entdecken.

1974 drehte Hark Bohm einen Fernsehfilm nach dem Roman. 1982 brachte der Düsseldorfer Schwann-Bagel-Verlag unter dem „Schwanni"-Label eine Hörspielfassung des Buches heraus.

Hinweis zur Vertiefung

Die Ereignisse der Geschichte können – in gekürzter Form – in einem Figuren-Theaterspiel dargestellt werden mit zweckentfremdeten Alltagsgegenständen, Naturmaterialien, Marionetten, Hand- oder Stockpuppen.

Durch die individuelle Gestaltung einer Figur findet bereits eine erste Identifikation mit der Figur und der Rolle statt. Gestaltete Figuren sind stets überzeichnete Typen, die nur durch die Darstellung polarisierter menschlicher Eigenschaften, (z. B. dumm – klug/ängstlich – mutig/lustig – traurig) eindeutig identifiziert werden können. Durch die Verbindung von Sprache, Musik, bildnerischer Gestaltung und Bewegung bietet das Figurenspiel Kindern im Grundschulalter vielfältige Möglichkeiten der kreativen Auseinandersetzung. Die Gestaltung der Rolle, das Erleben der Mit-/Gegenspieler und die Einordnung in die Spielgemeinschaft trägt zum sozialen Verhalten bei und kann sprachgehemmten Kindern helfen, ihre Angst zu überwinden.

2.10.5 MeKi: Die rote Zora und ihre Bande

Kurt Held

DIE ROTE ZORA
UND IHRE BANDE

Die rote Zora und ihre Bande von Kurt Held erscheint aktuell beim Sauerländer Verlag, Aarau 2008. Erstmalig erschien das Buch 1941 ebenfalls im Sauerländer Verlag. Kurt Held erzählt die Geschichte einer Gruppe von Waisenkindern, die sich unter ihrer Anführerin, der Roten Zora, im Kroatien der dreißiger Jahre durchschlägt. Schauplatz dieses Romans ist eine kleine Stadt am Mittelmeer. Das Buch wurde in 18 Sprachen übersetzt. Der Kinderbuchklassiker schildert die Nöte obdachloser Kinder, wie sie noch heute akut sind:

> **Kurzporträt**
>
> Kurt Kläber alias Kurt Held (1897–1959), war bis zum Ende des 2. Weltkrieges politischer Flüchtling und verbotener Autor. Seine Bücher veröffentlichte er später unter seinem Pseudonym. Mit seiner Frau, der Kinderbuchautorin Lisa Tetzner (bekanntestes Werk *Die Kinder aus dem Haus Nr. 67*), lebte er in der Schweiz. Gemeinsam verfassten sie das Jugendbuch *Die schwarzen Brüder*, das 1941 unter dem Namen seiner Frau veröffentlicht wurde.

Branco ist Sohn eines Wandergeigers und einer Tabakarbeiterin. Als die Mutter an einer Krankheit stirbt, hat Branco kein Zuhause mehr. Bald verdächtigt man ihn des Diebstahls und sperrt ihn ein. Doch Zora, das Mädchen mit den roten Haaren, befreit ihn und er wird in die Bande junger Uskoken aufgenommen. Sie hausen in der alten Burg, nicht aus Gründen der Romantik, sondern sie kämpfen ums tägliche Brot, gegen Entbehrung und Verfolgung. Solidarisch schlagen sie sich durchs Leben. Doch die Lage der Kinder ist ernst. Mit ihren wilden Streichen bringen sie die Bürgerschaft gegen sich auf, es droht das Gefängnis. Aber ihr Beschützer, ein alter Fischer, überzeugt die Stadtväter, dass es für alle besser sei, sich um die Kinder zu kümmern. Zora, Branco und die anderen der Bande bekommen endlich Arbeit und ein Zuhause.

Die Themen Freundschaft, Freiheitsliebe, Gerechtigkeit, Obdachlosigkeit, wirtschaftliche Ausbeutung und Zivilcourage sind nach wie vor aktuell.

Die Fernsehserie

Die 13-teilige Fernsehserie stammt aus dem Jahr 1979 und wurde als deutsch-schweizerisch-jugoslawische Koproduktion gedreht. Die deutsche Erstausstrahlung erfolgte ab 1980 bei verschiedenen Sendern wie ARD, Kika. Die Episoden wurden hauptsächlich in der kroatischen Stadt Senj gedreht. Die Serie ist auf DVD erhältlich.

Zwei Hörspiele

Patmos, Düsseldorf 10/1998, 1 CD, Gesamtspielzeit ca.75 Minuten
Eine Hörspiel-Inszenierung mit authentischer Geräuschkulisse und mit spannender Atmosphäre.

Patmos, Düsseldorf 2007, 1 CD, Gesamtspielzeit ca. 70 Minuten
Die neue Hörspielfassung zum Kinoerfolg mit den gleichen Schauspieler-Sprechern des Kinofilms.

Der Kinofilm

Deutschland 2008, Regie: Peter Kahane, 99 Minuten, FSK ab 6 Jahre
Hauptdarsteller: Mario Adorf als Fischer Gorian, Ben Becker als Karaman, Dominique Horwitz als Bürgermeister, Linn Reusse als die Rote Zora, Jakob Knoblauch als Branko. An der Küste Montenegros wurde die Geschichte von Zora und ihrer Bande zum Kinoabenteuer. Der Kinofilm ist als DVD erhältlich.

Hinweis zur Vertiefung

Das Buch und die unterschiedlichen Adaptionen mit den Kindern gemeinsam vergleichen und herausfinden, wo und wie die Geschichten sich unterscheiden, z. B. sind Personen oder Szenen unterschiedlich dargestellt, kommen bestimmte Dinge im Film nicht vor oder zusätzlich, ist der Ablauf der Handlung verändert usw.? Welche Geschichte gefällt den Kindern besser? In welchem Medium gefallen welche Figuren besser?

Impulse zur Vertiefung

1. *Erfassen Sie das Leseverhalten und das Leseinteresse von älteren Grundschulkindern. Entwickeln Sie dazu einen Fragebogen unter dem Motto: „Welcher Lesetyp bist du?"*

2. *Planen Sie für Ihre Kindergruppe ein Projekt: „Wir machen unsere Zeitung selber."*

3. *Analysieren Sie mit den Kindern das Programm des lokalen Rundfunksenders hinsichtlich des Kinderprogramms.*

4. *Erkunden Sie Hörspieladaptionen in den Kinderprogrammen überregionaler Sender.*

5. *Vergleichen Sie mit den Kindern das Buch, den Film und das Hörspiel von Ronja Räubertochter von Astrid Lindgren. Beurteilen Sie das Buch und die Adaptionen.*

6. *Lesen Sie mit der Kindergruppe ein beliebtes Kinderbuch. Schreiben Sie dazu gemeinsam das Drehbuch zu einem Theaterstück, Videofilm oder Hörspiel.*

7. *Ein Sponsor stellt der Ganztags-Grundschule eine ausreichende Geldsumme zur Verfügung. Sie sollen nun mit den Kindern einen anregenden Medienraum einrichten. Ermitteln Sie die Vorstellung der Kinder bezüglich der räumlichen Ausstattung und des Mediensortiments.*

8. *Lesen und vergleichen Sie mit den Kindern die Detektivgeschichten: **Emil und die Detektive**, Dressler Verlag 2004 von Erich Kästner (1899–1974), **Kalle Blomquist**, Oetinger Verlag 2001 von Astrid Lindgren (1907–2002), **Beschützer der Diebe**, Carlsen Verlag 2007 von Andreas Steinhöfen (*1962).*

9. *Charakterisieren Sie mit den Kindern die Hauptpersonen aus: **Der kleine Hobbit** von John Ronald Reuel Tolkien (1892–1973), DTV 1999, **Die Unendliche Geschichte** von Michael Ende (1929–1995), Thienemann Verlag 2004, **Tintenherz** von Cornelia Funke (*1958), Dressler Verlag 2003, **Harry Potter und der Stein der Weisen** von Joanne K. Rowling (*1965), Carlsen Verlag 1998. Was bewirkt diese Fantasy-Lektüre beim Leser? Worin liegt die Faszination für Kinder?*

Informationen zur Kinderliteratur

Fachliteratur

Arbeitsgemeinschaft Jugendliteratur und Medien (kjl&m), Heft 07.1 Bilderbücher, GEW: kopaed Verlag, München 2007

Bettelheim, Bruno: Kinder brauchen Bücher, Deutsche Verlagsanstalt, Stuttgart 1982

Bettelheim, Bruno: Kinder brauchen Märchen, 9. Auflage, dtv, München 1986

Doderer, Klaus: Lexikon der Kinder- und Jugendliteratur, Beltz Verlag, Weinheim 1984

Fritz, Jürgen: Theorie und Pädagogik des Spiels, Juventa Verlag, Weinheim 1991

Gärtner, Klaus: Spaß an Büchern – Wie Kinder Leselust bekommen, Don Bosco Verlag, München 1997

Germann, Heide, u. a.: Töne für Kinder und Jugendliche, Kassetten und CDs ein kommentierter Überblick, kopaed Verlag, München 2006, www.toene-für-Kinder.de

Internationales Institut für Jugendliteratur und Leseforschung (Hrsg.): Einführung in die Kinder- und Jugendliteratur der Gegenwart, Verlag Jugend und Volk, Wien 1992

Maier, Karl Ernst: Jugendliteratur, 10. Auflage, Klinkhardt Verlag, Bad Heilbrunn 1993

Matthews, Gareth: Die Philosophie der Kindheit. Wenn Kinder weiter denken als Erwachsene, Beltz Quadriga Verlag, Weinheim-Berlin, 1995

Näger, Sylvia: Literacy – Kinder entdecken Buch-, Erzähl- und Schriftkultur, Herder Verlag, Freiburg 2005

Niemann, Heide: Leselust. Kinder und Bücher – ein Ratgeber, Kallmeyer Verlag, Seelze – Velber 2004

Oetken, Mareile (Hrsg.): Texte lesen. Bilder sehen, BIS Verlag, Oldenburg 2005

Schaufelberger, Hildegard: Kinder- und Jugendliteratur heute, Herder Verlag, Freiburg 1990

Schikorsky, Ina: Schnellkurs Kinder- und Jugendliteratur, Dumont Verlag, Köln 2003

Stiftung Lesen (Hrsg.): Kinder wollen Bücher – zum spielerischen Umgang mit Büchern im Kindergarten, Mainz 1998

Thiele, Jens (Hrsg.): Das Bilderbuch, Isensee Verlag, Oldenburg 2000

Thiele, Jens/Steitz-Kallenbach, Jörg (Hrsg.): Handbuch Kinderliteratur, Herder Verlag, Freiburg 2003

Ulich, Michaela: Literacy – sprachliche Bildung im Elementarbereich, in: Kindergarten heute, 3/2003, Herder Verlag, Freiburg, S. 6-18

Whitehead, Marian R.: Sprache und Literacy von 0-8 Jahren, hrsg. v. Wassilios E. Fthenakis und Pamela Oberhuemer, Bildungsverlag EINS, Troisdorf 2007

Adressen für Kindermedien

Arbeitsgemeinschaft Jugendliteratur und Medien der GEW, Uni Duisburg-Essen,
45117 Essen
www.ajum.de Link: kjl&m

Arbeitskreis für Jugendliteratur, Metzstraße 14c, 81667 München
www.jugendliteratur.org

Arbeitsstelle für Leseforschung und Kinder- und Jugendmedien, Uni Köln,
Bernhard-Feilchen-Str. 11, 50969 Köln
www.aleki.uni-koeln.de

Börsenverein des Deutschen Buchhandels, Postfach 100442, 60004 Frankfurt
www.boersenverein.de

Hits für Kids, Das Bücher-Medien-Magazin, Mainstr. 2, 65426 Gustavsburg
www.hitsfuerkids.de

Bulletin Kinder & Jugendliteratur, Monatsmagazin, Neulandverlag, Postfach 1422,
21496 Geesthacht
www.bjlonline.de

Computerspiele auf dem Prüfstand, Bundeszentrale für politische Bildung (Hrsg.),
Postfach, 53013 Bonn
www.bpb.de Link: Lernen, Link: Medienpädagogik

Deutsche Akademie für Kinder- und Jugendliteratur, Schelfengasse 1, 97332 Volkach
www.akademie-kjl.de

Eselsohr, Fachzeitschrift für Kinder- und Jugendmedien, Schraudolpherstr. 16,
80799 München
www.eselsohr-leseabenteuer.de

Flimmo, Programmberatung für Eltern e.V. (Hrsg.) c/o Bayerische Landeszentrale für neue
Medien (BLM), Heinrich-Lübke-Straße 27, 81737 München
www.flimmo.de

Kinderbuch-couch, Stefanie Eckmann-Schmechta, Ahornweg 59, 48301 Nottuln
www.kinderbuch-couch.de

Kinder- und Jugendfilmzentrum in Deutschland, Küppelstein 34, 42857 Remscheid
www.kinofenster.de

Lesen in Deutschland, Deutsches Institut für Internationale Pädagogische Forschung,
Schloßstr. 29, 60486 Frankfurt a. M.
www.lesen-in-deutschland.de

Stiftung Lesen, Fischtorplatz 23, 55116 Mainz
www.stiftunglesen.de

Titelverzeichnis

Titel		Literaturart	Seite
1.	4 City Agents – Die Erpresser von London	Kinderbuch	142
2.	Abrakadabra und Ahoi	Geschichten	122
3.	Alle deine Zähne	Sachbilderbuch	131
4.	Alle fahren mit	Bilderbuch	97
5.	Alle Jahre wieder	Gedicht	15
6.	Alle meine Entchen, lustig weitergereimt	Reim	99
7.	Alle Zeit der Welt	Bilderbuch	132
8.	Anna und das Rotkehlchen	Bilderbuch	105
9.	Anton und die Mädchen	Buch	24
10.	Apselut Spunk	CD-ROM	147
11.	Asterix der Gallier	Comic	144
12.	Auch die Götter lieben Fußball	Kinderbuch	142
13.	Auf der grünen Wiese	Lied	91
14.	Becher, Ball und Teddybär	Bilderbuch	92
15.	Bei den Steinzeitmenschen	Bilderbuch	28
16.	Bei uns im Dorf	Lied	91
17.	Bevor ich auf die Welt kam	Bilderbuch	24
18.	Budenzauber	Spiellieder	102
19.	Charlie Brown und die Peanuts	Comic	145
20.	Das alte Haus	Geschichten	122
21.	Das Geheimnis des 12. Kontinents	Kinderbuch	54
22.	Das Geheimnis im Winterwald	Bilderbuch	106
23.	Das ist grade, das ist schief	Reim	84
24.	Das Mädchen, das Löwen sah	Kinderbuch	153
25.	Das Riesenmädchen und die Minipopps	Kinderbuch	142
26.	Das Schifflein	Reim	85
27.	Das Tuck-Tuck-Auto	Reim	85
28.	Der Bär im Zauberwald	Geschichten	120
29.	Der Buchstabenfresser	Geschichten	134
30.	Der Chamäleonvogel	Bilderbuch	25
31.	Der Daumen Doppeldick	Fingerspiel	84
32.	Der große Naturführer für Kinder	Sachbuch	57
33.	Der Himmel fiel aus allen Wolken	Anthologie	15
34.	Der kleine Häwelmann	Märchen	119
35.	Der kleine Nick ist wieder da	Geschichten	141
36.	Der kleinste Ritter der Welt	Geschichten	130
37.	Der Mann im Mond	Gedicht	79
38.	Der neue Daumen Knuddeldick	Anthologie	84
39.	Der weiße und der schwarze Bär	Bilderbuch	23
40.	Der wunderbarste Platz auf der Welt	Bilderbuch	113
41.	Der Zauberstrand	Bilderbuch	111
42.	Die 10 Gebote. Wege zum Leben	Kinderbuch	56

Autorenverzeichnis

Bildquellenverzeichnis

© Bildungsverlag Eins, Troisdorf: Umschlagfoto

© adpic Bildagentur Baumann & Haid GbR/Bonn: S. 3, 77, 127 (unten)

© Bildungsverlag Eins, Troisdorf/Cornelia Kurtz, Boppard: S. 9 (2x), 10, 11 (oben), 17, 29, 32 (oben), 43 (oben), 44, 46, 47, 48 (unten), 49, 51, 52, 58, 59 (2x oben), 60, 65 (2x), 67, 69, 70 (oben), 73, 76, 81 (unten), 87 (unten), 94 (unten), 100 (unten), 101 (unten), 107 (unten), 110 (rechts), 116 (unten), 119 (unten), 124, 135, 145 (Mitte), 148 (unten), 157

© Bildungshaus Schulbuchverlage Westermann Schroedel Diesterweg Schöningh Winklers GmbH, Braunschweig, aus „Löwenzahn und Pusteblume": S. 11 (unten)

© Deutsche Fotothek, Dresden: S. 18

© Bildungsverlag Eins, Troisdorf/Elisabeth Galas, Bad Neuenahr: S. 19, 116 (oben), 120 (Nr. 2)

© Ravensburger Buchverlag Otto Maier GmbH, Ravensburg: S. 20 (oben), 27 (oben), 92 (Mitte), 97 (oben), 99 (unten), 131 (Mitte)

© Gerstenberg Verlag GmbH & Co. KG, Hildesheim: S. 20 (Mitte), 25 (oben), 54 (Mitte), 55 (Mitte), 96, 104 (Mitte, unten)

© Bajazzo Verlag, Zürich: S. 20 (unten), 21 (oben), 22 (unten), 111 (Mitte), 142 (unten)

© Bibliographisches Institut & F. A. Brockhaus AG, Mannheim: S. 21 (Mitte), 27 (unten), 133 (Mitte)

© Carlsen Verlag GmbH, Hamburg: S. 21 (unten), 55 (oben), 85, 105 (Mitte, unten), 112 (unten), 144 (Mitte), 145 (oben), 151

© Thienemann Verlag GmbH, Stuttgart: S. 22 (oben), 152 (oben)

© Verlagsgruppe Oetinger, Hamburg: S. 23 (oben), 24 (Mitte), 26 (oben), 48 (Mitte), 92 (oben), 97 (unten), 98 (Nr. 1 und 4), 99 (Mitte), 114 (Mitte), 134 (oben), 144 (oben), 146 (unten), 147

© Peter Hammer Verlag GmbH, Wuppertal: S. 23 (unten)

© Carl Hanser Verlag GmbH & Co. KG, München: S. 24 (oben), 111 (oben), 131 (unten), 141 (unten), 152 (Mitte), 153 (oben)

© Boje Verlag GmbH, Köln: S. 24 (unten)

© Gütersloher Verlagshaus, Gütersloh: S. 25 (Mitte)

© Arena Verlag GmbH, Würzburg: S. 25 (unten), 48 (oben), 130 (unten), 152 (unten), 153 (Mitte)

© ZS Verlag Zabert Sandmann GmbH, München: S. 26 (unten)

© Sauerländer Verlag, Düsseldorf: S. 28 (oben), 55 (unten), 111 (unten), 133 (oben), 155 (unten)

© Esslinger Verlag J. F. Schreiber GmbH, Esslingen: S. 28 (unten), 63

© akg-images: S. 32 (unten)

© Süddeutsche Zeitung Photo, München: S. 34, 36 (2x)

© Diogenes Verlag AG, Zürich: S. 114 (unten), 141 (oben)

© Aufbau Verlagsgruppe GmbH, Berlin: S. 119 (oben)

© NordSüd Verlag, Zürich: S. 119 (Mitte)

© Moritz Verlag GmbH, Frankfurt am Main: S. 120 (Nr. 1 und 4), 132 (oben)

© Tulipan Verlag GmbH, Berlin: S. 120 (Nr. 3), 140

© Michael Neugebauer Edition, Gossau, Zürich,: S. 121 (oben)

© absolut Medien GmbH, Berlin, arte Edition: S. 123

© Ars Edition GmbH, München: S. 130 (Mitte), 133 (unten)

© Bertelsmann, Gütersloh/Verlagsgruppe Random House GmbH, München: S. 131 (oben)

© Knesebeck Verlag, München: S. 132 (unten)

© Terzio, Möllers & Belinghausen Verlag GmbH, München: S. 134 (unten)

© Eulenspiegelverlag, Berlin: S. 141 (Mitte)

© Coppenrath Verlag GmbH & Co. KG, Münster: S. 142 (Mitte)

© Picus Verlag GmbH, Wien: S. 143 (oben)

© BV Verlag GmbH, Berlin: S. 143 (unten)

© Ehapa Comic Collection, EGMONT, Köln: S. 144 (unten), 146 (oben)

© Verlag Edelkids GmbH, Hamburg: 148 (oben)

© cbj, Verlagsgruppe Random House, München: S. 154 (Mitte, unten)

Die Fotos auf folgenden Seiten wurden von den Autorinnen zur Verfügung gestellt: 70 (unten), 88, 103, 117 (unten), 127 (oben), 128, 138, 149

Sachwortverzeichnis